Danilo Zatta

Die Preismodell-Revolution

Danilo Zatta

Die Preismodell-Revolution

Wie die Pricing-Gestaltung ändern wird, wie wir online und offline verkaufen und kaufen

Aus dem Englischen von Luitgard Köster

WILEY-VCH GmbH

Das englische Original erschien 2022 unter dem Titel *The Pricing Model Revolution: How Pricing Will Change the Way We Sell and Buy On and Offline* bei John Wiley & Sons, Inc., Hoboken (Editorial Office: John Wiley & Sons Ltd, Chichester).

Copyright © 2022 Danilo Zatta.

All rights reserved. This translation published under license with the original publisher »John Wiley & Sons, Inc.«

Alle Bücher von WILEY-VCH werden sorgfältig erarbeitet. Dennoch übernehmen Autoren, Herausgeber und Verlag in keinem Fall, einschließlich des vorliegenden Werkes, für die Richtigkeit von Angaben, Hinweisen und Ratschlägen sowie für eventuelle Druckfehler irgendeine Haftung

Bibliografische Information der Deutschen Nationalbibliothek

Die Deutsche Nationalbibliothek verzeichnet diese Publikation in der Deutschen Nationalbibliografie; detaillierte bibliografische Daten sind im Internet über <http://dnb.d-nb.de> abrufbar.

© 2023 Wiley-VCH GmbH, Boschstraße 12, 69469 Weinheim, Germany

Alle Rechte, insbesondere die der Übersetzung in andere Sprachen, vorbehalten. Kein Teil dieses Buches darf ohne schriftliche Genehmigung des Verlages in irgendeiner Form – durch Photokopie, Mikroverfilmung oder irgendein anderes Verfahren – reproduziert oder in eine von Maschinen, insbesondere von Datenverarbeitungsmaschinen, verwendbare Sprache übertragen oder übersetzt werden. Die Wiedergabe von Warenbezeichnungen, Handelsnamen oder sonstigen Kennzeichen in diesem Buch berechtigt nicht zu der Annahme, dass diese von jedermann frei benutzt werden dürfen. Vielmehr kann es sich auch dann um eingetragene Warenzeichen oder sonstige gesetzlich geschützte Kennzeichen handeln, wenn sie nicht eigens als solche markiert sind.

Print ISBN: 978-3-527-51143-3
ePub ISBN: 978-3-527-84217-9

Umschlaggestaltung: Susan Bauer (in Anlehnung an das englische Originalcover)
Coverbild: ASEF -adobe.stock.com
Satz: Straive, Chennai, India
Druck und Bindung:

Lob für *Die Preismodell-Revolution*

»Es gibt viele Bücher über Pricing. Dieses ist die beste Lektüre für Manager, die eine Einschätzung einiger innovativer Pricing-Methoden suchen.«

Philip Kotler, Professor für internationales Marketing, Kellogg School of Management

»Ein nützliches Handbuch, das eine neue Sichtweise auf die Preismodelle bietet. Diese Modelle werden Ihnen nicht nur helfen, Ihren Gewinn zu steigern, sondern sie geben Ihnen auch ein einfaches und praktisches Werkzeug an die Hand, um Ihr Geschäft besser zu verstehen.«

Stephan Winkelmann, Vorsitzender & CEO, Automobili Lamborghini

»Dies ist eines der Bücher, die neue und bessere Einsichten in eine sich verändernde Welt der Preisgestaltung bringen. Sehr zu empfehlen.«

Pol Vanaerde, Präsident, European Pricing Platform

»Danilo Zattas Buch *Die Preismodell-Revolution* enthält die neuesten Strategien, Taktiken und Best Practices, die Sie und Ihr Unternehmen benötigen, um Ihre Leistung mit einem detaillierten Fokus auf Monetarisierung zu steigern. Seine globale, branchenübergreifende Erfahrung und sein ausgeprägter qualitativer und quantitativer Scharfsinn werden Sie dabei unterstützen, die Ziele Ihres Unternehmens zu übertreffen.«

Kevin Mitchell, Präsident The Professional Pricing Society

»Zattas Buch ist Pflichtlektüre für jeden, der in Zukunft erfolgreich Preise gestalten möchte: Es bietet viele Erkenntnisse und konkrete Ideen zu einem Thema von grundlegender Bedeutung für die Rentabilität von Unternehmen.«

Thomas Ingelfinger, Vorstandsmitglied Nivea-Beiersdorf

»Wenn Sie verstehen möchten, warum der Preis die wichtigste Ursache für einen strategischen Vorteil jedes Unternehmens sein wird, dann lesen Sie *Die Preismodell-Revolution*.«

The New York Times

»Egal in welchem Umfeld Sie operieren, welches Produkt Sie anbieten, welche Kundenbedürfnisse Sie befriedigen: Dieses Buch von einem echten Pricing-Experten wird Sie inspirieren, das optimale, flexible Preismodell zu finden, um den Wert für Ihr Unternehmen und Ihre Kunden zu maximieren.«

Alessandro Piccinini, CEO Nespresso Österreich

»Ich habe in der Vergangenheit bereits erfolgreich mit Danilo Zatta zusammengearbeitet und freue mich daher wirklich auf sein neues Buch und auf inspirierende, innovative Ideen zur Preisgestaltung als wichtigen strategischen Hebel.«

Christoph Berens von Rautenfeld, Director Competitiveness Program, Siemens Smart Infrastructure

»Ein inspirierendes Buch. Sehr nützlich bei der Entwicklung innovativer, datenbasierter Lösungen in traditionellen Märkten, die nicht daran gewöhnt sind, für Dienstleistungen zu zahlen. Neue Monetarisierungsstrategien sind wesentlich, um die Eintrittsbarrieren für bahnbrechende Lösungen zu verringern.«

Silva Cifre-Wibrow, Managing Director, Bosch BASF Smart Farming

»Inspirierender Überblick über die wichtigsten Herausforderungen bei der Preisgestaltung in dieser Zeit ... Lesen Sie dieses Buch – und lernen Sie von einem der Besten.«

Manuel Preisker, Director Customer Pricing, Jungheinrich AG

Lob für *Die Preismodell-Revolution*

»Dieses Buch ist ein Muss: Es wird Ihnen helfen, Ihre Unternehmensstrategie durch innovative Erlösmodelle zu kalibrieren. Dan Zatta, führender Vordenker in Sachen Strategie und Monetarisierung, bietet neue Perspektiven, die für jedes Unternehmen relevant sind.«

Peter Brabeck-Letmathe, ehemaliger Group CEO Nestlé

»*Die Preismodell-Revolution* ist ein praxisnaher Ratgeber, welcher innovative und leistungsstarke Ansätze zur Preisgestaltung vorstellt. Monetarisierungsansätze wie Pay-per-Use oder Neuropricing geben Denkanstöße, wie nachhaltige Wettbewerbsvorteile aussehen können und damit Umsatz und Rentabilität gesteigert werden.«

Tobias Ragge, CEO HRS

»Wenn es um Pricing geht, ist Danilo Zatta unerreicht. Er nutzt seine jahrzehntelange Erfahrung mit internationalen Unternehmen, um für Organisationen die besten Preismodelle zu identifizieren.«

Dietmar Voggenreiter, PhD, Aufsichtsratsvorsitzender, Deutz AG

»Wie gestaltet man das richtige Preismodell, wenn man ein neues Produkt einführt? In diesem innovativen Buch versorgt der Experte Danilo Zatta Führungskräfte und Entscheidungsträger mit wesentlichen Instrumenten für die Schaffung eines Wettbewerbsvorteils.«

Luigi Colavolpe, General Manager & CFO UniCredit International Bank (Luxemburg)

»*Die Preismodell-Revolution* von Danilo Zatta ist nicht nur ‚ein weiteres Buch über Preisgestaltung'. Es ist ein Juwel, das eine breite Palette von Preismodellen, die die Gegenwart und Zukunft dominieren, eingehend behandelt. Außerdem enthält es viele aussagekräftige Beispiele aus der Praxis, die das Buch attraktiv und für jeden zugänglich machen. Wir können es nur empfehlen.«

GoodReads.com

»Das beste Buch über Pricing: praktisch, konkret, erhellend. Eine Pflichtlektüre für alle Manager, geschrieben von einem führenden Pricing-Experten.«

Giovanni B. Vacchi, Group CEO, Colombini Group (Colombini, Febal Casa, Bontempi, Rossana Cucine)

»Da disruptive Preismodelle eine Quelle profitabler Differenzierung sind, sollte die Lektüre dieses inspirierenden Buches für alle, die sich mit Pricing beschäftigen, Priorität haben.«

Paolo De Angeli (CPP), Head of Commercial Excellence, Borealis

»Das Buch von Danilo Zatta ist eine einzigartige und visionäre Reise zur Entdeckung des ›Pricing Codes‹.«

Il Sole 24 Ore, führende italienische Wirtschaftszeitung

Für meine Frau Babette und meine Kinder Natalie, Sebastian und Marilena, die mir jeden Tag Kraft geben.

In Gedenken an meine Mutter Annemarie – ich werde dich für immer in meinem Herzen tragen.

Inhalt

Vorwort 13

Teil I Die Preismodell-Revolution

1. Monetarisierung als Priorität 17

Teil II Neue Monetarisierungsansätze

2. Pay-per-Use/-per-Wash/-per-Mile/... 31
3. Abo-Pricing 53
4. Outcome-based Pricing 71
5. Psychologisches Pricing 91
6. Dynamic Pricing 111
7. KI-basiertes Pricing 131
8. Freemium 145
9. Wohlwollendes Pricing 161
10. Partizipatives Pricing 175
11. Neuropricing 193

Teil III Wie Unternehmen gewinnen

12. Erfolg mit neuen Preismodellen 211

Anmerkungen 223

Danksagung 233

Über den Autor 235

Stichwortverzeichnis 237

Vorwort

»*Lasst uns lieber die Zukunft erfinden, statt darüber zu grübeln, was gestern war.*«

Steve Jobs

Immer mehr Führungskräfte erkennen heute die Bedeutung eines professionellen Preismanagements. Zu Beginn war die Preisgestaltung nur eine Voraussetzung für die Durchführung von Geschäften und stand zunächst in den USA als Top-Priorität auf der Agenda der CEOs. Später folgten Europa, Asien, der Nahe Osten und Afrika.

Diese Unternehmen schneiden im Hinblick auf die Rentabilität erwiesenermaßen besser ab als ihre Mitbewerber.

Fortschritte in Technologie und Data Science gepaart mit neuen Ökosystemen und neuen Vermarktungsmöglichkeiten bringen alte Erlösmodelle durcheinander und beschleunigen so die Preismodell-Revolution – eine innovative Methode, den Wert abzuschöpfen, den Unternehmen ihren Kunden bieten.

Neue Preismodelle zu entwickeln bedeutet häufig, rückläufige Einnahmen und Gewinne wieder in ein profitables Wachstum zu verwandeln. Darüber hinaus bieten sie einen Wettbewerbsvorteil gegenüber jenen Unternehmen, die mit einer altmodischen Preisgestaltung an der verschwindenden transaktionalen Welt festhalten.

Die These dieses Buches ist, dass innovative Preismodelle die neue Quelle des Wettbewerbsvorteils sind. Zahlreiche Beispiele aus unterschiedlichen Industrien und Regionen verdeutlichen, wie Unternehmen durch die Einführung eines innovativen Preismodells einen Wettbewerbsvorteil erschaffen konnten.

Dieses Buch möchte die vielen neuen Wege zur Unternehmensrentabilität aufzeigen, die innovative Monetarisierungskonzepte bieten. In Teil I beginnen wir mit Hintergründen und Kontexten der Preismodell-Revolution. In Teil II werden zehn dieser Ansätze einzeln aufgeführt und in drei Schritten erläutert: Zuerst zeigt eine Case History reale Anwendungen des im jeweiligen Kapitel vorgestellten Ansatzes. Darauf folgt die Kontextanalyse, in der wir tiefer in das Thema eintauchen. Zuletzt werden die wesentlichen Erkenntnisse des Kapitels zusammengefasst. In Teil III illustrieren wir, wie Unternehmen innerhalb der Preismodell-Revolution gewinnen können.

Dieses Buch möchte Inspirationsquelle und Brainstorming-Plattform sein und verschiedene reale Fallgeschichten, Anekdoten sowie Beispiele für Unternehmensmonetarisierung und Preismodelle vorstellen, damit die Leser ihren Weg finden können, den eigenen Monetarisierungsansatz zu verbessern.

Danilo Zatta
Rom/München, Februar 2023
danilo.zatta@alumni.insead.edu

Teil I
DIE PREISMODELL-REVOLUTION

1 Monetarisierung als Priorität

> »Das einzig wichtige Kriterium bei der Unternehmensbewertung ist die Preissetzungsmacht. Wenn Sie die Macht haben, Preise zu erhöhen, ohne Umsatz an einen Konkurrenten zu verlieren, dann haben Sie einen sehr guten Umsatz. Wenn Sie allerdings vor einer zehnprozentigen Preiserhöhung erst ein Gebet sprechen müssen, dann haben Sie einen schlechten Umsatz.«
> *Warren Buffett, President Berkshire Hathaway*

Pricing: Die neue Quelle des Wettbewerbsvorteils

Die erfolgreichsten Unternehmen – also diejenigen mit überdurchschnittlichen Gewinnen – haben eine neue Quelle für einen Wettbewerbsvorteil entdeckt: Pricing als Möglichkeit, den Wert, den sie ihren Kunden bieten, durch innovative Monetarisierungsansätze abzuschöpfen.

Obwohl die Preisgestaltung in vielen Unternehmen der stärkste und vorrangige Gewinntreiber ist, wird ihr Potenzial nicht vollständig ausgeschöpft. So wird der größtmögliche Gewinn nicht erzielt und im schlimmsten Fall verlieren diese Unternehmen durch unpassende Preismodelle auch noch Kunden und somit Einnahmen und Gewinne.

»So haben wir das immer schon gemacht« oder »Wir addieren unsere Marge zu den Grundkosten« sind typische Aussagen zur Preisfestlegung aus der alten Welt, als die Verkäufe rein transaktional abliefen. »Ich gebe dir Produkt x und du gibst mir dafür Betrag y« – so lautete ein gängiges Mantra. Das war vielleicht ein nachhaltiger Ansatz, als die Nachfrage das Angebot übertraf, Kundenwünsche noch nicht so ausgefallen waren, Wettbewerber mehr oder weniger analog agierten und die Technologie noch nicht so verbreitet war. Doch heute ist das anders – Zeit also für Veränderungen.

Es gibt zwar Unternehmen, die die Bedeutung der Preisgestaltung erkannt haben. Vielen mangelt es allerdings an einem strukturierten Ansatz, um ihre Monetarisierung zu optimieren. Sie ignorieren die vielen Hebel, die ihre Gewinne erheblich steigern könnten, oder aber das Management schenkt diesem Thema nicht genügend Aufmerksamkeit.

Die erfolgreichsten Unternehmen hingegen kennen den Wert, den sie ihren Kunden bieten, und finden innovative Monetarisierungskonzepte, da sie verstanden haben, dass der Preis der wesentliche Gewinntreiber ist.

Nehmen wir den Fall eines Unternehmens mit Fixkosten von 30 Millionen US-Dollar, variablen Kosten von 60 Millionen, einem Umsatzvolumen von einer Million Einheiten zu einem Stückpreis von 100 Dollar. Das ergibt einen Gewinn von zehn Millionen Dollar. Wenn wir nun jeden Gewinntreiber um ein Prozent verbessern, ergibt sich in der Gleichung Gewinn = Preis x Menge abzüglich fixer und variabler Kosten folgendes Ergebnis: Im Vergleich zu allen drei anderen Gewinntreibern, also Fixkosten bei drei Prozent, Volumen bei vier Prozent und variable Kosten bei sechs Prozent, ist Pricing der Hebel, der die größten Auswirkungen hat, und zwar um bis zu zehn Prozent steigende Gewinne (siehe Tabelle 1.1).

Unternehmen mit überdurchschnittlichen Gewinnen haben diesen Mechanismus schon vor einiger Zeit erkannt. Sie wissen, dass Pricing nicht nur der effektivste, sondern auch der am schnellsten wirksame Hebel ist. Auf der Kostenseite können Verbesserungen von nur einem Prozent bereits große Investitionen erfordern und lange dauern (zum Beispiel die Verlegung von Produktionsanlagen in Länder mit niedrigen Produktionskosten etc.). Eine einprozentige Verbesserung bei der Preisgestaltung macht sich hingegen

1 Monetarisierung als Priorität

	Ausgangssituation	Verbesserung um 1%	Neue Gewinne	Gewinnsteigerung
Fixkosten	€ 30 000 000	€ 29 700 000	10 300 000	3 %
Menge	1 000 000	1 010 000	10 400 000	4 %
Variable Kosten	€ 60	€ 59,40	10 600 000	6 %
Preis	€ 100	€ 101	11 000 000	10 %

Quelle: übernommen aus Zatta, Danilo et al. (2013), *Price Management*, Franco Angeli, S. 15.

Tabelle 1.1: Auswirkungen von einem Prozent auf alle Gewinntreiber

sofort bemerkbar und kostet nichts (so können digitale Preisschilder an den Supermarktregalen innerhalb von Sekunden ohne Kostenaufwand geändert werden).

Sobald sie die Preissetzungsmacht verstanden haben, fragen sich Unternehmen, mit welchen Hebeln sie ihre Monetarisierung verbessern könnten. Die Antwort lautet, dass es nicht nur den einen, sondern mehrere Hebel gibt, die aktiviert werden können, wie im Pricing Framework in Abbildung 1.1[1] deutlich wird. Diese Hebel können vier Kategorien zugeordnet werden.

Die erste betrifft die *Preisstrategie* und umfasst verschiedene Aspekte wie das Erlösmodell, die Positionierung und die Differenzierung. In diese Kategorie fallen auch die vom Unternehmen festgelegten

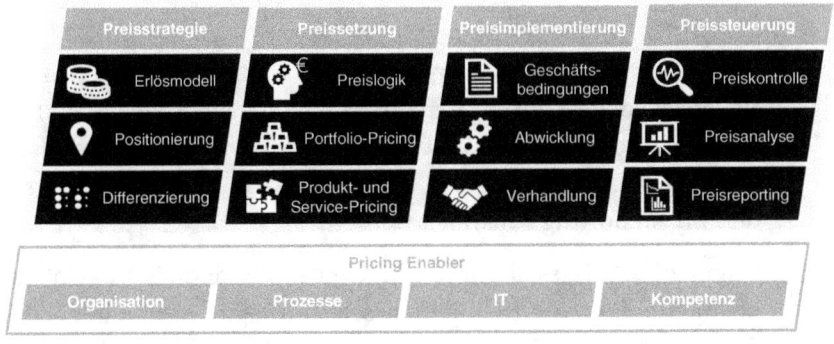

Abbildung 1.1: Das Pricing Framework: von der Preisstrategie zur Preissteuerung *Quelle:* mit freundlicher Genehmigung von Horváth

Monetarisierungsprioritäten. Dabei muss sich das Unternehmen fragen, ob es darauf vorbereitet ist, zur Steigerung des Gewinns Marktanteile zu opfern. In der Automobilbranche war die Antwort auf diese Frage bis vor einigen Jahren ein klares »Nein«. Volumen und Marktanteile diktierten das Geschehen. Heute hat sich die Auffassung diesbezüglich drastisch verändert.

In der zweiten Kategorie geht es um *Preissetzung*. Wesentliche Aspekte hierbei sind die Preislogik, das Portfolio-Pricing sowie Produkt- und Service-Pricing. Bei der Preislogik finden wir beispielsweise mehrere mögliche Ansätze von Cost-plus Pricing bis zum Competitive Pricing oder dem Value Pricing, je nach Reifegrad des Preismanagements eines Unternehmens, siehe Abbildung 1.4.

Sobald über die Preisstrategie entschieden wurde und die Preise festgelegt sind, erkennen wir im Verkaufsvorgang, dass sich die Preise vom anfänglichen Listenpreis zum finalen Transaktionspreis bewegen. Das ist das Wesentliche der dritten Kategorie, der *Preisimplementierung*, in die beispielsweise die Geschäftsbedingungen, die ein Unternehmen seinen Händlern und Distributionspartnern bietet, die Abwicklung und die Preisverhandlung fallen. Es gibt auch Unternehmen, die direkt oder ohne Preislisten verkaufen, beispielsweise im Projektgeschäft mit sehr kundenspezifischen Produkten oder Dienstleistungen. Das gehört ebenfalls in diese Kategorie.

Schließlich müssen die Unternehmen im Blick behalten und sicherstellen, dass die angestrebte Rentabilität am Ende des Jahres erreicht wird. Dafür benötigt man die *Preissteuerung*. Das finden wir in der letzten Kategorie, in der Preiskontrolle, Preisanalyse und Preisreporting behandelt werden.

Damit die Preisgestaltung ein integraler Bestandteil der Unternehmenspolitik und richtig umgesetzt wird, gibt es eine tragende Schicht, die sich Befähiger (*Pricing Enabler*) nennt. Darunter verstehen wir eine klar strukturierte Pricing-Organisation, definierte Prozesse zur Preisgestaltung (zum Beispiel verbunden mit jährlichen Pricing Reviews und Preiserhöhungen), IT-Systeme und Pricing-Kompetenz.

Die Elemente, deren typische Gewinnauswirkung in Abbildung 1.2[2] gezeigt wird, verdeutlichen, wie viele und unterschiedliche Hebel Unternehmen zur Preisgestaltung aktivieren können. Das kann von Branche zu Branche variieren, die wesentlichen Erkenntnisse gelten jedoch für alle Branchen: Es gibt nicht nur ein einziges Element, das auf der Erlösseite aktiviert werden kann, um profitabler zu werden. Verschiedene Pricing-Hebel können optimiert werden und deren Auswirkungen insgesamt verbessern das Ergebnis erheblich.

Beschleuniger der Preismodell-Revolution

In den vergangenen Jahren haben Unternehmen ihre Monetarisierungskonzepte verändert. Die profitabelsten Unternehmen waren in der Lage zu beurteilen, wo Kunden einen Wert wahrnahmen. Sie konnten ihre Monetarisierungsansätze entsprechend anpassen und sich einen nachhaltigen Wettbewerbsvorteil verschaffen.

Durch die Pandemie zwischen 2020 und 2022 wurden Digitalisierung und Veränderungen angekurbelt. Neue Pricing- und Erlösmodelle, die zuvor lange auf Widerstände stießen, waren auf einmal möglich.

Bei diesem Prozess erkennen wir bestimmte Elemente, die wir in vier Gruppen unterteilt haben. Diese Elemente sind die Beschleuniger oder *Trigger* der Preismodell-Revolution (Abbildung 1.3). Sie verändern zunehmend den Weg, wie Unternehmen Wert aus dem Markt schöpfen und weiterhin schöpfen werden.

Teil I – Die Preismodell-Revolution

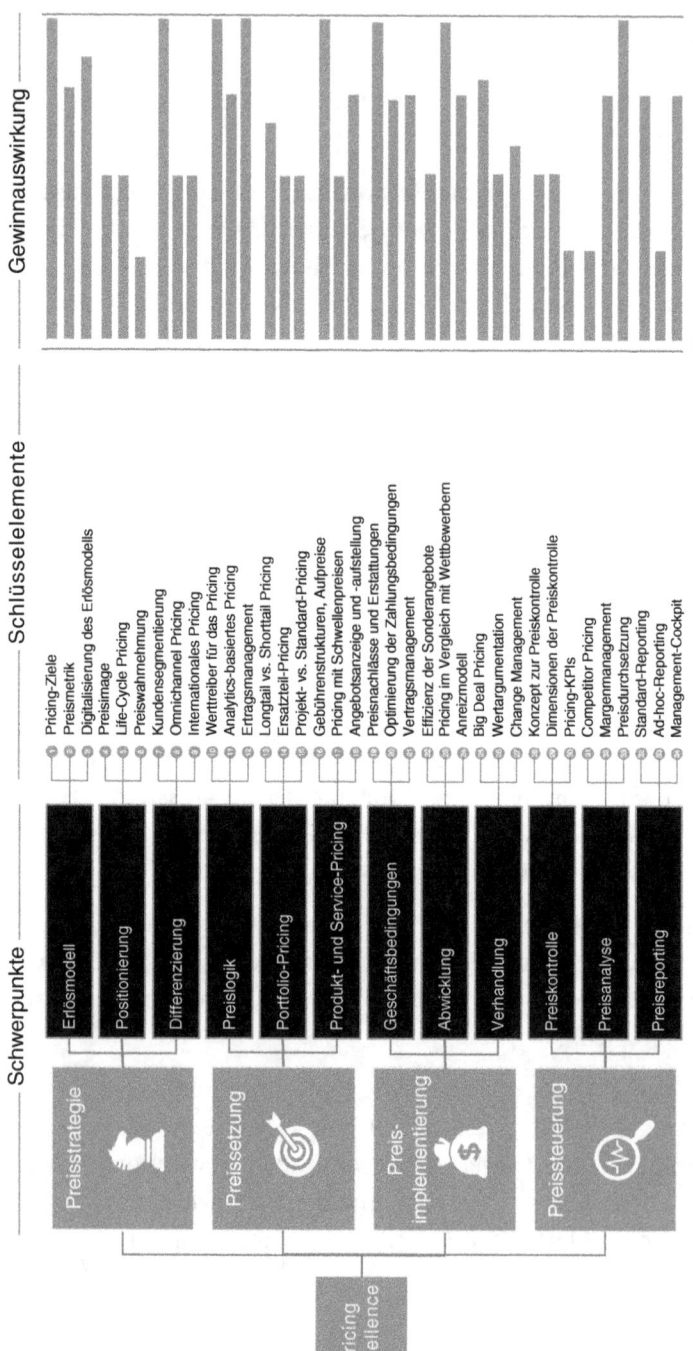

Abbildung 1.2: Pricing Framework: Schlüsselelemente und Gewinnauswirkung *Quelle:* mit freundlicher Genehmigung von Horváth

1 Monetarisierung als Priorität

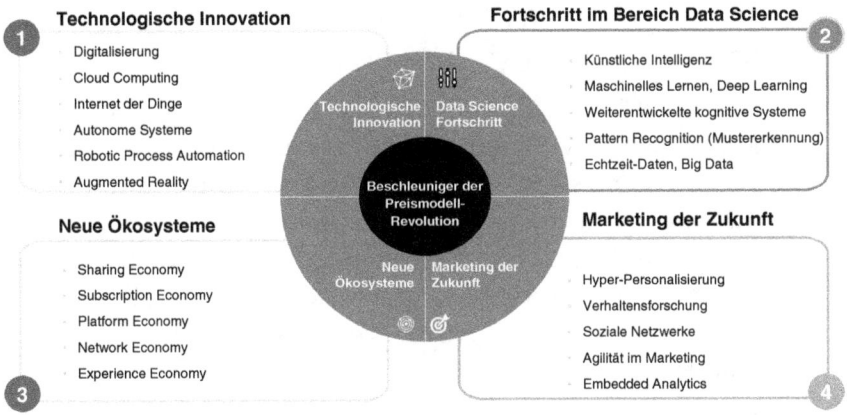

Abbildung 1.3: Die vier Beschleuniger der Preismodell-Revolution

Die *technologischen Innovationen* der letzten Jahre sind der erste Beschleuniger. Sie haben dafür gesorgt, dass Preise auf ein neues Level angehoben werden konnten: Digitalisierung, Cloud Computing, das Internet der Dinge (Internet of Things, IoT), autonome Systeme, Robotic Process Automation (RPA) oder Augmented Reality. Neue Cloud-Anwendungen oder Digital Pricing sind häufig die Voraussetzungen für ein holistisches, datengestütztes Preismanagement.

Der *Fortschritt im Bereich Data Science* ist der zweite Trigger. Neue Datenmengen und deren erheblich verbesserte Qualität bieten völlig neue Möglichkeiten der Preisgestaltung. Denken Sie nur an die riesige verfügbare Menge an Big Data und wie diese dank künstlicher Intelligenz in Echtzeit eine Elastizität für einzelne Produkte oder optimale Rabatte bieten kann. Was Data Science heute im Hinblick auf das Wissen über Pricing generieren kann, schien vor einigen Jahren noch Science-Fiction zu sein.

Heute geschieht das auch innerhalb *neuer Ökosysteme*, dem dritten Trigger. Dabei geht es um Sharing oder den wiederholten Gebrauch von Produkten, ohne sie zu besitzen. Diese Art

Ökosystem erfordert neue Preismodelle, die in der alten transaktionalen Welt noch nicht existierten.

Der vierte Trigger schließlich ist das *Marketing der Zukunft*, oder Marketing 5.0. Die Hyper-Personalisierung startete zögerlich im Dienstleistungssektor mit der Einführung von Systemen für das Erlösmanagement. Heute erreicht sie neue Dimensionen dank der glücklichen Kombination aus technologischer Innovation und dem Fortschritt in der Datenwissenschaft. Das gilt auch für Inspirationen aus der Verhaltensforschung und der Agilität im Marketing.

Diese vier Beschleuniger bilden die Grundlage der Preismodell-Revolution.

Die Preismodell-Revolution

Das transaktionale Modell, das auf dem Besitz eines Produktes basiert, gehört der Vergangenheit an. Häufig ist es tatsächlich das unterlegene Preismodell. Neue und innovativere Preismodelle, die sich stattdessen auf die Monetarisierung der Nutzung oder des durch das Produkt erzielten Ergebnisses konzentrieren, sind deutlich überlegen. Durch ihre Einführung konnten kriselnde Unternehmen Monetarisierung neu denken, indem sie den Unwillen der Kunden, etwas zu erwerben, beseitigten, aber gleichzeitig deren Zahlungsbereitschaft nutzten. Wie verändert sich also das Management dieses wichtigsten Gewinntreibers?

Abbildung 1.4[3] verdeutlicht, wie sich die Preisgestaltung entwickelt hat. Unternehmen, die Pricing basierend auf dem Grundpreis anwenden, sind am wenigsten profitabel. Es fehlt eine konsistente Preislogik, ein und derselbe Preis wird über einen sehr langen Zeitraum beibehalten. Beim Cost-plus Pricing basiert die Preisgestaltung nur auf internen Überlegungen und Berechnungen. Die Zielmarge wird zu den Kosten addiert, das entspricht

1 Monetarisierung als Priorität

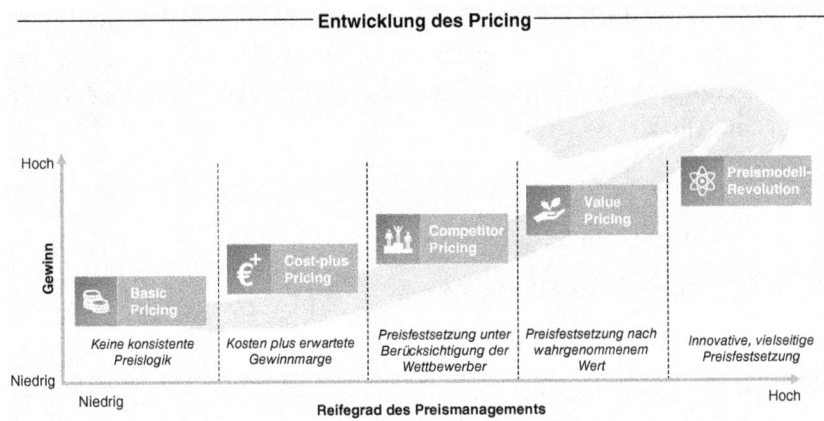

Abbildung 1.4: Entwicklung des Pricing: vom Basic Pricing zur *Preismodell-Revolution Quelle:* mit freundlicher Genehmigung von Horváth

dann dem geforderten Preis. Das ist einfach zu berechnen, wenn die Kostenstruktur solide ist, aber es bleibt auf eine interne Sichtweise beschränkt, die Wettbewerber und Kunden ignoriert. Auch wenn das Pricing unter Berücksichtigung der Konkurrenz umfassender ist, vernachlässigt es nach wie vor den Wert, den die Kunden erhalten. All das wird beim Value Pricing berücksichtigt, somit ist das bislang der vollständigste und vielversprechendste Ansatz.

Während sie die Reifephasen durchlaufen, steigern Unternehmen ihre Umsatzrenditen um zwischen zwei und acht Prozent, basierend auf ihrer Pricing-Reife. Das entspricht normalerweise einer erheblichen Gewinnsteigerung.

Durch die Preismodell-Revolution erreichen wir allerdings den Olymp der Preisfindung.

Sie stellt die Entwicklung der Preisbildung dar, die auf einem wachsenden Wert basiert und immer ausgefeilter wird, dank einer Monetarisierung, die auf innovative Weise einen starken Wettbewerbsvorteil schafft.

In diesem Buch identifizieren wir zehn Elemente, die jene innovativen Monetarisierungskonzepte kennzeichnen, die häufig die wichtigsten Säulen eines unternehmerischen Wettbewerbsvorteils darstellen:

1. Pay-per-Use,
2. Abo-Pricing,
3. Outcome-based Pricing,
4. psychologisches Pricing,
5. Dynamic Pricing,
6. KI-basiertes Pricing,
7. Freemium,
8. wohlwollendes Pricing,
9. partizipatives Pricing,
10. Neuropricing.

Diese neuen Konzepte der Monetarisierung sind nicht auf bestimmte Branchen oder geografische Gebiete beschränkt. Sie sind überall verbreitet, werden sich weiterentwickeln und zunehmend die Spielregeln des Handels verändern. Sie schaffen eine nie dagewesene Transparenz hinsichtlich der Kundenbedürfnisse, der Produktnutzung und der Zahlungsbereitschaft. Produkte werden zu Dienstleistungen und ihr Wert wird in messbare Leistungseinheiten übertragen.

Die Preismodell-Revolution stellt eine strategische Notwendigkeit dar: eine neue, nicht mehr aufzuhaltende Methode der Preisbildung, die einen Wettbewerbsvorteil bringt.

Zusammenfassung

Von allen Gewinntreibern, also Volumen, Preis und Kosten, ist der Preis nicht nur der stärkste, sondern auch derjenige, der schneller und effizienter genutzt werden kann als die anderen.

Um mithilfe der Preisbildung die Rentabilität zu steigern, können Unternehmen verschiedene Hebel aktivieren. Das Pricing Framework gruppiert die wichtigsten Hebel in folgende Kategorien: Preisstrategie, Preisgestaltung, Preisimplementierung und Preissteuerung.

Darüber hinaus helfen Befähiger (Pricing Enabler), die Preisbildung passend in ein Unternehmen zu integrieren.

Es gibt nicht den einen Hebel, sondern ein ganzes Bündel. Die Summe ihrer Effekte ergibt eine erhebliche Gewinnsteigerung: im Durchschnitt zwischen zwei und acht Prozent höhere Umsatzrenditen.

Die profitabelsten Unternehmen haben damit begonnen, ihre Monetarisierung zu innovieren, und sich so einen nachhaltigen Wettbewerbsvorteil verschafft, der zu einer Preismodell-Revolution geführt hat.

Es gibt vier Beschleuniger oder Trigger bei der Preismodell-Revolution: technologische Innovation, Fortschritte im Bereich Data Science, neue Ökosysteme und das Marketing der Zukunft.

Die zehn Elemente, die innovative Monetarisierungskonzepte kennzeichnen und in vielen Fällen die wichtigsten Säulen eines unternehmerischen Wettbewerbsvorteils darstellen, sind: Pay-per-Use, Abo-Pricing, Outcome-based Pricing, psychologisches Pricing, Dynamic Pricing, KI-basiertes Pricing, Freemium, wohlwollendes Pricing, partizipatives Pricing und Neuropricing.

Teil II
NEUE MONETARISIERUNGSANSÄTZE

2 Pay-per-Use/-per-Wash/-per-Mile/...

» ... versuch, dir einfach die Wahrheit vorzustellen ...
Dann wirst du sehen, dass nicht der Löffel sich biegt,
sondern du selbst.«
aus dem Film Matrix

Case History

Draußen, tagsüber.

Ein Soldat lehnt am Fenster eines Waschsalons.

Ein junger Mann betritt den Waschsalon und setzt dabei seine Sonnenbrille ab. Ein Kind kommt hinter einer riesigen Waschmaschine hervor. Währenddessen zieht der Typ sein T-Shirt und seine Jeans aus und steht nur noch in Boxershorts da. Bewundernde Blicke der Mädchen, einer älteren Dame klappt die Kinnlade runter. Der junge Mann setzt sich neben einen mittelalten Mann, der stoisch auf einem Stuhl sitzt, und beginnt, eine Zeitung zu lesen – der Triumph der Jugend über die Alltagsroutine.

Hierbei handelt es sich um die Levi's-Werbung aus den 1980er Jahren. Im Hintergrund spielt *Heard it Through the Grapevine* von Creedence Clearwater Revival. Der junge Hauptdarsteller ist Nick Kamen, der schmerzlich vermisste Musiker, der so einen starken Eindruck bei Madonna und der halben Welt hinterließ, dass die Sängerin sein erstes Album produzierte.

Die Instrumente eines Unternehmens wirken dank der Stimmung, die sie erzeugen können. Genauso reicht es aus, die Ordnung der Faktoren zu verändern, um zu sehen, wie sich diese *Short Story* (der Original-Werbefilm war nur wenig länger als 30 Sekunden) auch auf die Dynamik der Preisgestaltung anwenden lässt. Für einen Wandel ist es nicht unbedingt wichtig, in der Unterwäsche rumzustehen, sondern die Regeln des Bestehenden zu überwinden, beispielsweise indem man zeigt, dass so etwas Ödes wie Wäschewaschen Menschen anziehen kann, wenn man es in einen anderen Kontext bettet. Es liegt an uns, ob wir uns auf Veränderungen einlassen und den jungen Mann, das Kind, die jungen Frauen und den Typ auf dem Stuhl neu interpretieren.

Angenommen, Sie sind CEO eines Unternehmens, das gehobene elektrische Haushaltsgeräte herstellt. Das Unternehmen, ein globaler Nischenmarktführer, verlangt *Premium*-Preise und verkauft üblicherweise an große Business-to-Business-Kunden (B2B) wie Hotels oder Restaurantketten, die sich hochpreisige Produkte leisten können.

Dank der strategischen Positionierung wächst das Geschäft deutlich. Das Unternehmen sucht neue Märkte und überlegt, dass Umsätze mit kleinen Lokalen und Restaurants die Einnahmen steigern könnten. Die Premium-Preise in diesem Segment sind jedoch bereits maximal ausgereizt. Es gibt keine Möglichkeit, derartige Preise von ihnen zu verlangen.

Aus Sicht des Pay-per-Use-Modells ist das ein konzeptuelles Limit. Es erinnert an das Kind im Film *Matrix*, das zur Hauptperson Neo sagt: »Versuch nicht, den Löffel zu verbiegen. Das ist nämlich nicht möglich. Versuch, dir stattdessen die Wahrheit einfach vorzustellen. Den Löffel gibt es nicht. Dann wirst du sehen, dass nicht der Löffel sich biegt, sondern du selbst.« Das gilt auch für Pay-per-Use. Man kann den Markt nicht verbiegen. Stattdessen sollte man lieber die Verfahren für einen Markteintritt verbiegen. Dann werden Sie eine einfache Tatsache bemerken: Das gegenwärtige Preismodell behindert das Wachstum. Deswegen müssen wir die Logik traditioneller Preisbildung, die auf Eigentum basiert, aufbrechen und innovative Wege finden, neue Kunden zu gewinnen.

Das hat beispielsweise das deutsche Unternehmen Winterhalter, Weltmarktführer im Segment hochwertiger gewerblicher Spülmaschinen, mit der Einführung von Pay-per-Wash gemacht.

CEO Ralph Winterhalter erklärt das neue Pricing-Konzept so: »Sie bezahlen nur für die Spülmaschine, wenn Sie sie benutzen.[1] Das ist besonders wichtig für Unternehmen, die vom Saisongeschäft abhängen, wie Biergärten, Gebirgskurorte, Strandbars, in denen die Spülmaschinen nicht das ganze Jahr laufen.«

Er fragte sich und potenzielle Kunden: »Wieso sollte man sich eine Maschine kaufen, die die Hälfte des Jahres gar nicht benutzt wird?«

Also startete das Unternehmen das Projekt *Next Level Solutions*, das neueste Digitaltechnologie einsetzt, um das gewerbliche Spülen in den gastronomischen Bereich zu bringen, der sich normalerweise solch ein Produkt nicht leisten kann.

Da es auch mit Exklusivität lockt, entsteht ein zusätzlicher Reiz. Der Kunde freut sich nicht nur, weil er weniger bezahlt, der Prozess wird objektiv auch effizienter und nachhaltiger. Psychologisch betrachtet wird gleichzeitig die Botschaft vermittelt, dass die Dinge ein »Championship Level« erreicht haben.

Winterhalters neues Preismodell wollte *Premium*-Geschirrspülen unabhängig vom Budget des Kunden anbieten. Für den Kunden ist es darüber hinaus vorteilhaft, dass keine Anfangsinvestition erforderlich war und somit keinerlei Risiko bestand.

Die nutzungsbasierte Abrechnung erfolgt nur nach Spülgängen, Spülchemie und andere Produkte inklusive. Services wie Wartung und Reparatur sind ebenfalls enthalten.

Darüber hinaus kann der Vertrag mit Winterhalter jederzeit gekündigt werden. Es bestehen keine Verpflichtungen, dafür bekommt der Kunde maximale Flexibilität.

Der Winterhalter-Fall zeigt, was Pay-per-Use bedeutet. Kunden können die Produkte auswählen, die sie benötigen, und zwar dann, wenn sie sie benötigen. Sie müssen sich nicht mit Eigentum belasten und nicht für inaktive Perioden bezahlen, in denen diese wertvollen Geräte stillstehen. Sie können den Nutzungsmodus dynamisch ausweiten oder reduzieren, um sich an Gegebenheiten oder unvorhersehbare zukünftige Ereignisse anzupassen. Dazu zählen Nachfragepräferenzen, finanzielle Lage, Umgebungsbedingungen und andere Überlegungen entsprechend dem jeweiligen Ökosystem.

Wenn der Kunde das Produkt nicht mehr besitzen muss, kann er mehr Zeit und Ressourcen in dessen Nutzung stecken (statt in die Installation, die Wartung und die Nachrüstung). Außerdem steht es sofort zur Verfügung, da die Vertriebskanäle heutzutage immer schneller werden und häufig sogar digital funktionieren.

Kontextanalyse

Das Wesentliche von Pay-per-Use ist, den Preis an der Nutzung auszurichten.

Die Stärke dieses Konzepts besteht darin, Kaufbarrieren einzureißen und Marktpotenzial zu erweitern, Unternehmen neu auszurichten und ihnen zu ermöglichen, Geschäfte zu tätigen, indem sie bestehende Modelle innovieren.

Einmal eingerichtet, bietet Pay-per-Use eine klare Vision, wie Kunden die Produkte oder Services nutzen können. Unternehmen erhalten beispielsweise ein tieferes Verständnis davon, wie sie einen noch besseren Wert liefern, ihr Angebot entsprechend einer breiteren Kundenbasis verbessern und eine Wachstumsgrundlage schaffen können.

All das ermöglicht genauere Prognosen, Wertabschöpfung und in einigen Fällen sogar die Modifizierung der Produktentwicklung, um die Nachfrage besser befriedigen zu können.

Obwohl das auf Nutzung basierende Pricing nicht neu ist und viele Unternehmen aus verschiedenen Bereichen es anwenden (siehe Tabelle 2.1), waren bis vor Kurzem die Kosten für Sensoren und notwendige Technologie, um Pay-per-Use auch in kleineren und dynamischeren Inkrementen einzuführen, abschreckend hoch.

Zunehmende Digitalisierung, Big Data und künstliche Intelligenz machen es inzwischen jedoch möglich, Kunden auf einer On-Demand-Basis zu gewinnen.

Durch den technologischen Fortschritt (Highspeed Internet), den Preisverfall bei Mikrochips und ausgeweitete Cloud-Computing-Kapazitäten ist das Angebot sogar wirtschaftlich tragfähig, ebenso wie das Monitoring und die Abrechnung für Business-to-Consumer(B2C)- und B2B-Geschäfte.

Bei all diesen Entwicklungen hinsichtlich der Ausbreitung von Pay-per-Use-Modellen spielte ein Faktor eine wesentliche Rolle: die Fähigkeit, latente Nachfrage zu generieren, indem die anfänglichen Kosten, die mit dem Kauf physischer Güter zusammenhängen, für Kunden reduziert und stattdessen niedrige Nutzungsraten eingeführt wurden.

Das führt zu einer Marktexpansion. Neue Kundensegmente, die unter Verwendung eines traditionellen Preismodells nicht die

Unternehmen	Produkt	Angebot	Pricing-Modell
Winterhalter	Elektrische Haushaltsgeräte	Next Level Solutions	Pay-per-Wash
Rolls Royce	Flugzeugmotoren	Total Care	Pay-per-Hour-Flown
Atlas Copco	Druckluft	AIRPlan	Pay-per-m^3
Zipcar	Mobilität	Car Sharing	Pay-per-Hour
Amazon Web Services	IT-Services	Cloud Computing	Pay-per-GB
Michelin	Reifen	Michelin Effitires	Pay-per-Mile
Samoa Air	Luftfahrt	Pay-by-Weight	Pay-per-Kilo

Tabelle 2.1: Ausgewählte Unternehmen, die Pay-per-Use eingeführt haben

Möglichkeit oder die Absicht hatten, das Produkt zu kaufen, können es sich nun leisten.

Und damit nicht genug.

Dieses Phänomen in Kombination mit der kürzeren individuellen Laufzeit des Produktes generiert weitere Nachfrage für flexible und skalierbare Optionen und das bei geringem Risiko verglichen mit dem »traditionellen« Konzept der Eigentümerschaft.

Das Pricing (Alignment) des Produktes und seiner Nutzung kann die industriellen Strukturen und Go-to-Market-Strategien eines Unternehmens radikal umkrempeln und transformieren. Sowohl bestehende als auch potenzielle Kunden überdenken, wie, wo und wann ein Produkt genutzt wird. Sobald die Produkte bedarfsgerecht, in kleinen Inkrementen und ohne große Anfangsinvestition verfügbar sind, wird die Zahl potenzieller Kunden steigen.

Um die latente Nachfrage des Marktes freizusetzen, sind weltweit immer mehr Pay-per-Use-Anwendungen von Unternehmen eingeführt worden: *Pay-per-Wash*, *Pay-per-Ride*, *Pay-per-Cleaned-Square-Meter*, *Pay-per-Exercise*, *Pay-per-Processing-Capacity* oder *Pay-per-Mile* sind nur der Anfang dessen, wozu On-Demand Pricing in der Lage ist.

Schauen wir uns nun einige dieser Anwendungen genauer an.

Pay-per-»Cleaned«-Square-Meter

Das Facility Management im Allgemeinen und insbesondere Reinigungsunternehmen operieren traditionell mit Festpreisen.

Sie bieten beispielsweise einen Reinigungsservice zu einem Festpreis pro Gebäude an: alle Räume, die innerhalb eines festgesetzten Zeitraums regelmäßig gereinigt werden. Das war's.

Aber auch in diesem Bereich ist man auf neue Preismodelle aufmerksam geworden, beispielsweise die Bezahlung pro gereinigte Quadratmeter.

Unternehmen aus dem Facility Management ändern also ihre Erlösmodelle. Neue Technologien revolutionieren diesen Bereich und machen Abläufe effizienter. Warum sollte ein ungenutztes Büro gereinigt werden? Sensoren können ermitteln, welche Räume genutzt wurden und welche nicht. Das komplette Equipment und die Reinigungschemie können direkt in den Preis einfließen. Es werden nur die benutzten Büros gereinigt und auf Basis der gereinigten Quadratmeter abgerechnet. Das beschleunigt und optimiert die Reinigung und erleichtert das Leben im Facility Management erheblich.

Auch Kärcher, ein deutsches Familienunternehmen und mit 100 Tochterfirmen in 60 Ländern Weltmarktführer im Bereich Reinigungstechnologie, hat mit »Cleaning on Demand« solch ein innovatives Preismodell eingeführt.[2]

Pay-per-Exercise

Jedes Mal, wenn wir uns optimistisch in einem Fitnessstudio anmelden, denken wir: »Dieses Mal werde ich jeden Tag Sport treiben.« Und wie immer überschätzen wir uns. Dann begeben wir uns – auch wie immer – auf Shoppingtour eine Woche, bevor es losgeht: die ganze olympische Ausrüstung (!), darunter natürlich die schicken weißen Hosen, die wir so toll fanden und das professionelle T-Shirt und sogar die elastischen Stützen gegen Muskelverspannungen. Dann kommt auf einmal etwas dazwischen, ein Meeting oder ein Abendessen. »Gut, nur heute lasse ich den Sport mal ausfallen.« Nächstes Mal ist es ein Drink. »Mist!« Das war's mit der nächsten Sportstunde.

Im Preis sind leider keine langen Pausen und Abschiede von Ihren guten Vorsätzen enthalten, Ihren Körper in Hochform zu bringen. Was Sie also brauchen, ist »Pay-per-Exercise« oder »Gym-as-you-go«[3]. Diese Form der Bezahlung basiert auf der Nutzung und nicht auf einem monatlichen Abo, sodass es an Ihnen liegt, was Sie daraus machen.[4]

Der technologische Fortschritt hat dieses Preismodell möglich gemacht und so funktioniert es: Near-field Communication, eine Kombination aus Kommunikationsprotokollen für zwei elektronische Geräte – beispielsweise ein Smartphone und ein Gym-Equipment –, ermöglicht es den Nutzern, direkt am Gerät, das sie für das Workout nutzen, einzuchecken.

Dem Sporttreibenden wird dann nur die Nutzungsdauer berechnet.

Es gibt keine Gebühr für ein Abo oder eine Mitgliedschaft und man kann beginnen und aufhören, wann man möchte.

Heute sind immer mehr Geräte mit irgendeiner Form von eingebauter Kommunikation mit kurzer Reichweite ausgestattet, um denjenigen, die sich beispielsweise in einem Fitnessstudio anmelden, zu ermöglichen, ihrem eigenen Trainingsplan nachzugehen. Das bedeutet, dass die Zeit reif ist für ein derartiges Preismodell.

Einerseits bietet es eine Option für diejenigen, die ihr Geld eigentlich verschwenden, da sie nicht so oft trainieren. Auf der anderen Seite ziehen Gyms eine andere Sorte unkompliziertere Kunden an, die nicht so preissensibel sind.

Studios können sich dadurch auch an der Nachfrage für bestimmte Geräte orientieren, die so immer verfügbar sind. Das nennt sich *Surge Pricing* und ist für Menschen geeignet, die sofortigen Zugang möchten, weil sie nicht die Zeit haben, lange zu warten, und auch bereit sind, dafür zu bezahlen.

Für Fitnessstudios eröffnet dieses Preismodell neue Horizonte im Nachfragemanagement. Sie können zu Zeiten, wo die Geräte nicht ausgelastet sind, die Preise reduzieren, um die Besucherzahl über die Woche gleichmäßiger zu verteilen und Überfüllung zu vermeiden. Darüber hinaus bekommen Gyms auf diese Weise sofort eine Information darüber, welche Geräte am beliebtesten sind und wie intensiv sie genutzt werden. So können sie ihr Equipment entsprechend anpassen, beispielsweise indem sie mehr von diesen beliebten Geräten kaufen, sie regelmäßig warten lassen und sogar zielgerichtetes Marketing aufgrund dieser Auslastung durchführen.

Einige Studios befürchten vielleicht eine Kannibalisierung dadurch, dass sie Einnahmen von Mitgliedern verlieren, die sich eher gegen ein Abo entscheiden, weil sie es nicht ausnutzen, und stattdessen lieber Preise *à la carte* zahlen. Allerdings konkurrieren in den großen Städten so viele Fitnessstudios miteinander, dass Alternativen zu Monatsbeiträgen ein effektives Mittel sein können, um sich von den anderen abzuheben.

Indem das Pricing für Produkte und/oder Dienstleistungen an ihrer Nutzung ausgerichtet wird, werden viele Bedürfnisse der Kunden erfüllt. Dabei geht es beispielsweise um den Wunsch nach mehr Flexibilität oder vielleicht auch eine Reaktion auf eine Wachstumssteigerung, was eine Anpassung der Preispolitik an das Auf und Ab des Marktes oder an andere unvorhergesehene Faktoren erforderlich macht. Das geschah beispielsweise während der langen Covid-19-Pandemie, als Gyms, Schwimmbäder und viele weitere Einrichtungen für mehr als ein Jahr geschlossen blieben.

Für die Aufbereitung zahlen

Seit Beginn der Finanzkrise (2007 durch das Platzen der Subprime-Kredite in den USA) häufen sich diese Unwägbarkeiten in der Wirtschaft sehr. Deswegen ist es aus Kostengründen für die Kunden, die die Infrastrukturen, die sie zur Erfüllung ihrer Bedürfnisse benötigen, einzeln kaufen müssen, unmöglich, die negativen Auswirkungen dieser Risikofaktoren zu reduzieren.

Das Gaia-Programm der Europäischen Weltraumorganisation ESA ist ein gutes Beispiel hierfür.

Dieses Programm hatte das ambitionierte Ziel, die größte und genaueste 3-D-Karte der Galaxie zu schaffen.

Die Voraussetzung für dieses lobenswerte Unterfangen war jedoch die Aufbereitung der Satellitenbeobachtung von mehr als einer Milliarde Sterne. Die nötigen Kosten, um interne Kapazitäten zu schaffen, die für diese Datenaufbereitung erforderlich sind, wurden auf über 1,8 Millionen US-Dollar geschätzt. Deshalb forderte die ESA diese Kapazität nur alle sechs Monate für zwei Wochen an. Stattdessen beauftragte die Weltraumorganisation Amazon Web Services (AWS), die Datenaufbereitung durchzuführen, mit dem Ergebnis, dass weniger als die Hälfte der bewilligten Gelder dafür ausgegeben wurde.

Mittels Pay-per-Use werden Produkte, die man eigentlich kaufen müsste, da sie für die Infrastruktur wichtig sind, zu Dienstleistungen »umorganisiert«.

Das passiert auch bei Amazon Web Services, das Cloud Computing und On-Demand-Services für Einzelpersonen, Unternehmen und öffentliche Institutionen anbietet und entsprechend der übertragenen Gigabyte-Menge abrechnet.

Pay-per-Mile

Die Ausrichtung des Pricing an der Nutzung bietet für diejenigen Kunden Vorteile, die ein Produkt unregelmäßig nutzen oder die Nutzung schlecht planen können.

Das haben auch Versicherungsunternehmen erkannt. Metromile bietet seinen Kunden beispielsweise eine Autoversicherung basierend auf den gefahrenen Kilometern. Dank des technologischen Fortschritts sind die Kosten für kleine, kabellose Geräte, die die gefahrenen Kilometer erfassen können, indem sie mit einem Diagnoseport im Auto verbunden werden, vernachlässigbar. Das ist ein wirtschaftliches Angebot für Gelegenheitsfahrer, die von einer Vollversicherung nur in der Zeit profitieren, in der sie das Fahrzeug tatsächlich nutzen. Durchschnittlich sparen sie dabei 47 Prozent, so Metromile.[5]

Im Allgemeinen ermöglichen alle On-Demand-Pricing-Modelle den Kunden eine fundiertere Entscheidung. Sie können ein Produkt testen und einen Eindruck von dessen Anwendung bekommen, ohne hohe Anfangsinvestitionen leisten zu müssen.

Michelin, ein führender Reifenhersteller, bietet eine weitere Form der Abrechnung nach Kilometerstand[6]. Nachdem das Unternehmen innovative Reifen für Gewerbefahrzeuge entwickelt hatte, die 25 Prozent länger halten sollten als diejenigen der Konkurrenz, erkannte das Unternehmen jedoch, dass es keine 25-prozentige Preiserhöhung in der Preisliste vornehmen konnte, und die Verkaufsabteilung riet, diese Prozent-Preis-Korrelation nicht weiterzuverfolgen.

Michelin entschied sich stattdessen, sein Monetarisierungsmodell zu überprüfen. Warum sollte man nicht die Leistung des Reifens an den Preis koppeln? Der Wechsel von einem Preis-pro-Reifen-Modell zu einem Preis-pro-Kilometer-Modell beinhaltete eine klassische Pay-per-Use-Formel. Mittels GPS-Technologie, die direkt mit dem Fahrzeug verbunden war, konnte der gesamte Mehrwert der Innovation monetarisiert werden. Je länger der Reifen hielt, desto höher waren Michelins Einnahmen.

Im Laufe der Zeit preschte Michelin immer weiter vor: Heute bieten sie Komplettlösungen für Unternehmen in allen Bereichen, mit Pro-Kilometer-Modellen für Motorfahrzeuge, Anzahl der Landungen für Fluggesellschaften und transportierten Tonnen im Bergbau.[7]

Michelin hat sich also vom einfachen Reifenhersteller zu einem »Mobilitätsdienstleister« mit einer umfangreichen Palette an Telematik-Services und Flottenmanagement entwickelt.

Das wurde mit Kundentreue belohnt.

Power by the Hour

Einige große Player fremdeln allerdings immer noch mit Pay-per-Use. Das liegt an den relativen Kosten des Produktes und den Kaufzyklen sowie an dem Pool bestehender und potenzieller Kunden und den Kosten für einen Wechsel.

Mitte der 1980er Jahre führte Rolls Royce, gefolgt von General Electric, »Power by the Hour« im Markt für Triebwerke ein.[8]

Dadurch bezahlten Kunden – also Fluggesellschaften – nur für den tatsächlichen Betrieb der Turbinen.

Obwohl man das heute kaum als »neues« Pay-per-Use-Modell bezeichnen kann, bot es damals den großen Vorteil, Preise stärker an die Nutzung als an den Verkauf koppeln zu können.

Power by the Hour war tatsächlich keine große Herausforderung, die meisten führenden Unternehmen schafften es, das Modell in ihren verschiedenen Bereichen einzuführen. Das lag im Wesentlichen an dem konzentrierten Kundenpool in einem Markt, der bisher schlecht bedient worden war.

Jede Marktherausforderung bedeutet Pionierarbeit.

Pay-per-Use ist eine Revolution in denjenigen Märkten, in denen die Kundenbasis stark expandieren kann. Die Luftfahrtbranche hingegen mit ihren Regulierungen und anderen ziemlich hohen Zugangsbeschränkungen wächst nicht so schnell wie andere, größere Sektoren mit mehr Playern und niedrigen Zugangsbeschränkungen.

2 Pay-per-Use/-per-Wash/-per-Mile/...

Ein weiteres Beispiel für das Bezahlen nach Zeiteinheiten – in diesem Fall Stunden – bietet Zipcar, ein US-amerikanisches Car-Sharing-Unternehmen. Die Bezahlung erfolgt auf Basis der Stundenzahl, die das Auto tatsächlich genutzt wird.[9] Es kommt nicht selten vor, dass Kunden eine feste Rate zahlen. Bei diesem Modell liegt dieser Betrag jedoch deutlich unter dem Kaufpreis, den der Kunde für ein Auto zahlen müsste. Bei Zipcar zahlen Kunden einen jährlichen Betrag von 60 Dollar für einen Zugang zur gesamten Flotte und acht Dollar pro Stunde für die Nutzung des Autos – mit dem Zusatznutzen einer großen Auswahl.

Pro Kubikmeter Druckluft zahlen

Selbst ein Unternehmen, das 1873 gegründet wurde und das das größte des Landes und sogar Weltmarktführer ist, kann von den Vorteilen neuer Pricing-Ansätze profitieren und seinen Monetarisierungsansatz revolutionieren und so einen Wettbewerbsvorteil erlangen.

Die Rede ist von dem schwedischen Unternehmen Atlas Copco, dem führenden Hersteller von Kompressoren.

Mittels seines neuen AIRPlan-Angebots fragt das Unternehmen den Kunden, warum er nicht sein Equipment in den Händen von Atlas Copco lässt. Mit AIRPlan erhält man die benötigte Menge an Druckluft und bezahlt dann nur den Verbrauch.[10]

In der Präsentation dieses Modells antwortet Atlas Copco indirekt auf eine rhetorische Frage:

Was ist der Unterschied gegenüber dem Einsatz eigener Kompressoren? Der Kauf einer Druckluftanlage hat einen großen Einfluss auf Ihren Investitionsaufwand. Zusätzlich zu den Investitionskosten sind viele andere Kostenpunkte zu beachten: Verwaltungs- und Kapitalkosten, Transport und Montage usw.

Mit AIRPlan haben Sie keine Zusatzkosten. Alle Ausgaben für Druckluft sind Teil Ihrer Betriebskosten. Und das Geld steht für neue Geschäftschancen zur Verfügung.

So wird also auf Basis der verbrauchten Kubikmeter abgerechnet.

Als Atlas Copco dieses Preismodell einführte, war das vorherrschende Handelsmantra, das Hersteller von Equipment wettbewerbsfähiger wären, wenn sie sich nur darauf konzentrierten, dieses Equipment herzustellen, und auf alle Downstream-Aktivitäten wie Kundenkontakt und Hilfe für Distributoren und Einzelhändler verzichteten.

Atlas Copco entschied sich trotzdem für ein Service-Angebot und die direkte Interaktion mit dem Kunden, statt das an die Distributoren zu delegieren. Das bedeutete, ein direktes Netzwerk aus Verkaufspersonal und technischen Assistenten zu schaffen, die mittels einer globalen Kundencenter-Infrastruktur operieren und langfristig indirekte Kanäle nach und nach in direkte wandeln sollten. »Wir wollten sicher sein, dass wir die Kundenbeziehungen im Griff behielten«, betont Ronnie Leten, Ex-President Compressor Division der Atlas Copco Group in einem seiner Interviews über die Unternehmensgeschichte. »Hinsichtlich der Lieferkette hingen wir im Wesentlichen von der Zusammenarbeit mit unseren Lieferanten ab, während unser Downstream-Geschäftsmodell mehr oder weniger vertikal integriert mit unseren Kunden lief. Dieser ›enge Kontakt‹ mit den Kunden steht in klarem Gegensatz zum Konzept unserer Konkurrenz, die ein weniger vorwärtsintegriertes Geschäftsmodell hatte und über Distributionskanäle agierte.«

Sobald die Infrastruktur der Abteilung betriebsbereit war, begann das Servicegeschäft infolge der Kundennachfrage zu wachsen.

Die Kunden verlangten Service und Atlas Copco reagierte!

Insbesondere zu Beginn bestand vor allem eine Nachfrage nach einfachem, transaktionalem Kundendienst. Der Bedarf entwickelte sich jedoch weiter, sodass das Unternehmen sich ermutigt sah, sein Angebot zu erweitern.

So entsteht ein positiver Kreislauf aus guten Ideen, die wie auch Kultur, Wissen und bewährte Verfahren Pluspunkte sind, die den Wert steigern, statt ihn zu verringern, wenn man sie mit vielen anderen teilt.

Ein weiterer Aspekt bei der Wertsteigerung durch diese Art der Monetarisierung war vielleicht schwieriger zu quantifizieren, aber genauso konkret.

Engere Kundenbeziehungen bedeuteten für Atlas Copco, ständig mit den wechselnden Nachfragen der Kunden konfrontiert zu sein. Das bedeutete für das Unternehmen aber auch, dass sie die ersten waren, die vom Bedarf an zusätzlichen Produkten oder Dienstleistungen erfuhren. Aufgrund dieses spezifischen Wissens über die Kunden und der ständigen Innovation konnten Konkurrenten nicht mehr intervenieren.[11] Das ist eines der vielen Beispiele, wie ein perfekter Wechsel von einem produktzentrierten zu einem kundenzentrierten Geschäft gelingt, während man gleichzeitig die Position des Unternehmens durch ein »Schutznetzwerk« konsolidiert, das aus dem eigenen Wettbewerbsvorteil entsteht.

Payment by Weight

In der Luftfahrt ergibt sich der Flugpreis normalerweise pro Person, gelegentlich differenziert nach Alter, Status oder ähnliche Kriterien.

Das polynesische Unternehmen Samoa Air bietet ein völlig anderes Preismodell an.

Preise werden hier nach dem Gewicht des Passagiers festgesetzt. Demnach wird ein Festpreis pro Kilogramm bezahlt, der aufgrund der Flugdauer variieren kann.

Die Tickets von Samoa Air kosten zwischen einem und etwa 4,16 Dollar pro Kilogramm. Passagiere bezahlen für ihr eigenes Gewicht und das ihres Gepäcks.

Für einen Flug von Samoa nach Faleolo wird beispielsweise ein Dollar pro Kilogramm Körpergewicht berechnet.

Samoa hat weltweit die dritthöchste Anzahl übergewichtiger Menschen, deutlich mehr als die Vereinigten Staaten, deswegen ist diese Preisgestaltung nur konsequent. Obwohl einige das auch als diskriminierend empfinden, ist es doch folgerichtig eine dem Nutzer entsprechende personalisierte Anwendung.

Chris Langton, der CEO von Samoa Air, war der glühendste Verfechter dieses Preismodells: »Es gibt keine zusätzlichen Kosten, beispielsweise für übergroßes Gepäck oder dergleichen – ein Kilo ist ein Kilo ist ein Kilo. Je kleiner das Flugzeug, desto weniger Varianten können hinsichtlich der Gewichtsunterschiede zwischen den Passagieren akzeptiert werden. Außerdem sind Menschen im Allgemeinen dicker, breiter und größer als vor 50 Jahren.«

Mit diesem neuen Preismodell zahlen einige Familien mit Kindern tatsächlich weniger für ihre Tickets.

Die Logik spricht für das System. Hier zählt nur das Gewicht und nicht das Alter oder der Status.

Und wenn man diese Logik weiterentwickelt … Wir kalibrieren Systeme nach denselben Messungen, die wir zu ihrer Kontrolle durchführen. Wenn also der Gütertransport nach Gewicht berechnet wird, wieso nicht auch der von Personen? Das hatten sich die Manager von Samoa Air auch gefragt.

Langton wies darauf hin, dass dieses Modell auch das Gesundheitsbewusstsein der Inselbevölkerung steigern würde. Samoa hat einen der höchsten Anteile an Fettleibigkeit: Der UN-Bericht von 2021 zeigt, dass 84,7 Prozent der Bevölkerung übergewichtig sind. In Zahlen ausgedrückt bedeutet das: Nur 31 000 von 200 000 Einwohnern sind »normalgewichtig«.[12]

Wie dem auch sei, im Moment ist dieses Modell nur ein befristetes Experiment, möglicherweise wegen der diskriminierenden Elemente. Dennoch passiert es, dass amerikanische Fluggesellschaften ihre stark übergewichtigen Passagiere bitten, zwei Tickets zu kaufen, wenn der Flug ausgebucht ist.

Einführung und Grenzen

Mit dem technologischen Fortschritt wird eine stärkere Konnektivität durch das Internet der Dinge und die potenziell immer geringere Dimension von Transaktionen ermöglicht. Das funktioniert beispielsweise mittels *Blockchain*, wobei Bitcoin und Kryptowährungen nur die Spitze des Eisbergs sind. Die Durchführbarkeit und Attraktivität von Pay-per-Use-Preismodellen wird zunehmen, vor allem in Märkten, in denen Produkte und Dienstleistungen auf einfache Weise zum Kunden gelangen.

Künstliche Intelligenz und automatisiertes Lernen, zunehmende Konnektivität und integrierte Datenanalysen ermöglichen es Unternehmen, Dienstleistungen und Produkte anzubieten und dabei ein tieferes Verständnis darüber zu gewinnen, wann, wo und wie ihre Kunden diese nutzen.

Diese Erkenntnisse können anschließend analysiert werden, um Produkte und Dienstleistungen den Kundenwünschen entsprechend weiterzuentwickeln. Kunden profitieren wiederum von den direkteren und personalisierten Produkterfahrungen.

Eine derartige Marktentwicklung stellt eine Herausforderung für etablierte Player dar, die ihren bestehenden Kundenstamm gerne schützen möchten, ohne den Einnahmenfluss zu gefährden und grundlegende Annahmen hinsichtlich dessen, was Kunden wünschen und wie etwas geliefert werden soll, infrage zu stellen.

Reife Unternehmen zögern normalerweise, Geschäftsmodelle einzuführen, die auf Nutzung basieren. Sie möchten keine Kannibalisierung der Einnahmen riskieren, die durch den Kauf ihrer Produkte generiert werden. Außerdem müssten sie ihre Verkaufssteuerung überarbeiten – andere Anreize (nicht nur das Umsatzvolumen) wären erforderlich.

Bei traditionellen Preismodellen werden der Verkauf, der Support und die Distribution auch für die Antizipierung von Großaufträgen optimiert, dafür bieten sich Pay-per-Use-Modelle nicht unbedingt an.

Darüber hinaus besteht die Gefahr, dass durch die Einführung eines auf Nutzung basierenden dynamischen Modells bestehende Beziehungen zu Kunden, die das Produkt zuvor erworben haben, beschädigt werden. Für diese Unternehmen, die jahrelang hochpreisige Produkte und Dienstleistungen an einen beschränkten Markt verkauft haben, stellt dieses Modell grundlegende Annahmen darüber, wer ihre Kunden sind und was sie brauchen, infrage.

Etablierte Unternehmen waren in diesem speziellen Marktsegment die Pioniere. Sie haben ihr eigenes Selbstbewusstsein, das sie über die Jahre entwickelt haben. Außerdem haben sie loyale Kunden, ihre Marke ist im Markt etabliert, sie haben im Lauf der Zeit ein Netzwerk mit anderen Unternehmen, Logistik und Handel aufgebaut. Das alles führt dazu, dass sie einem Wandel gegenüber nicht sonderlich aufgeschlossen sind und ihre Branchenkenntnis fast ein Hindernis darstellt.

Die Fragen, die sich das Management solcher Unternehmen stellt, sind jedoch häufig ähnlich. Die Szenarios verändern sich, der Mensch bleibt, wie er ist. »Wenn unser bisheriger Erfolg auf dem Verkauf komplexer teurer Produkte an große Kunden beruht und einen Besitz erfordert, warum sollten wir unsere Strategie ändern und zu niedrigeren Preisen, unkalkulierbar, an kleinere Kunden verkaufen?«

2 Pay-per-Use/-per-Wash/-per-Mile/...

Für viele Unternehmen ist der Wechsel von einem traditionellen zu einem nutzungsbasierten Modell nicht leicht, obwohl das eigentliche Produkt im Wesentlichen dasselbe bleibt. Bei dynamischen Pay-per-Use-Modellen für verschiedene Produkttypen erwarten sowohl B2C- als auch B2B-Kunden zunehmend mehr und differenziertere Angebote.

Die Einführung von Pay-per-Use-Modellen wird für Produkte mit einem hohen Einstiegspreis in Märkten wichtig sein, in denen die Nutzung durch Kunden dynamisch, volatil und unvorhersehbar ist. Das gilt auch für teure, technologiebasierte Produkte oder Vorlieben, die sich schnell verändern und deren Nutzung unregelmäßig oder zyklisch ist. Aber gilt das nicht für alles heute?

In den B2C-Bereichen Automobil oder Versicherung oder bei der gehobenen Mode erkennen wir bereits beginnende On-Demand-Services bei den Infrastrukturen oder bei einfacheren Produkten. Statt Autos erwirbt der Endkunde Meilen; er schließt arbeitsspezifische Versicherungen statt jährliche Pauschalverträge ab und leiht Outfits für eine Gala, statt sie für die gesamte Lebensdauer zu kaufen. Das gilt auch für den B2B-Sektor, in dem Unternehmen bereits auf cloudbasierte Produkte bauen, um Wachstum und variable Nachfrage zu generieren.

Dennoch gibt es auch bei *Pay-per-Use* gewisse Grenzen: Vergleichsweise preisgünstige physische Güter, die ständig nachgefragt werden, sind am wenigsten geeignet. Ein Beispiel hierfür sind Laufschuhe. Solch ein Produkt wird wahrscheinlich immer auf traditionelle Weise erworben werden, da es schwierig ist, sie auf Anfrage zu liefern, das Produkt verliert schnell an Wert und es fehlt verständlicherweise die Bereitschaft zum Sharing.

Ein weiteres Hindernis bei nutzungsbasierten Preismodellen wie Pay-per-Wash ist die Verfügbarkeit notwendiger finanzieller Ressourcen (beispielsweise für die Finanzierung der Installation einer Basis für Geschirrspülmaschinen, die finanziert oder versichert werden müssen). Aber obwohl sich nicht alle Unternehmen die notwendige Finanzierung leisten können, sind einige Kreditinstitute gegen Zahlung einer Provision bereit, Hilfe zu leisten.

Nutzungsbasiertes Pricing bietet durch innovative Transaktionen in vielen Bereichen Vorteile. Bei den Triebwerken fand der Übergang zu einer Form von nutzungsbasiertem Pricing allerdings ohne große Disruption statt. Das lag teilweise daran, dass die Einstiegshürden (sowohl für Kunden als auch für Lieferanten) neue Player davon abgehalten haben, in den Markt einzutreten.

Trotz der besprochenen Grenzen und Beschränkungen können wir schlussfolgern, dass Unternehmen, die in Sektoren operieren, die sich teilweise stark voneinander unterscheiden, vom Übergang von traditionellen Preismodellen – basierend auf dem Besitz des erworbenen Gutes – zu Ansätzen, die die Monetarisierung von Werten zum Kern ihres Erlösmodells machen, profitieren. Die innovative Natur und Kreativität dieser Preismodelle, die Technologie und Digitallösungen permanent umfassend einsetzen, ermöglichen es, einen Wettbewerbsvorteil zu schaffen, indem sie Kaufwiderstände beseitigen und neue Kunden anziehen.

Zusammenfassung

Pay-per-Use, oder Zahlung pro Nutzung, ist die Zahlung an einen Lieferanten für ein Produkt oder eine Dienstleistung entsprechend der tatsächlichen Nutzung.

Verglichen mit Mieten oder Leasing, die dem Kunden üblicherweise Nutzungsrechte für eine begrenzte Dauer übertragen, ist die nutzungsbasierte Zahlung an das Nutzungsmuster des Kunden gekoppelt. Das ist für Kunden besonders attraktiv, die ein Produkt nicht so häufig verwenden. So ermöglichen Pay-per-Use-Modelle Zugang zu Qualitätsressourcen ohne signifikante Investitionen.

Mit dem schnellen Wachsen von Cloud Computing und technologischen Fortschritten im Allgemeinen, aber auch konkret im Datenmanagement, verbreitet sich die Zahlung nach Nutzung in zahlreichen Sektoren. Winterhalter mit elektrischen Haushaltsgeräten, Rolls Royce bei Flugzeugmotoren, Atlas Copco bei Druckluft und Zipcar bei der Mobilität sind nur einige der vielen Bereiche, in denen dieses Preismodell angewendet wird.

Die Einführung von Pay-per-Use kann aus unterschiedlichen Gründen geschehen: Bedarf nach größerer Flexibilität, Generierung eines Cashflows, Bezahlbarkeit, Kundenzufriedenheit oder um die Nachteile des Besitzens zu überwinden.

Richtig eingeführt, kann das Modell Kaufhindernisse beseitigen und den auf ein ganz bestimmtes Ziel ausgerichteten Wert für den Kunden monetarisieren. Innovative Unternehmen, die Pay-per-Use einsetzen, können von bedeutenden Skaleneffekten profitieren, sogar erhebliche Marktanteile von Playern gewinnen, die weiterhin ihr Angebot auf den Verkauf von Gütern limitieren.

3 Abo-Pricing

»Der Kundenstamm ist der neue Wachstumsmotor.«
Shantanu Nayaren, CEO Adobe

Case History

Riesige Metalldinosaurier im Morgengrauen. Die ersten Sonnenstrahlen spiegeln sich auf den Pressen und reflektieren die Umrisse der Schrauben und Chromfedern. Staub kommt durch die großen Fenster herein, die früher oder später einmal geputzt werden müssen.

Oder denken Sie an das ikonische Foto mit dem Titel *Lunch atop a Skyscraper* (*Mittagspause auf dem Wolkenkratzer*), das 1932 in der Sonntagsbeilage der *New York Herald Tribune* erschien und beim Bau des Rockefeller Centers in New York entstanden ist. Elf Arbeiter machen auf einem Stahlträger etwa hundert Meter über der Stadt Mittagspause.

Die Bilder zeigen die Entschlossenheit der Menschen, trotz der damaligen Großen Depression weiterzumachen.

Um aus der Finanz- und der wirtschaftlich-ökologischen Krise dieses 21. Jahrhunderts herauszufinden, brauchen wir ebenso ein Bild als Symbol für Zukunft und Hoffnung.

Stellen wir uns nun vor, dass wir Weltmarktführer in der Herstellung von Werkzeugmaschinen sind.

Wir verkaufen Druckmaschinen – sogenannte Bogenoffsetmaschinen –, die von grafischen Betrieben auf der ganzen Welt gekauft werden.

Seit mehr als 170 Jahren verkaufen wir diese Maschinen schon zu einem hohen Preis.

Aufgrund der aktuellen Weltereignisse beschließen wir jedoch von einem Tag auf den anderen, unser Preismodell zu ändern. Das hat nichts mit Philanthropie zu tun, sondern geschieht aus reinem Pragmatismus.

Nach einem Prozess der Konzepterstellung und des Vergleichens folgen Prototypen und Hypothesen für eine monetäre Innovation.

An Vorschlägen mangelt es nicht. Als Nächstes benötigen wir ein Narrativ, das unsere Idee transportiert, und zwar in dem Moment, in dem für die Praxis gewisse Lösungen erkennbar werden.

Wir machen unseren besten Kunden folgendes Angebot: Statt teure Maschinen zu kaufen – wir reden von einem Durchschnittspreis von 2,5 Millionen Euro –, bieten wir eine Flatrate für den Druck einer festen Anzahl Bögen.

Für 100 000 Euro monatlich wird die Maschine in der Produktionsstätte des Kunden installiert. In diesem Abo sind die Wartung und die Verarbeitung mittels Big Data eingepreist. Ebenso wie Papier, Farben, Lacke sowie Reinigungsmittel und Gummitücher zur Reinigung der Druckplatten. Wenn der Kunde mehr als die zuvor festgelegte Anzahl druckt, beispielsweise 30 Millionen Bögen, kann das Abo erweitert werden.

Was könnte das ikonische Bild für diese Kampagne sein?

Männer, die auf einem Stahlträger sitzen, Seiltänzer, blauer Himmel und Wolken. Rotationstiefdruckmaschinen, aus denen Zeitungen quellen. Druckerpressen, neue Transformer, neu zusammengesetzt. In ihrer neuen Form als Flugzeug bringen sie unser Material in die ganze Welt. Nach Paris, ins Zentrum von Caracas. Kindergesichter in den Slums von Nairobi. Jakarta unter Wasser. Oceanix, die neue Insel. Stadtwälder in Stockholm, Rom, Delhi, New York. *Kein Ort ist zu weit entfernt.* Ein Slogan auf schwarzem Hintergrund.

Das ist kein Film, sondern das, was tatsächlich bei dem Unternehmen Heidelberger Druckmaschinen mit dem Angebot »Heidelberg Subscription«[1] passierte.

3 Abo-Pricing

Medienunternehmen haben, gefolgt von Softwareunternehmen, bei Abomodellen den ersten Schritt gemacht.

Mittlerweile werden weltweit in allen Bereichen auf Abos basierende Erlöse generiert.

In diesem Moment, verschlüsselte Codes, Buchstaben auf einer Tastatur, Cursor bewegen Zeichen, lächerliche Zeichen, zeitabhängiger Verbrauch. Sie schauen fern, entscheiden sich, ein Programm zu sehen, wenn Sie es wollen. Sie sitzen auf dem Boden und essen Pizza, ein Picknick auf dem Parkett bei Ihnen zuhause, die Kids stoßen das Bier um, aber es ist noch etwas im Kühlschrank, Mineralwasser mit Zitrone. Das ist vielleicht das Bild eines möglichen neuen Lebens, das nicht mehr weit entfernt ist, nur dass wir es bislang nicht gesehen haben.

Das Wesentliche ist für die Augen unsichtbar, sagt der Kleine Prinz.

Zeit.

Das wertvollste Gut.

Nachdem sie in den 1800er Jahren vorhergesagt und eingeholt wurde, ging sie in den 1900er Jahren verloren (Proust), zwei Kriege und dann nahmen die 2000er an Fahrt auf, zerstörten sie und lösten sie sogar auf, Atomzeit. Heute haben wir vielleicht erkannt, dass sie tatsächlich das Einzige ist, was zählt. Raum, real und digital, ist das Vehikel, das sie durchquert.

Zeit, die sich schneller aufwärts als abwärts bewegt.

Sinusförmige Kurven, die unsere Wahrnehmung linearer Zeit für immer verändert haben.

Heute wissen wir, dass alles eins ist, rekursiv, die Jahreszeiten sind verschwunden und wir müssen uns immer mehr anpassen. Der Stärkste wird nicht gewinnen und auch Darwin ist im Strom der Zeit zurückgeblieben. Heute gewinnt derjenige, der sich zuerst und besser anpasst.

Statt zufälligen Auf- und Abwärtstrends ausgeliefert zu sein, bei denen zu bestimmten Zeiten mehr verkauft werden kann, gefolgt von Rabatten in mageren Jahren, in denen wir den Gürtel enger schnallen müssen, können jetzt, mit Abonnements, selbst Hersteller von Werkzeugmaschinen oder anderer langlebiger Güter von einem stabilen und in gewisser Weise vorhersehbaren Einkommen profitieren. Im selben Ausmaß wird der Wert für den Kunden gesteigert: der sogenannte Customer Lifetime Value.

Für Investoren und Entrepreneure gibt es nichts Wünschenswerteres, als »regelmäßigen Verbrauch und eine Nutzung von Dienstleistungen gegen Gebühr« zu verzeichnen. Das ist die Definition eines Abonnements.

Deswegen wird Heidelberg Subscription von dem anbietenden Unternehmen als Win-win-Lösung betrachtet, sowohl für den Kunden als auch für den Hersteller. Kunden sitzen nicht mehr auf hohen Fixkosten oder müssen sich mit Investitionen herumplagen. Sie sparen darüber hinaus auch noch Geld, so Heidelberg: Bei einem Abo kostet jeder Bogen nur noch drei Cent.

Im traditionellen Modell, wenn man auch den Stillstand mitrechnet, kommt man auf fünf oder sechs Cent pro Bogen.[2]

Für Heidelberg ist ein Abonnement das Allheilmittel gegen das Übel des Marktes: Instabilität. Dieses Modell ermöglicht es, mehr Dienstleistungen und Verbrauchsmaterial zu verkaufen und so die Gewinnspanne des Unternehmens zu vergrößern, während man sich gleichzeitig von den zufälligen Marktschwankungen unabhängig macht.

Darüber hinaus ist Heidelberg überzeugt davon, dass sie die Maschinen effizienter managen können, als es für eine einzelne Druckerei möglich ist. Indem man dank der eigenen Cloud einen Maschinenpool von 15 000 Stück lenkt, erhält man eine riesige Quantität und Qualität an Daten mit Informationen, die das optimale Management der Druckmaschinen ermöglichen.

Außerdem werden gegenüber »Verbrauchsgütern« Vorteile durch Volumenrabatte erreicht: Je höher die Anzahl der abonnierten Bögen ist, desto höher sind Heidelbergs Einnahmen.

Ziel des Managements dieses deutschen Branchenführers ist es also, die Umsätze und Gewinnmargen mittels Abonnements zu steigern.

Heidelbergs Referenzkunden sind Technologie-Player, die durch Abomodelle ein großes Vermögen generiert haben.

Ungefähr vor zehn Jahren konnten wir im Software-Bereich die Verbreitung von Aboangeboten mittels Cloud-Technologie beobachten.

Heute macht SaaS (Software as a Service) mit einem Umsatz von mehr als 100 Milliarden US-Dollar weltweit mehr als ein Drittel des gesamten Umsatzes der Softwarehersteller aus. Und sie wachsen weiter (nach Schätzungen der Marktforschungsagentur Gartner liegt die Wachstumsrate bei 20 Prozent pro Jahr).[3]

Satya Nardella, der CEO von Microsoft, hat es auf diese Weise geschafft, das Unternehmen unter die wertvollsten der Welt zu bringen.

Unternehmen, die mit Abomodellen Erfolg haben, können eine Wachstumsrate erzielen, die fünfmal höher ist als die von Unternehmen im amerikanischen S&P-Aktienindex: So wurden Amazon, Salesforce und SAP die Lieblinge der Investoren.

Kontextanalyse

Abonnements im B2C-Bereich

Die Tendenz zu seriellen Käufen bei privaten Nutzern ist im Bereich des digitalen Konsums weit verbreitet und beschleunigte sich weiter während der Covid-19-Pandemie 2020 bis 2022. Erst waren wir alle fassungslos, eingestimmt auf ein Leben am seidenen Faden, ein Radioprogramm, ein Newsfeed, Fernsehnachrichten mit angehaltenem Atem. Und dann die Stille in den Städten. Rom, New York, Moskau und Tokio waren Asphaltwüsten. Hirsche in den Straßen der Abruzzen, Bären in den Innenstädten von Maine. Die Natur übernahm menschliche Wohnbereiche, bis das Stimmengewirr die Welt wieder erfüllte.

In unseren Wohnungen, bezwungen von einem winzigen Wesen, das uns dazu brachte, Zeit und sozialen Raum und ihr Echo im Individuellen anders zu betrachten, fanden wir neue Energie, wo jede Bemühung vergebens schien, und schafften es, einen Mikrokosmos in eine neue Vorstellungswelt zu überführen.

Vielleicht ist das teilweise der Grund, warum Netflix oder andere Streaming-Anbieter wie Spotify oder Amazon Prime solch eine rapide und bemerkenswerte Entwicklung in dieser Zeit des Wiederaufbaus erlebten.

Das gilt auch für Spieleentwickler wie Blizzard (und die endlose *World-of-Warcraft*-Saga), für Sony mit dem Dauerbrenner PlayStation oder große Medienunternehmen von der *New York Times* bis zum *Wall Street Journal*. Apple-Chef Tim Cook hat seit dem Tod von Steve Jobs klare Absichten: Neben Musikabos möchte er mit Film-, Spiele- und Nachrichtenabos neue Einnahmen generieren.

Für Alltagsprodukte gibt es bereits Abomodelle. Procter & Gamble bietet beispielsweise derartige Abos für Pampers-Windeln und Gillette-Rasierklingen, wie auch ihr größter Konkurrent Dollar Shave Club. Zu den Pionieren bei den Services im Bereich Kaffeemaschinen mit monatlichen Lieferungen von Kapseln zählt Nestlé. Gleiches gilt auch für viele andere Bereiche: von einem Schuhangebot für monatlich 39,95 Dollar von JustFab[4] bis zu Tierfutter (Hundefutter für 18 Dollar pro Woche von The Farmer's Dog[5]).

3 Abo-Pricing

Reifen können ebenfalls auf einer Pay-per-Use-Basis verkauft werden, beispielsweise pro gefahrene Kilometer für B2B-Kunden, aber auch als Abo für B2C-Kunden. Zenises, ein multinationales Reifenunternehmen mit Zentralen in London und Dubai, das kürzlich mit dem teuersten Reifenset der Welt für 600 000 Dollar in das Guinness-Buch der Rekorde aufgenommen wurde, hat jetzt sein Reifen-Abo in Europa für B2C-Kunden eingeführt.

Zenises neues Abo-Modell Cartyzen wurden vom CEO Haarjeev Kandhari vorgestellt:

> *Der Service ist in Deutschland derzeit über Alzura X und seine 600 Handelspartner verfügbar. Das Modell basiert auf niedrigen Gebühren, die Nutzer zahlen, solange sie den Service in Anspruch nehmen: Ein monatliches Abo von nur 4,99 Euro deckt alle Kosten im Zusammenhang mit neuen Reifen ab. Das alles läuft über die Online-Plattform von Cartyzen, die Dienstleistungen und Lösungen für den Kunden anbietet und dabei gleichzeitig Informationen über allgemeine Kundenpräferenzen sammelt. Cartyzen garantiert beispielsweise, die Reifen bei Abnutzung, Reifenpannen oder zufälligen Beschädigungen zu ersetzen, unabhängig von den bereits gefahrenen Kilometern, und zwar so, dass die Kunden zufrieden sind. Zenises ist weltweit das erste Unternehmen, das ein derartiges Reifenabo anbietet und damit seine Strategie innovativer Verkaufsmodelle für Reifen fortführt. Darüber hinaus sind wir das erste Reifenunternehmen, das die Kryptowährung Bitcoin für alle Transaktionen akzeptiert.*[6]

In Europa geben Familien monatlich durchschnittlich 130 Euro für Online-Käufe wie beispielsweise Musik-, Video-, Software- und Spieleabos sowie Lebensmittellieferungen wie frisches Obst und Kaffee oder Kosmetikprodukte aus. Das entspricht ungefähr fünf Prozent des Familienbudgets.[7]

Der Trend in Richtung Abokäufe besonders im Medienbereich ist sicherlich nicht neu, aber die Pandemie einerseits und die Digitalisierung andererseits haben das Wachstum erheblich beschleunigt.

2021 generierten Abos weltweit 700 Milliarden Dollar, ein Betrag, der sich bis 2027 verdreifachen und auf bis zu 2,1 Billionen Dollar weltweit ansteigen dürfte.[8]

Die Pandemie hat Einzelhändler wie Ocado oder Morrisons in England ermutigt, Abomodelle anzubieten. Auch in Italien werden Abos von Unternehmen wie Barilla, Illy oder Scotti angeboten. Barilla hat beispielsweise das *CucinaBarilla*-Paket eingeführt. Dabei wird für ungefähr 40 Euro im Monat eine Box mit neun Kits, ausgewählt aus den vielen verfügbaren Rezepten, direkt zum Kunden nach Hause geliefert. Jedes Kit ergibt mindestens zwei Portionen und beinhaltet die rohen Zutaten für das jeweilige Rezept. Um das Rezept zuzubereiten, muss man alles nur in den »intelligenten« Ofen tun, der ebenfalls im Abo enthalten ist (er wird den Kunden kostenlos auf Leihbasis nach Hause geliefert).[9]

Auch in anderen Bereichen verbreiten sich Abonnements zunehmend, wie beispielsweise in der Automobilbranche.

BMW, Mercedes und Porsche bieten in einigen Städten oder bei bestimmten Händlern Abos an. Porsche begann mit *Porsche Passport*[10], einem Abomodell, das in Nordamerika angeboten wird. Für eine monatliche Gebühr von 3.000 US-Dollar sind Versicherung, Steuern, Wartung und Reifenwechsel darin enthalten. Der Autohersteller, dessen unverwechselbares Logo das Stuttgarter Wappen mit dem Pferd in der Mitte darstellt, erlaubt auch, das Modell entsprechend den Kundenbedürfnissen zu wechseln: ein Cabrio im Sommer oder einen SUV im Winter beispielsweise. Für den 911er muss in Europa eine monatliche Gebühr von 1.899 Euro gezahlt werden.

Volvo gehört zu den aggressivsten Autoherstellern in diesem Bereich: Das CARE-Aboprogramm soll in den nächsten Jahren 50 Prozent des Umsatzes bei Volvo ausmachen.[11]

Abonnements unterscheiden sich deutlich von Mieten oder Leasen. Dabei geht es nicht darum, einen teuren Kauf mit der Möglichkeit des späteren Zahlens zu fördern.

3 Abo-Pricing

Es geht vielmehr darum, eine andauernde Beziehung zu einem Kunden aufzubauen, zu dem in den meisten Fällen nach dem Kauf kein Kontakt mehr besteht.

Die häufig digitale Verbindung ermöglicht es, den Abonnenten kennenzulernen und zielgerichtet zusätzliche Services anzubieten. BMW bietet beispielsweise einen sprachgesteuerten digitalen Personal Assistant, der nach Parkplätzen Ausschau hält, Lieblingslieder spielt und E-Mails liest.[12] Das Abo von »Hey BMW« kostet bis zu 379 Euro. Daraus ergeben sich wirklich interessante Gewinnspannen für das Unternehmen.

So kann man selbst mit dem bestehenden Kundenstamm den Umsatz steigern und nicht nur mit der teuren Neukundenakquise. Shantanu Nayaren, CEO des Abo-Pioniers Adobe, fasst dieses Mantra so zusammen: »Der Kundenstamm ist der neue Wachstumsmotor.«

Abonnements im B2B-Bereich

Abonnements bieten auch ein großes Potenzial für Produktionsunternehmen.

Wenn Produkte verkauft werden, werden Kunden kaufen: Es kommt zu einem Kapitaleinsatz, im Gegenzug bekommt der Kunde die Ware vollständig – inklusive aller Probleme. Wenn man stattdessen eine Dienstleistung bietet, ist der Aufwand operativ, einerseits wirtschaftlich-finanziell, andererseits hinsichtlich der Verwaltung. Es gibt eine Verschiebung vom Besitz des Produktes zu einer *Zugriffsmöglichkeit* auf einer reaktiven Pay-by-Use-Basis. Ein Abomodell wie das von Heidelberg geht noch weiter, indem es eine proaktive, langfristige Beziehung zum Kunden aufbaut durch wiederkehrende Zahlungen – geplante Betriebskosten –, die alle mit dem Produkt verbundenen Probleme oder Services beim Hersteller belässt, wie es in Abbildung 3.1 zusammenfassend dargestellt wird.

Differenzierungs-merkmal	Produkt	Service	Abonnement
Preismodell	Besitz	reaktiv, On Demand	proaktiv, Nachfrage nicht nötig
Erfolgsfaktoren	bei Bedarf an erster Stelle stehen		Erlebnis ständig verbessern
Kundensicht	Ich löse mein Problem.	Sie lösen mein Problem.	Ich möchte kein Problem haben
Angebotsschwerpunkt	CapEx., das heißt Investitionsausgaben	Op.Ex., gelegentliche Betriebskosten	Op.Ex., vorprogrammierte Betriebskosten
Datenaustausch	einmalig, während des Verkaufs	mehrmals, auf Nutzungsbasis	ständig

Abbildung 3.1: Unterschiede zwischen Produkt, Service und Abonnement

Viele Unternehmen haben bereits ihre Maschinen oder elektrischen Haushaltsgeräte durch das Internet der Dinge (IoT) verbunden und erzeugen so Petabytes an Daten – Millionen von Gigabytes. Dennoch ist die Nutzung der Daten häufig limitiert. Im besten Fall ergeben sich Fernwartungsverträge, wodurch eine Handvoll Techniker eingespart werden kann.

Basierend auf einer neuen Studie verdienten nur fünf Prozent der Unternehmen Geld mit diesen Dienstleistungen. Es fehlt ein Geschäftsmodell, das in der Lage ist, diesen Service zu monetarisieren. Deswegen benötigen Produktionsunternehmen einen neuen Ansatz. Während in der analogen Welt das Produkt perfektioniert werden kann, um für alle Gegebenheiten zu passen, sogar dadurch, dass Angebote und Optionen geschafft werden, die der Kunde gar nicht nachgefragt hat, kann dank der digitalen Verbindung die tatsächliche Nutzung einer Ware bis ins letzte Detail gemessen werden. Für viele Unternehmen aus diesem Sektor steht es nicht im Zentrum der Aufmerksamkeit, auf diese Art einen Wert zu schaffen. Anders bei Mann+Hummel, Weltmarktführer im Bereich Filtrationstechnologie.

3 Abo-Pricing

2018 trat Mann+Hummel mit dem Aboservice Senzit[13] in den US-Markt ein.

Für 199 Dollar im Monat wurde ein intelligenter Sensor für den Luftfilter angeboten. Sobald er auf einem Mähdrescher oder Bagger installiert war, übertrug er Position, Zustand, Laufzeit und Filterkapazität direkt zum *senzit.io*-Portal. Für 20 Dollar pro Monat haben Flottenmanager oder Bauunternehmer ebenfalls die Möglichkeit, direkt über ihr Smartphone informiert zu werden, wann die Filter gewechselt werden müssen.

Auf diese Weise beschränkt sich Mann+Hummel nicht auf das reine Verkaufen eines Produktes, sondern bietet eine Dienstleistung, um die Verfügbarkeit teurer Maschinen zu maximieren.

Dieser Service kann ausgeweitet werden auf die automatische Lieferung von Ersatzteilen oder vielleicht auch auf eine Vor-Ort-Wartung, vielleicht irgendwo auf dem Land – Maisfelder und blühende Blumen, der Weißwein wartet im Kühlschrank nur darauf, dass der Filtercheck endlich beendet ist, während die Schicht der Arbeiter zu Ende geht, frisches Obst direkt von den Bäumen gepflückt werden kann und es ausreichend frische Luft gibt. Was will man mehr? (Und ja, Sie haben das gedacht, und nein, das ist keine Schleichwerbung. Es zeigt, wie viel durch die beschwörende Kraft auch nicht ausgesprochener Worte im Kopf des Lesers oder Zuhörers erreicht werden kann: Überzeugungskraft, Symbole. Am Ende ist der Mensch nicht mehr als das. Seit ungefähr 300 000 Jahren liefert uns der *Sapiens* Schatten und Geschichten, Interpretationen und Symbole. Und da sind wir jetzt wieder angekommen, bei der Vorstellung.

Aber Abonnements können auch hohe finanzielle Investitionen erfordern, wie im Fall von Heidelberger Druckmaschinen.

Trumpf, ein führender Hersteller von Werkzeugmaschinen und Lasern für die industrielle Fertigung, hat das finanzielle Risiko seiner eigenen Bank überlassen, der Trumpf Bank. Am Ende eines typischen 36-Monats-Abos nimmt Trumpf die Maschinen zurück und verkauft sie Second-Hand.

Viessmann, ein traditionsreicher Hersteller von Heizungen und Klimaanlagen, hat sich in dieselbe Richtung bewegt. Kürzlich führte er sein Heizungsabo ein[14] und bewarb es mit dem Slogan »Genauso einfach wie Ihr Musikstream«: Für 106 Euro im Monat kann ein Zehn-Jahres-Vertrag abgeschlossen werden für ein neues Heizungssystem oder einen -service, der Wartung, Reparaturen, Kaminreinigung und Gaslieferung umfasst.

Die Nachfrage nach dieser Art Abo wird durch die Tatsache getrieben, dass der Kunde bei einem Aufwand von 20 000 Euro am Ende für etwas mehr als 100 Euro im Monat ein neues System bekommt.

Dieses Angebot ist besonders für Vermieter interessant. Die monatliche Rate kann in die Miete eingerechnet werden oder in der Steuererklärung als Betriebskosten geltend gemacht werden.

Fünf Schritte zur erfolgreichen Einführung eines Abomodells

Ein Abonnement ist deswegen bequem, weil es Services bietet und ermöglicht, bei denen Güter, Produkte und Dienstleistungen genutzt werden können, was andernfalls nicht möglich oder zu teuer wäre. Schließlich ist es *nicht* für immer. Das ist ebenfalls ein wichtiger Aspekt in einem fluiden Zeitalter wie unserem.

Folgende fünf Schritte sind zu tun:

1. Den Übergang zum Abo planen

Vom transaktionsbasiertem Preismanagement (oder *una tantum*, ich verkaufe und kassiere nur einmal) zu einem abobasierten Preismanagement mit »wiederkehrenden« Einnahmen zu wechseln bedeutet, einige Veränderungen im Unternehmen vorzunehmen: bei den Angeboten, beim Pricing, aber auch bei Prozessen und IT-Systemen. Wir müssen uns darüber im Klaren sein, dass sich der *Modus Operandi* im Unternehmen ändern wird. Ein computergestütztes System zur Selbstanalyse ist sicherlich notwendig, abgestimmt auf Produktangebote, Nachverfolgung des Verbrauchs, Monitoring und Evaluierung.

Metaphorisch betrachtet ist es ein Übergang von der alten in die neue Welt. In der Mitte befindet sich ein Ozean. Das bedeutet Abenteuer, aber auch Unsicherheit, und wir brauchen ein solides Schiff.

Je schneller sich der Einnahmenmix in Richtung eines Abomodells bewegt, desto heftiger und revolutionärer wird dieser Übergang. Es ist von Anfang an wichtig, eine klare Vision der Ziele zu formulieren, die die Route vorgeben, und den operativen Prozess entsprechend zu planen.

In großen Unternehmen kann sogar ein schneller Übergang einige Jahre dauern. Daher ist es ratsam, eine Interimsperiode einzuplanen, in der neue Aboangebote parallel zu traditionellen laufen. So können Risiken minimiert und in der Zwischenzeit nützliche Erfahrungen gesammelt werden, während man die neue Strategie verfolgt.

2. Angebote auf die Kundenbedürfnisse ausrichten

Erfolgreiche Abonnements richten die Angebote an den Kundenbedürfnissen aus.

Alles beginnt und endet mit dem Kunden. Das muss klar sein, wenn man ein Abo anbietet. Diese Art der Monetarisierung soll Kunden mit einem einzigartigen und bedeutenden Wert versorgen, der vollständig ihrer Vorstellung davon entspricht, wie sie einkaufen und Produkte oder Dienstleistungen konsumieren wollen, siehe Abbildung 3.2.

Wie immer beginnen wir nicht mit den Antworten, sondern mit den Fragen.

Kundenbedürfnisse	kundenspezifische Anpassung, unüblich	normaler Einkaufszyklus	Vielfalt, Neuheiten, Erkundung
Wert des Abos	Zugang zu Qualitätsangeboten	rechtzeitiger und bequemer Nachschub	niedriges Risiko, einfach
Fälle	• Emma & Chloé (Schmuck) • Gwynnie Bee (Mode) • Winc (Wein)	• Dollar Shave Club (Rasierer) • The Farmer's Dog (Tierfutter) • Amazon Subscribe & Save (Haushaltswaren)	• Nature Box (Snacks) • Blue Apron (Home Cooking, Lebensmittelpakete) • BirchBox (Make-up)

Abbildung 3.2: Beispiele für Kundenbedürfnisse als Treiber für den Wert des Abos *Quelle:* Farknot Architect/Adobe Stock

Wie Alejandro Jodorowsky es formuliert: »Die Antwort ist die Frage.«

Menschen kleiden ihre Weisheiten in Erzählungen und Geschichten, während Fragen unsere geistigen Prozesse und unser erworbenes Wissen enthüllen. In diesem Fall die Unternehmenskultur.

Wo sind die *Pain Points* unserer Kunden? Wie können wir sie beseitigen?

Wie segmentieren wir den Markt?

Welche Abolevel wollen wir wem in welchem Marktsegment anbieten?

Derartige Fragen sind nicht nur fundamental, um den jetzigen Zustand zu verstehen, sondern basierend auf dem, was wir im Laufe der Zeit erworben haben, sind sie auch wichtig für alles, was wir noch erreichen wollen. Sie ermöglichen zukünftige Entwicklungen, auf die wir heute schon hinarbeiten möchten, und die Schaffung einer besonderen Nachfrage.

3. Das Pricing des Angebots bestimmen

Sobald das Angebot eingeführt ist, muss der Preis für das Abonnement festgesetzt werden. Wie? Beispielsweise, indem man Fragen beantwortet wie: Wofür sollen die Kunden bezahlen?

Wir denken vielleicht an eine Zeiteinheit oder, wie im Fall von Heidelberger Druckmaschinen, an die Anzahl der Druckbögen oder die Anzahl der Nutzer/Standorte/Downloads und vieles mehr.

Darüber hinaus sollten wir den Preis, bestmöglich abgestimmt auf das entsprechende Abomodell, einführen: Ist eine Flatrate oder ein Hybridmodell besser? Wie sollten wir den Preis hinsichtlich der Zahlungsbereitschaft differenzieren? Es geht auch um Details wie: Was sind die Abrechnungsmodalitäten? Gibt es beispielsweise Rabatte bei Vorauskasse?

Das sind nur einige der Fragen, die bereits zu Beginn beantwortet werden müssen.

4. Das Angebot testen

Bevor man ein umfassendes Aboangebot unterbreitet, welches das Ergebnis eines drastischen Wandels ist, muss man die Reaktion des Marktes beobachten.

Indem Sie das Abo testen, erhalten Sie wertvolle Ideen für die Einführung und Feedback, sowohl über die Nutzung als auch über die Zufriedenheit der Kunden mit diesem Angebot. So kann man Einnahmenströme schätzen und den entsprechenden Businessplan anpassen.

5. Den Launch vorbereiten

Letzter Schritt: Auf die Einführung des Angebots vorbereiten.

Hierbei geht es einerseits um die Kommunikation mit den Nutzern, beispielsweise die Auswahl der passenden Medien, wie bei Volvo, die erfolgreich auf Social Media gesetzt haben, um ihr Care-Abo einzuführen. Andererseits geht es um die interne Kommunikation. Bereiten Sie das Verkaufsteam darauf vor, die neue Pricing-Strategie neben dem transaktionalen Geschäft zu positionieren, und bieten Sie die richtigen Anreize, damit das Angebot durchstarten kann.

Zusammenfassung

Das Mantra »Wenn Sie etwas herstellen, werden die Kunden schon kommen« gehört der Vergangenheit an und soll auch nicht zurückkehren.

Wir besitzen die Produkte nicht mehr, wir teilen sie.

Wir erwerben keine Güter mehr, sondern Erfahrungen.

Wir bieten keine Produkte mehr, wir bieten Dienstleistungen – wir finden uns inmitten von Erich Fromms Reflexionen über den gewaltigen Unterschied zwischen Sein und Haben. Wir bewegen uns von Lösungen zu Erlösmodellen, die auf Ergebnissen basieren.

Genauso passen Unternehmen ihre Handelsstrategien und betrieblichen Abläufe an, um kundenorientierter zu werden.

Statt indirekt nach Stückzahl oder Nutzer zu verkaufen, verkaufen sie direkt an den Kunden auf einer wiederkehrenden Basis.

Das gilt für den B2B- und B2C-Bereich. Wir erleben den Wandel von einer auf Produkten basierenden Wirtschaft mit einem Fokus auf physischen Gütern und Transaktionen hin zu einer fluiden Wirtschaft, die nicht an Besitz gebunden ist.

3 Abo-Pricing

Im ersten Szenario geht es darum, neue Kunden mit statischen, üblichen Angeboten zu gewinnen und den Verkauf durch eine einzige Transaktion abzuwickeln, bevor man sich anderen Kunden zuwendet.

Im zweiten Fall ist stattdessen die Kundenbeziehung der Dreh- und Angelpunkt des Geschäftsmodells: Die Kauferfahrung wird um individuelle Kunden herum aufgebaut, die einen maßgeschneiderten Service ihren Bedürfnissen entsprechend erhalten.

Um erfolgreich zu sein, sollten fünf Schritte in Betracht gezogen werden.

1. *Den Übergang zum Abonnement planen:* Vom transaktionalen Management zu einem Management, das auf »wiederkehrenden« Einnahmen basiert, zu wechseln, bedeutet für das Unternehmen viele Veränderungen: bei den Angeboten, beim Pricing, aber auch bei Prozessen und IT-Systemen. Der *Modus Operandi* muss angepasst werden.

2. *Das Angebot auf Kundenbedürfnissen aufbauen:* Erfolg mit Abos bedeutet, die Struktur der Angebote auf Kundenbedürfnisse abzustimmen.

3. *Das Pricing des Angebots bestimmen:* Sobald das Angebot eingeführt ist, muss der Abopreis festgesetzt werden.

4. *Das Angebot testen:* Vor der umfassenden Einführung eines Aboangebots, das auf einen drastischen Wandel folgt, ist es ratsam, die Marktreaktion zu testen.

5. *Den Launch vorbereiten:* Die Kommunikation zu planen und den Launch durchzuführen, ist der letzte Schritt.

Bei diesem Monetarisierungsansatz zählen die sofortige Verfügbarkeit, das Ergebnis und nicht der Besitz. Geplanter Wertverlust wird durch ständige Verbesserungen ersetzt, um wachsende Erwartungen zu befriedigen und Kunden für eine langfristige Beziehung zu gewinnen.

Darüber hinaus profitieren die Kunden von einer höheren Flexibilität: Pakete basierend auf Volumen, Flatrates, Langzeitverträgen sind nur einige der Optionen, die Kunden angeboten werden, wie beispielsweise bei Salesforce, Zendesk, Uber oder Box – Unternehmen, deren Ziel es ist, einen Abonnentenstamm zu erhalten, die Nutzung der Services, die das von den Aktienbörsen und Topmanagement heiß ersehnte wiederkehrende Einkommen generieren, zu überprüfen und den Service ständig zu verbessern, um Kunden langfristig zu binden.

4 Outcome-based Pricing

> »Die Leute wollen keinen Viertelzoll-Bohrer kaufen,
> sie wollen ein Viertelzoll-Loch.«
> *Theodore Levitt[1]*

Case History

»Wie sollte ein kleiner Comedy Club reagieren, wenn die Regierung die Steuern auf Theateraufführungen von acht auf 21 Prozent erhöht?«

Mit dieser Frage musste sich Teatreneu, ein Kleinkunsttheater in Barcelona, beschäftigen, als aufgrund von Steuererhöhungen in Spanien das Publikum ausblieb.

Der Comedy Club tat sich mit der Cyranos McCann-Werbeagentur zusammen.

Die Herausforderung bestand darin, eine neue Strategie zur Erlössteigerung zu finden, nachdem die Ticketverkäufe dramatisch zurückgegangen waren. 30 Prozent Einnahmen in nur einem Jahr bei einem durchschnittlichen Rückgang der Ticketpreise um 20 Prozent und einem Publikum, das sich alternativen Unterhaltungsformen, wie beispielsweise Filmen, zuwandte.

Die Antwort bestand darin, die menschliche Aktivität, in diesem Fall das Lachen, aufzuspalten in messbare Datenmengen, um diese wirtschaftlich bewerten zu können. Es war das erste Mal, dass einem Comedy-Publikum »Pay-per-Laugh« angeboten wurde. Dieses innovative Bezahlmodell wurde durch den Einsatz einer neuen Technologie möglich: Gesichtserkennung.

Entsprechend der Programmierparameter dieser Technologie war es möglich, eine exakte Reaktion zu erkennen und sie mit verschiedenen Gemütszuständen zu verknüpfen: Lachen/Glück, Weinen/Melancholie, Überraschung/Faszination etc.

Die Pay-per-Laugh-App, die zunächst auf einem Tablet installiert wurde, basierte in diesem Fall auf einer Software, die als Face-Tracker oder Detektor von Gesichtsausdrücken entwickelt worden war. Sie konnte aufgespürte Lacher zählen, auflisten und Statistiken generieren.

Jedes Mal, wenn die Software ein Lächeln entdeckte, machte das Tablet ein Foto und sicherte es. Diese Tablets befanden sich auf der Rückseite jedes Sitzes und beobachteten den Zuschauer.[2]

Das angebotene Agreement war einfach und effektiv.

Eintritt frei.

Wenn die Show dich nicht zum Lachen bringt, zahlst du nichts. Aber wenn du lachst, dann zahlst du für jeden Lacher, den dir die Schauspieler entlocken.

Am Ende der Show konnten die Zuschauer den Lach-Zählerstand prüfen, die Fotos jedes Lachens sehen und sie sogar auf sozialen Netzwerken teilen.

Ein Lachen kostete 30 Cent, die Höchstkosten beliefen sich auf 24 Euro, was ungefähr 80 Lachern entsprach. Das war das Limit, das auch nicht weiter erhöht werden konnte, sodass das Publikum seine Impulse nicht kontrollieren musste, um weniger zu lachen und zu bezahlen, aber trotzdem Spaß haben konnte.

Ab dem 81. Lacher garantierte das Theater denselben Festpreis, der maximale Preis war also bei 80 Lachern erreicht.

Die Pay-per-Laugh-App wurde zum ersten Mal im Teatro Aquitània in Barcelona eingesetzt.

Als das Teatreneu, gemeinsam mit dem Produktionsunternehmen Canada, die *Improshow* startete, waren der durchschnittliche Ticketpreis um sechs Euro und die Zuschauerzahl um 35 Prozent gestiegen.

Jede Pay-per-Laugh-Show brachte einen Gesamtzählerwert von 28 000 Euro gegenüber traditionellen Ticket-Bezahlsystemen.

4 Outcome-based Pricing

Andere Theater in Spanien kopierten das Modell und eine Mobil-App wurde als Bezahlsystem entwickelt.

Es war das erste Abo, das auf der Anzahl der Lacher und nicht auf der Anzahl von Shows basierte.

Wir sehen hier beispielhaft einen Fall von Pricing, das auf Ergebnissen basiert, bekannt als *Outcome- oder Performancebased Pricing*. Mit anderen Worten ein Erlösmodell, das mit der Performance der Anbieter von Dienstleistungen oder Produkten verbunden ist. Diese Art Monetarisierungsmodell wird durch die entsprechende Technologie ermöglicht.

In diesem Fall basiert das Erlösmodell auf der Unterhaltung. Die Lacher, die durch eine unterhaltsame Theateraufführung ausgelöst werden, sind das sichtbare Ergebnis des angebotenen Service. Was die Bezahlung betrifft – die liegt ganz in den Händen der Zuschauer. Sie entscheiden durch ihre Lacher, wie viel die Theaterkompanie verdienen wird. Wenn sie nicht lachen, dann gibt es keine Einnahmen. Das Risiko liegt vollständig beim Unternehmen, das sich der Qualität der Performance und des gelieferten Wertes sehr sicher sein muss. Darüber hinaus müssen sie die Preismessung einführen, die am besten geeignet ist, den gelieferten Wert für die Kunden, das Publikum, zu monetarisieren. Die »perfekte« Messmethode zu finden, die zu 100 Prozent den Wert abschöpft, ist nicht einfach, aber man kann so nah wie möglich herankommen. Durch diesen Ansatz hat Teatreneu es geschafft, seine Einnahmen erheblich zu steigern. Andernfalls wären sie bankrott gewesen.

Einige befürchten, dass es Zuschauer gibt, denen die Show zwar gefällt, die aber nicht lachen, oder andere, die einfach nicht lachen, um nichts bezahlen zu müssen. Aber seien wir ehrlich – wer geht schon für zwei Stunden in ein Comedy-Theater und vermeidet es krampfhaft, zu lachen?

Der zweite Aspekt ist die technologische Komponente. Ohne das an jedem Platz installierte Tablet, die Gesichtserkennungssoftware, den »Lacher-Zähler«, die Abschlussrechnung und die Möglichkeit, das Ergebnis auf Social Media zu teilen, könnte ein solches Pay-per-Laugh-Modell nicht angeboten werden.

Kontextanalyse

Ursprung

Ergebnisbasiertes Pricing gibt es schon länger.

Sie ist zwar nicht historisch belegt, doch es gibt die Geschichte, dass der Arzt eines gewissen chinesischen Kaisers entsprechend der Anzahl der Tage bezahlt wurde, in denen sich der Kaiser bei guter Gesundheit befand.

Die neuen Technologien des 21. Jahrhunderts machen es immer einfacher, Preismetriken an die Leistung zu knüpfen. Indem man digitale Plattformen, maschinelles Lernen, Cloud Computing und das Internet der Dinge verbindet, werden Krankheiten des Kunden (und auch seine Gesundheit) überwacht, um noch anspruchsvollere Lösungen bieten und besser auf seine Bedürfnisse eingehen zu können.

Im Gesundheitsbereich können wir uns beispielsweise vorstellen, dass es möglich sein wird, die Wirkung von Medikamenten, medizinischen Geräten oder bestimmter Dienstleistungen mittels Sensoren zu messen.

Preise könnten aufgrund echter Ergebnisse festgesetzt werden. Natürlich muss auch hier der technisch gemessene Wert in Preiseinheiten umgerechnet werden. Das unterscheidet sich im Grunde nicht von dem allgemeinen Problem, dass Leistungen in Preisen ausgedrückt werden.

Mit diesem Pricing-Modell zahlen Kunden also auf Basis des Ergebnisses und des erhaltenen Wertes. Je besser die Preisgestaltung auf den vom Kunden erkannten Wert ausgerichtet ist, desto erfolgreicher wird das Business sein.

Das Risiko, das mit der Leistung verbunden ist, liegt vollständig bei dem Unternehmen, das das Produkt oder die Dienstleistung anbietet. Kein Ergebnis, keine Zahlung. Der Kunde profitiert von einer zuverlässigen und vorhersehbaren Leistung, andernfalls zahlt er nicht.

Aber was meinen wir eigentlich mit Ergebnis?

Es beginnt damit, dass das Unternehmen das Ergebnis klar definieren muss.

Das Ergebnis wird durch drei Elemente gekennzeichnet.

Um als Basis für ein Monetarisierungsmodell geeignet zu sein, muss ein Ergebnis für den Kunden zuerst einmal *bedeutend und substanziell* sein. Das mag offensichtlich erscheinen, aber einige Unternehmen vernachlässigen diesen Aspekt und konzentrieren sich stattdessen auf die Merkmale des Produktes oder der Dienstleistung, an denen sie hauptsächlich interessiert sind oder bei denen sie einen technologischen Vorteil besitzen, selbst wenn diese Merkmale unwichtig oder einfach ein »nice-to-have« sind und nicht mit der Zahlungsbereitschaft des Kunden korrespondieren.

Zweitens muss es *messbar* sein. Das Unternehmen und seine Kunden müssen sich auf ein oder mehrere Parameter verständigen, die die Ergebnisse am besten widerspiegeln, um die tatsächlichen Effekte verifizieren zu können.

Schließlich muss es *unabhängig* sein. Weder das Unternehmen noch die Kunden oder eine dritte Partei dürfen das Ergebnis zu ihrem eigenen Vorteil beeinflussen. Nur so kann man ein Ergebnis erzielen, das objektiv geeignet ist, vergütet zu werden.

Schauen wir uns nun einige Anwendungen der ergebnisbasierten Preisgestaltung an.

Ein Klick als Ergebnis

Im Bereich der Werbung war es immer schon schwierig, die Wirkung einer Anzeige zu quantifizieren. »Die Hälfte des Geldes, das ich für Werbung ausgebe, ist verschwendet; leider weiß ich nicht, welche Hälfte«, gab der Einzelhandelsriese John Wanamaker vor mehr als hundert Jahren zu.

Im Internet wurde Werbung lange Zeit mittels traditioneller Preismodelle basierend auf Kontakten verkauft. Bezahlt wurde beispielsweise ein Festpreis oder die Zahl der »Impressions« (das heißt jedes Mal, wenn die Anzeige auf einer Website erscheint).

Mit der Zeit sind jedoch deutlich innovativere Pricing-Modelle aufgetaucht, die auf den Aktionen basieren, die ein User als Reaktion auf eine Anzeige vornimmt.

Heute sind solche Modelle dominanter und beliebter als traditionelle.

Den Anfang machte das Unternehmen Procter & Gamble, das vor einiger Zeit eine Vereinbarung mit Yahoo! traf. Das Portal berechnete die einzelne Anzeige basierend auf der Klickzahl, daher der Name »Pay-per-Click«. Yahoo! bekam also nur Geld, wenn ein User auf die Anzeige klickte.

Dasselbe passierte auch bei Google, sodass sich Pay-per-Click zum am weitesten verbreiteten Preismodell in der bezahlten Suchmaschinenwerbung entwickelte.

Heute erklärt Google seinen Kunden: »Sie zahlen nur für Ergebnisse, also zum Beispiel für Klicks auf Ihrer Website oder Anrufe.«[3] Das ist das Wesentliche von Googles Angebot, wie es im Jahresbericht zusammengefasst wird: »Werbung basierend auf Kosten pro Klick, Sie müssen nur bezahlen, wenn ein User auf eine Anzeige auf Google klickt oder ... wenn er oder sie eine Anzeige auf YouTube sieht.« (Google kaufte die Videoplattform 2006 für die damalige Rekordsumme von 1,65 Milliarden Dollar.)

Bei diesem Monetarisierungsmodell geht es um das Ergebnis. In der Vergangenheit wurde eine Flatrate erhoben in der Hoffnung,

4 Outcome-based Pricing

die Aufmerksamkeit des Nutzers zu wecken, heute wird nur etwas berechnet, wenn der User die Anzeige auch tatsächlich gesehen hat.

Google geht sogar noch weiter. Es gibt jetzt eine Option, für Conversions zu zahlen statt für Klicks. Bei *Pay-per-Conversion* – auch bekannt als *Pay-per-Action* – zahlt der Werbetreibende für Conversions, also nur, wenn Kunden vom Banner auf die Website gehen und einen Einkauf tätigen.[4]

Dank dieser Monetarisierungsmodelle erreichte Google 2020 für Werbeerlöse die Rekordsumme von 147 Milliarden Dollar.[5]

Kilowattstunden als Ergebnis

Diejenigen, die in Windkraft investieren, haben ein einziges Ziel: Energie zu produzieren. Wieso sollten Sie als Lieferant nicht auf Basis dieser produzierten Energie abrechnen?

Entsprechend dieser Logik wendet Enercon, der führende Lieferant von Windenergieanlagen, eine ziemlich innovative Preismetrik an. Der Preis wird auf Basis der jährlichen Energieleistung berechnet, die tatsächlich von den Windkraftanlagen erreicht wird.

Das Unternehmen wird nur bezahlt, wenn seine Kunden Energie produzieren. In Zeiten starker Winde mit hohen Outputs zahlen die Kunden mehr, bei Flauten mit niedrigerem Energieausstoß entsprechend weniger.

Das Neue daran ist, dass Enercon sich zu einem wesentlichen Teil am Geschäftsrisiko des Kunden beteiligt.[6]

Der entsprechende Vertrag nennt sich *Enercon PartnerKonzept* (EPK) und beinhaltet Wartung, Instandhaltung und Reparaturen. Die Kunden bezahlen einen Mindestbetrag entsprechend der verwendeten Turbine. Dieses Minimum beinhaltet folgende Services: regelmäßige Wartung, garantierte Verfügbarkeit, Reparaturen inklusive Ersatzteile, Transport und Fernüberwachung rund um die Uhr.

Um die Kosten so niedrig wie möglich zu halten, besonders in den ersten fünf Jahren des Betriebs, übernimmt Enercon die Hälfte des an EPK zu zahlenden Preises in diesem Zeitraum. Der Kunde zahlt erst ab dem sechsten Jahr den vollen Betrag, der anhand dieser einfachen Formel berechnet wird: Kosten = erzeugte kWh x Preis pro kWh.

Dieser innovative Service und das Preisangebot sind offenbar sehr beliebt bei den Kunden. Ungefähr 90 Prozent unterschreiben einen EPK-Vertrag. Eine wichtige Voraussetzung für den Erfolg ist die Tatsache, dass Enercon in der Lage ist, die Leistung der Windkraftanlage zu messen, und so eine Manipulation durch den Kunden unmöglich ist.

Lichtstunden als Ergebnis

Was haben Ikea, Walmart, Aldi und Apcoa gemeinsam?

Alle diese Unternehmen bieten ihren Kunden Parkmöglichkeiten, einige davon überdacht, sodass sie zumindest an einigen Stunden des Tages beleuchtet werden müssen.

Einige Unternehmen lieferten diesen Service für Parkplätze auf traditionelle Weise: Sie verkauften Ersatzteile wie neue Glühbirnen stückweise und berechneten einen Stundenpreis für jede Art von Wartungsservice.

Selbstverständlich ist dies kein sonderlich differenzierter und hoch kompetitiver Markt. Man kann Angebote verschiedener Anbieter leicht vergleichen und Lieferanten können unter erheblichen Druck geraten. In den meisten Fällen bekommt derjenige den Zuschlag, der den besten Preis bietet. So einfach ist das.

Aber das Entscheidende für Ikea ist nicht so sehr das Licht, das die Leuchten geben, sondern das sichere Gefühl der Kunden auf einem gut beleuchteten Parkplatz.

4 Outcome-based Pricing

Wenn eine Lampe defekt war, rief der Möbelmarkt einen Techniker, um sie reparieren zu lassen.

Wenn das zu lange dauerte, beschwerten sich die Kunden, dass der Parkplatz nicht sicher sei. Sie kauften (und parkten) dann vielleicht woanders und das Unternehmen verlor Einnahmen.

Wenn, wenn.

Während in der Science-Fiction das »Was wäre, wenn« eine notwendige Bedingung ist und ausreicht, um imaginäre Welten zu kreieren, produzieren »Wenns« in der realen Welt keine Ergebnisse.

Nachdem ein vorausschauender Lieferant mit den Managern einer Supermarktkette gesprochen hatte, die er zu seinen Kunden zählte, erkannte er den wahren Wert seines Angebots. Er sah die Gelegenheit und auch den Bedarf, die Spielregeln zu ändern.

Er stellte ihnen eine Idee und ein auf Ergebnissen basierendes Preismodell vor: eine Bezahlung, die auf der Stundenzahl basierte, in denen der Parkplatz vollständig beleuchtet war.

Wenn eine Glühbirne kaputtgeht, muss die Supermarktkette nicht zahlen.

Natürlich sind die Birnen immer in einem tadellosen Zustand: Die Lieferanten haben ihr Wartungsteam, das regelmäßige Checks durchführt. So werden Kosten erheblich reduziert, da das Notfallteam kleiner wurde und der Supermarkt ein zufriedener Kunde ist, der seine »eigene« Fähigkeit, einen sicheren, gut beleuchteten Parkplatz zu garantieren, in seiner Marketing-Initiative nutzt.

Stellen Sie sich vor, dass Ihr Unternehmen keine Leuchtmittel mehr kaufen müsste und einfach nur auf eine verantwortungsvolle Weise das genutzte Licht bezahlen würde.

Das bedeutet kein Zubehör, keine Birnen oder LEDs ... noch besser, es gibt keinen Bedarf, irgendeine Art von Beleuchtungsprodukt besitzen zu müssen. Sie müssen noch nicht einmal darüber nachdenken.

Das ist die Idee, die hinter dem Monetarisierungsmodell steckt, das der CEO von Philips, Frans van Houten, entwickelt hat. Er denkt Beleuchtung auf eine völlig neue Weise und erkennt den Bedarf der Kunden nach beleuchteten Stunden in ihren Büros: Nicht das Produkt ist interessant, sondern das Ergebnis.

Kunden möchten »nur« Beleuchtung kaufen, sonst nichts.

Was hier verkauft wird, ist das Ergebnis, das Licht und nicht länger das Produkt.

Die Kunden des Unternehmens bezahlen eine Flatrate an Philips, um einen kompletten Beleuchtungsservice und somit also das verbrauchte Licht (das Ergebnis) zu regeln (Planung, Equipment, Installation, Wartung, Updates).

Anfangskosten, die mit der Installation einer energiesparenden Beleuchtung verbunden sind, können durch ein maßgeschneidertes System eingespart werden.

Man handelt nicht nach dem Motto »Fit and Forget«, sondern plant einen langfristigen Service. So wird Beleuchtung auf die effizienteste und ökonomischste Weise geliefert und die Nutzung von Energiesparlampen wird gefördert. Darüber hinaus gibt es noch einen weiteren *grünen* Vorteil: Bei Vertragsende können die Produkte wiederverwendet werden und Verschwendung wird reduziert.

Die U-Bahn von Washington D.C. war eine der ersten, die dieses Modell eingeführt hat, zeitgleich mit der National Union of Students in Großbritannien und Rau Architects in den Niederlanden. »Wir haben einen minimalistischen Beleuchtungsplan entworfen, der das natürliche Sonnenlicht im Gebäude so weit wie möglich einbezog, um so Materialien und Energie zu sparen«, erklärten die Chefs von Rau. »Ein kombiniertes System von

Sensoren und Steuergeräten half uns, den Energieverbrauch auf ein absolutes Minimum zu senken, indem wir künstliche Beleuchtung als Reaktion auf die Bewegung und das Vorhandensein des natürlichen Lichts reguliert haben.«

Andererseits waren LEDs aus wirtschaftlicher Sicht immer schon problematisch, denn wie soll man Geld verdienen mit einem Produkt, das jahrzehntelang hält? Als es immer effizientere Technologien im Markt gab, erkannten sie bei Philips, dass sie ihren Kunden diese Lösung verkaufen konnten.

Im Jahr 2014 kürte *Fortune* den Philips-CEO Frans van Houten zu einem der 25 besten »Öko-Innovatoren« der Welt und nannte ihn einen Pionier dieser Innovation.[7]

Zerbrochene Felsen als Ergebnis

Lösungen aus einer Hand können für Kunden größere Vorteile im Hinblick auf eine erhöhte Sicherheit und Effizienz bedeuten. Außerdem können sie Bereiche revolutionieren, die sich im Bereich der Monetarisierung seit Jahrzehnten nicht vorwärtsbewegt haben.

Das ist der Fall beim kommerziellen Dynamit, das bei Aushubarbeiten verwendet wird.

Welches Preismodell wurde bis gestern noch genutzt? Einfach der Preis pro Stange plus Services.

Das australische Unternehmen Orica, Weltmarktführer in der Herstellung kommerzieller Sprengstoffe und Sandungssysteme, hat diese alte Regel verändert und bietet Steinbruchbetreibern nun eine Einzellösung. Orica bietet die Sprengstoffe nicht nur basierend auf der Qualität der »zerbrochenen Felsen« oder dem Grad, bis zu dem der Stein fragmentiert ist, sie analysieren auch das Gestein und führen Bohrungen und Sprengungen durch. In diesem Modell liefert Orica den Kunden das zerstörte Gestein und rechnet pro Tonne ab.

Das Ergebnis nennt sich »Rock on Ground«, bei dem die Größe des Steins nach der Explosion sehr stark an dessen Wert für den Kunden gekoppelt ist. Je kleiner die Fragmente sind, desto schneller und leichter kann der Aushub erfolgen.

Da das eine personalisierte Lösung ist, sind die Preise weniger vergleichbar. Die Einnahmen des Kunden steigen, genauso wie die Effizienz und die Sicherheit. Kunden müssen sich nicht länger mit dem Sandungsprozess beschäftigen.

Ergebnis: Es wird schwieriger, zu einem anderen Lieferanten zu wechseln.

Dank des neuen digitalen BlastIQ-Programms behauptet Orica, »in einer Position zu sein, in der sie vorhersehbare und nachhaltige Verbesserungen liefern können, die die Gesamtkosten für Aushub und Sprengung reduzieren sowie Produktivität und Sicherheit erhöhen und gewährleisten, dass Kunden bessere und schneller Entscheidungen treffen und so bessere Geschäftsergebnisse erzielen können«.

So hat sich das Unternehmen gewandelt vom Verkauf von Sprengstoffen, die ein Loch erzeugen, zu einer integrierten Lösung, die durch die mit der Sprengung verbundenen Daten unterstützt wird.

Durch eine Kundendatenanalyse können Faktoren und Muster identifiziert werden, die Einfluss auf den Sprengprozess haben. So bietet Orica sogar garantierte Ergebnisse innerhalb gewisser Margen, die die Effekte der Explosionen vorhersagbar, quantifizierbar und überprüfbar machen.

Betreiber von Steinbrüchen oder Minen können dadurch zielgerichtete Entscheidungen treffen, wie ihr Projekt durchgeführt werden soll, mit Zeit- und Geldersparnissen, die vor der Einführung dieses Preismodells unvorstellbar gewesen sind.

Gesundheit als Ergebnis

Sie bezahlen, um geheilt zu werden. Aber was passiert, wenn Sie nicht geheilt werden?

Normalerweise bezahlen wir einen Preis für Medikamente oder Behandlungen, unabhängig davon, ob wir geheilt werden oder nicht.

Johnson & Johnson war eines der ersten Unternehmen, das in der Krebstherapie in England ein Preismodell vorschlug, das auf einem Ergebnis basierte.

Wenn sich die Krebstherapie als erfolglos erweist, wird den Patienten die gesamte Summe, die sie für die Behandlung ausgegeben haben, erstattet.

Andere Unternehmen haben denselben Weg beschritten.

Der Schweizer multinationale Pharmakonzern Roche bietet personalisierte Rückerstattung, die einen klaren Bruch mit der traditionellen Berechnung nach Tabletten oder anderen Behandlungen darstellt, die auf dem *proprietären Modell* basieren.

Mit diesem neuen Modell reagiert Roche auf den Umstand, dass die Wirkung von Medikamenten variieren kann, abhängig von den Indikationen, also dem individuellen Zustand eines Patienten, der Zusammenwirkung mit anderen Medikamenten und der Reaktion darauf. So passen sich Kunden an die neue Realität an. Roche nennt das Modell *Pay-for-Response*. Die Berechnung erfolgt auf Grundlage der Reaktion des Patienten auf die Behandlung mit einem bestimmten Pharmaprodukt in einem bestimmten Zeitraum.[8]

Der Patient unterschreibt einen Vertrag. Das Unternehmen erklärt sich damit einverstanden, den Preis für die Behandlung zu erstatten, wenn sie nicht zu einem Erfolg führt. Das geschieht entweder direkt oder indirekt durch zwischengeschaltete Partner.

2017 haben das Pharmaunternehmen Amgen und das Versicherungsunternehmen Harvard Pilgrim folgende Vereinbarung getroffen: Harvard Pilgrim profitiert von einem Rabatt, wenn ein Patient, der mit dem Medikament Repatha von Amgen (ein Cholesterinsenker, der einen Herzinfarkt verhindern soll) behandelt wurde, keine erhebliche Verbesserung verzeichnen kann.

Medtronic: »Wir haben fast 1.000 unterzeichnete Verträge, die vom Unternehmen fordern, Krankenhäusern Kosten zu erstatten, falls das Antibakterium Tyrx Infektionen der Patienten nicht verhindern konnte, die eine Herztransplantation bekommen haben«, betont Omar Ishrak, der damalige CEO des Unternehmens.[9] Es gibt ebenfalls eine Erstattungsvereinbarung mit der Aetna Versicherungsgruppe, falls die Diabetes-Erkrankung sich nach einem Wechsel zu einer Behandlung durch Medtronic nicht verbessert. Andere auf einem Ergebnis basierende Verträge werden evaluiert.

Aber der Riese im Bereich Medizintechnik aus Minneapolis ist nicht allein.

GE Healthcare und Philips sind weitere Hersteller, die die Bezahlung an reale Ergebnisse koppeln. Diese Verschiebung zu Verträgen und Partnerschaften, in denen die Monetarisierung auf Ergebnisse abgestimmt ist, ist eine natürliche Entwicklung der umfassenderen Verschiebung zu ergebnisbasierter Behandlung.

»Medizintechnikunternehmen suchen aktiv nach neuen Möglichkeiten, mit Krankenhäusern und Ärzten zu interagieren. Sie suchen nach Methoden, die Risiken, aber auch die Vorteile zu teilen, die diese Lieferanten mit ihren neuen Zahlungsmodellen eingehen«, erklärt Don May, Executive Vice President für Payment und Healthcare Delivery Policy bei AdvaMed.

GE hat eine wichtige Initiative gestartet, um digitale Sensoren in medizinische Geräte, in Flugzeugmotoren, Stromturbinen und anderes Equipment einzubauen und miteinander zu verbinden.

4 Outcome-based Pricing

Aber das ist erst der Anfang. GE ist ein multinationales Unternehmen, das eine digitale Transformation durchlebt, ergebnisbasierte Dienstleistungen anbietet, bei der Kunden nur für die tatsächlichen Ergebnisse von GE auf der Basis von KPIs (Key-Performance-Indicators) oder anderen vereinbarten Leistungsindikatoren bezahlen. Die Transformation trägt Früchte. Das Unternehmen generiert jetzt zwei Milliarden Dollar pro Jahr aus ergebnisbasierten Dienstleistungen, die allein aus den medizinischen Services[10] resultieren.

Diese Modelle können vielfältig eingesetzt werden. Das reicht von einer Vereinbarung über das Pricing wie bei Tyrx von Medtronic, bei der es einen Preis für die Erreichung der Qualitätsmetriken gibt und einen anderen bei Nichterreichung, bis hin zu den anderen erwähnten Beispielen. Alle sind an Ergebnisse gekoppelt, obwohl einige ein traditionelles, transaktionales Pricing, bei dem der Patient das Medikament gegen Bezahlung besitzt, mit dem Erstattungsversprechen kombinieren, falls das erwartete Resultat nicht erreicht werden sollte.

Versichertes Risiko als Ergebnis

Einige gesundheitsfördernde Aktivitäten sollten durch kostengünstigere Versicherungsprämien attraktiver werden.

Es gibt viele mögliche, gleichzeitige Anwendungen für den Einsatz neuer Preismetriken im Gesundheitswesen. Messungen können durch Smartwatches, in spezielle Armbänder integrierte Sensoren oder andere Formen der Ferndiagnose vorgenommen werden.

Die britische Krankenversicherung AIG Direct nutzt den Body-Mass-Index (BMI) als Berechnungsgrundlage für den monatlichen Tarif. Ausnahmen werden nur in besonderen Fällen gemacht, wenn der Versicherungsnehmer sehr viel Sport, sogar Leistungssport, betreibt, da der BMI durch die größeren Muskeln »verzerrt« wird.

Darüber hinaus können die Preisanreize genutzt werden, erwünschtes Verhalten zu belohnen und Unerwünschtes zu sanktionieren. Es liegt natürlich an uns, zu entscheiden, welche das sind im Rahmen eines breiteren Kontexts, Unternehmen für Unternehmen, entsprechend einer intensiveren Reflexion der kurz-, mittel- oder langfristig zu erreichenden Ziele.

Transformation des Pricing und des Unternehmens

Diese Art der Monetarisierung kann sowohl für den Käufer als auch für den Lieferanten interessant sein. In der Praxis wird das Leben des Käufers vereinfacht, und wenn Kunden die garantierten Ergebnisse nicht bekommen, bezahlen sie einfach nicht. In einigen Fällen können sogar Strafen verlangt werden.

Auf der anderen Seite übernehmen Verkäufer das Risiko, schaffen aber einen Wert, indem sie die Schwierigkeiten der Kunden lösen und den Preis entsprechend dem geschaffenen Wert festsetzen.

Dadurch können Kundenbeziehungen verbessert und in den Vertrag integriert werden, zusammen mit gewinnbringenden Aktivitäten hinsichtlich langfristigen Supports und Wartung.

Deswegen sprechen Unternehmen mittlerweile von »*Outcome-as-a-Service*«: das Ergebnis als Dienstleistung. Dieser neue Monetarisierungsansatz erfordert eine andere Art von Kundenbeziehung im Vergleich zu der einer transaktionalen Preisgestaltung.

Die Beziehung beginnt damit, das Problem, das der Kunde gelöst haben möchte, zu identifizieren. Es ist wichtig, zuzuhören, was der Kunde zu sagen hat, besonders dann, wenn er gar nicht weiß, was er eigentlich möchte und/oder was das Unternehmen anbieten kann. Welche Dienstleistung soll man nach dem Zuhören (ein wertvolles Gut heutzutage) anbieten? Möchte der Kunde einen garantierten 24-Stunden-Service, sieben Tage die Woche, oder möchte er einfach die Einnahmen steigern? Da es verschiedene Szenarios geben kann, die unterschiedliche operative Abläufe

4 Outcome-based Pricing

und Leistungsrisiken implizieren, ist es unerlässlich, sich über die Erwartungen des Kunden im Klaren zu sein.

Das Ergebnis als Monetarisierungsmodell erfordert auch das Reporting. Ständige Kommunikation mit dem Kunden ist wesentlich und sollte im Vertrag festgelegt werden. Häufig sind mehrere Abteilungen involviert: die für Kredite, Finanzinformationen oder Emissionsdaten.

Natürlich ist es wichtig, oder besser gesagt unabdingbar, jede Leistungsstörung zu dokumentieren und zu beheben.

Andernfalls kann diese Störung ein größeres finanzielles Risiko hervorrufen und die Kunden-Lieferanten-Beziehung beschädigen.

Um erfolgreich zu verkaufen und Ergebnisse zu liefern, müssen die Erzeuger über die Art, wie sie Geschäfte machen, reflektieren (und in einigen Fällen umstrukturieren), angefangen beim Marketing bis hin zur Lieferung.

Der Verkaufsprozess erfordert im Allgemeinen einen Dialog zwischen verschiedenen Parteien, sowohl für Käufer als auch für Verkäufer. In diesem Modell sind Gewinnspannen, aber auch Performancerisiken häufig deutlich höher.

Das Verkaufspersonal muss die Erbringung der Leistung, die es anbietet, vollständig verstehen und für die Kosten der Lieferung sowie für die Risiken des Unternehmens bürgen. Das alte Verkaufsmodell – einen Vertrag abschließen und weitermachen –, bei dem die Lieferphase am Schluss die Angelegenheit von jemand anderem ist (die fatale Verantwortung), funktioniert nicht mehr.

Integrierte Teams müssen kollaborieren, vom Prozess der Preisfestsetzung bis zur tatsächlichen Auslieferung, und sich auf den Service für den Kunden konzentrieren.

Alle Aspekte der Dienstleistung müssen definiert werden und einen angemessenen Preis haben. Das Risiko des Nichterfüllens mit Stillstand, der in kürzester Zeit Millionen Dollar verschlingen kann, wird nun zur Verantwortung von demjenigen, der die Lösung anbietet.

Diese Risiken müssen evaluiert und präzise in das Produkt eingepreist werden.

Lieferanten müssen für eine Kommunikation und für Feedbackschleifen sorgen, sodass das Risiko des Scheiterns auf ein Minimum reduziert wird. Gleichzeitung müssen sie gewährleisten, dass die gewonnenen Erkenntnisse in das Unternehmen integriert werden. Geplante Anreize müssen angepasst werden, sodass ganze Teams für ihre Leistung und die Schaffung eines Wertes belohnt werden.

Aus Sicht des Kunden muss alles als kontinuierlicher Fluss erscheinen. Intern bedeutet das, die Verantwortlichkeiten des Lieferanten klar zu benennen und Kapazitäten für schnelles Lernen und Anpassen zu entwickeln. Wenn wir darüber nachdenken, ist es am Ende nichts anderes als das Konzept der »Evolution«.

Zusammenfassung

Unternehmen aus den verschiedensten Bereichen überall auf der Welt haben transaktionale Erlösmodelle hinter sich gelassen, um ihre Monetarisierung so zu gestalten, dass sie den Wert für den Kunden reflektieren und die Bezahlung aufgrund von Ergebnissen erfolgt.

Das Ergebnis muss mindestens drei Merkmale aufweisen: Es muss bedeutend beziehungsweise substanziell für den Kunden sein, messbar und unabhängig.

Beispiele für Ergebnisse sind die Lacher in der Unterhaltungsbranche, Klicks in der Werbung, Kilowattstunden bei der Energielieferung und Gesundheit im medizinischen Bereich, um nur einige zu nennen.

Dieses Modell bietet Vorteile für Käufer und Verkäufer.

Das Leben des Käufers wird vereinfacht: Wenn Kunden den garantierten Wert nicht erhalten, dann zahlen sie nicht.

Auf der anderen Seite übernimmt der Verkäufer das Risiko, bestimmt aber den Preis der Dienstleistung basierend auf dem geschaffenen Wert, der dann vollständig monetarisiert wird.

Ergebnisorientierte Preismodelle quantifizieren und messen das Ergebnis, also den Wert, für den Kunden und nutzen dafür Innovationen, Daten, neue Technologien und Erfahrung.

Die Schaffung dieser Kapazitäten kann zusammen mit zunehmender Digitalisierung einen wichtigen und herausfordernden Kulturwandel für Unternehmen darstellen.

Die mit dem Monetarisierungsmodell verbundenen höheren Gewinnmargen und Wettbewerbsvorteile oder die längeren Vertragslaufzeiten gleichen die eingegangenen Risiken aus und können die Kundenbeziehungen verbessern. Sie versorgen Kunden mit den Ergebnissen und Dienstleistungen, die sie »wirklich« wünschen.

5 Psychologisches Pricing

> »All unser Wissen hat seinen Ursprung
> in unseren Wahrnehmungen.«
> *Leonardo da Vinci*

Das Verhalten der Menschen hängt nicht nur vom Wert der verfügbaren Güter und Dienstleistungen und ihren entsprechenden Preisen ab, sondern auch und hauptsächlich von der Art und Weise, wie Menschen Dinge wahrnehmen.

> **Wahrnehmung** [syn. Perzeption, engl. perception; lat. *perception -onis*, deriv. von *percipere* »percepire«, Part. Perf. *perceptus*].
>
> Der Akt des Wahrnehmens, das heißt das Gewahrwerden einer als extern betrachteten Realität durch sensorische Reize, die durch psychologische, intellektuelle Prozesse analysiert und interpretiert werden.[1]

Schon viele Schriftsteller wie Aldous Huxley, Pawel Alexandrowitsch Florenski, Ernst Mach und die Gestalttheoretiker haben über Wahrnehmung geschrieben. Der Babylonische *Talmud* erklärt: »Wir sehen die Dinge nicht, wie sie sind, sondern wie wir sind.« Diese Aussage wurde von berühmten und illustren Personen aufgenommen, wie dem deutschen Philosophen Immanuel Kant und dem Schweizer Psychoanalytiker Carl Gustav Jung oder der französischen Schriftstellerin Anaïs Nin.

Case History

Verhaltensbezogene Preisgestaltung (Behavioral Pricing) berücksichtigt dieses Konzept und erkennt an, dass Kunden sich auch irrational verhalten.

Hier ist ein gutes Beispiel für irrationales Verhalten.[2]

Der Geruch von Salzwasser in der Luft. Sie liegen ausgestreckt auf einem Handtuch, Augen geschlossen, Hände im Sand. Die Haut verbrennt, obwohl Sie sich mit Sonnenschutz eingecremt haben, es ist der »perfekte Moment« – Sie wissen es, Sie *fühlen* es –, wie Sie dort an einem zauberhaften Strand in der Karibik liegen (Rimini geht zur Not auch). Kein Wölkchen am Himmel.

Es ist ein wundervoller, heißer Tag. Tatsächlich haben Sie in den letzten Stunden allerdings nur darüber nachgedacht (und zwar obsessiv), wie gerne Sie jetzt eine eisgekühlte Flasche Ihres Lieblingsbiers hätten.

Wie im letzten Sommer, als Sie auf Diät waren – was man in der zehnten zusätzlichen (verpflichtenden) Einheit, direkt vor dem Bikinitest, als »Ernährungsregime« bezeichnet – und Ihnen, während Sie schliefen, Grillhähnchen und Kuchen durch den Kopf schwirrten. Dieses Jahr ist es die »Eiskalt«-Fantasie und die beste Möglichkeit, sich am Strand abzukühlen, auch wenn Sie erst vor ein paar Momenten über die letzten Brandanschläge und die Klimakrise gelesen haben. Sie schütteln Ihren Kopf und würden gerne mit dem Denken aufhören. Einfach die wohlverdiente Ruhe genießen. Bitte nicht nachdenken!

»Alles, was schiefgehen kann, wird auch schiefgehen«, denken Sie, das ist Mathematik, Murphys Gesetz.

Stattdessen sollten wir alle wissen: Das Universum ist bereit, uns die Lüge zu präsentieren und der Menschheit wieder einmal zu zeigen, falls das noch nötig gewesen sein sollte, dass wir nichts wissen. Selbst wenn wir etwas wissen, mystifizieren wir es, verändern Bedeutungen zu unserem Vorteil oder auch Nachteil.

Dasselbe Gesetz von Murphy besagt tatsächlich nicht, dass Dinge zwangsläufig schiefgehen müssen. Das ist eine Interpretation. *Unsere* typisch menschliche Interpretation. Es besagt vielmehr,

5 Psychologisches Pricing

dass Dinge nicht so laufen wie erwartet und dass die Welt viel größer ist, als dass wir sie mit unseren begrenzten Fähigkeiten durch mathematische Gleichungen und relevante oder vermeintlich rationale Entscheidungen standardisieren könnten.

Tatsächlich dachten Sie in dem speziellen Moment, wie gerne Sie ein eiskaltes Bier hätten. Obwohl Sie sich als Opfer darstellen, steht Ihr Freund auf, um zu telefonieren, und sagt, er würde Ihnen auf dem Rückweg ein Bier mitbringen. Sie sind kurz davor, in Tränen auszubrechen oder ihn zu umarmen, obwohl Sie – selbst für Ihren Freund – viel zu stark schwitzen.

Er schaut Sie mit einem angedeuteten Lächeln an, steht da, mit »dem richtigen Abstand«, das letzte Überbleibsel der Pandemie, das wahrscheinlich nie mit körperlicher Nähe harmonieren wird, und Ihnen fällt ein, dass der einzige Ort in der Nähe, zu dem Ihr Freund geht und wo Bier verkauft wird, natürlich ein Luxushotel ist (!).

»Das Bier könnte teuer sein«, insistiert die kleine Schlange und fragt Sie, wie viel Sie bereit sind zu zahlen.

Er oder sie – in unserem Fall ist »der Bastard« ein »er«, der Freund, den Sie im Kopf haben in diesem speziellen Moment – stellt Sie vor ein Dilemma: Er ist wahnsinnig belesen und auch noch ein Kreuzworträtselfan. Weil er noch nicht ganz zufrieden ist, kommt er mit dem Rätsel der Drei Türen oder auch dem *Monty-Hall*-Problem um die Ecke. Er murmelt etwas von nicht-kontraintuitiven Lösungen (!) und macht folgendes Angebot: Er wird das Bier kaufen, wenn es das Gleiche oder weniger kostet als Ihr Angebot. Falls der Preis höher ist, wird er es nicht kaufen.

Abgesehen vom Überprüfen Ihrer Freundschaft – was ist die Lösung, da es für Sie ja nicht möglich ist, mit dem Barkeeper direkt zu verhandeln? Welchen Preis nennen Sie Ihrem Freund?

Case History – *geänderte Fassung*

Stellen Sie sich jetzt dasselbe Szenario noch einmal vor:

Sie liegen immer noch an einem heißen Tag am Strand. Seit einigen Stunden denken Sie darüber nach, wie gerne Sie eine eisgekühlte Flasche Ihres Lieblingsbiers hätten. Ihr Freund steht auf, um zu telefonieren, und meint, er könne Ihnen auf dem Rückweg von dem einzigen Ort, an dem welches verkauft wird, eines mitbringen – aus einem heruntergekommenen kleinen Laden.

Richtig!

Merken Sie was? Das Unterbewusstsein arbeitet bereits.

Mögliche Alternativen. Identische Szenarios. Nur eine kleine Veränderung. Schauen wir, welche Auswirkungen das auf die Geschichte hat.

Immer noch lächelnd fragt Ihr Freund, wie viel Sie bereit sind, für das Bier auszugeben.

Welchen Preis nennen Sie ihm in diesem Fall?

Gut.

Diese beiden Szenarien wurden einer relativ großen Stichprobengruppe präsentiert, deren Mitglieder im Durchschnitt dazu tendierten, doppelt so viel für das Bier aus dem Resort wie für das aus dem Laden zu bezahlen.

Aus ökonomischer Sicht ist das nicht rational und nicht das, was die Theorie vom *Homo Oeconomicus* erwarten lassen würde. Das Bier ist dasselbe, die Temperatur am Strand ist dieselbe und es ist noch nicht einmal eine direkte Kauferfahrung an zwei verschiedenen Verkaufspunkten, da Ihr Freund das Bier ja für Sie kauft.

Offenbar beeinflussen psychologische Faktoren die Zahlungsbereitschaft erheblich. Das liegt nicht nur an dem Wert, den das Produkt bietet. Diese Erkenntnis ist die Grundlage der Verhaltensökonomik: Kunden verhalten sich nicht immer rational.

5 Psychologisches Pricing

Die Pricing-Taktiken, die auf der »dunklen Seite«, der irrationalen Seite der Kunden, spielen, werden mit dem Begriff *Behavioral Pricing* (verhaltensbezogene Preisgestaltung) ausgedrückt.

Kontextanalyse

Neun Regeln für Behavioral Pricing, die etwas verändern

Bei der verhaltensbezogenen Preisgestaltung finden wir einige grundlegende Regeln, die Unternehmen dabei helfen können, den Wert, der dem Kunden geliefert wird, zielgerichtet zu monetarisieren. Wir haben diese Regeln in vielen Unternehmen eingeführt und sie haben sofort eindeutige Ergebnisse geliefert, teilweise in Kombination miteinander. Schauen wir uns einige von ihnen an.

1. Den Wert mit einem »Preisanker« einordnen

Die Brüder Matt und Harry führen einen Laden in New York. Sie sind freundlich, beliebt und gewitzte Jungs. Matt ist der Verkäufer – braune Augen und blonde Ponyfrisur; Harry ist der Schneider – friedfertig, sorgfältig, mit einem melancholischen Ausdruck.

Sie verkaufen Anzüge – elegante, schlichte Tweedanzüge aus Shetlandwolle. Der Tresen in der Mitte des Ladens ist aus Holz und Schmiedeeisen. Ein Bild vergangener Zeiten mit Damen in langen Röcken und Herren mit gewachsten Schnurrbärten, als Europa vor dem Krieg unter kostbaren böhmischen Kronleuchtern im *Ballhaus* Walzer tanzte. Oder Kilts in rotem und grünem Tartan, die auf Stühlen liegen. Tatsächlich stammt die Familie des Vaters von Matt und Harry aus Schottland.

Eine freundliche Stille herrscht in dem Laden, Staubkörnchen tanzen leicht in der Luft, die Sonne funkelt auf den Objekten: Scheren auf dem Tresen warten auf den nächsten maßgeschneiderten Anzug, ein Paar Herrenschuhe, Baumwollstücke über Trennwände drapiert. Dann läutet eine Glocke und eine Holztür mit Glasscheiben lässt das Tageslicht herein. Ein Kunde tritt freundlich grüßend herein. Er schaut sich um, blickt zu den Stufen hoch zur zweiten Etage, wo es Hüte und andere Accessoires gibt. Er geht herum und bleibt vor einem Jackett stehen.

Als Matt merkt, dass dem Kunden das Jackett gefällt, gibt er seinem Bruder ein Zeichen. Harry geht hinunter, um etwas Stoff zu holen, während Matt mit dem Kunden verhandelt, wobei er vorgibt, etwas schwerhörig zu sein.

Als der Kunde nach dem Preis fragt, schreit Matt in den Keller: »Harry, was kostet der Anzug?« Harry antwortet, dass er gerade nicht hochkommen könne, um nachzuschauen. Aber wenn es der Anzug ist, den er vermutet, dann sind es 92 Dollar. Matt tut so, als hätte er nicht verstanden, und fragt nochmal nach. »92«, antwortet Harry von unten, seine Stimme klingt, als sei er unter Wasser. Matt wendet sich zum Kunden und sagt mit seinem freundlichsten Lächeln: »Das macht 42 Dollar. Vielen Dank.« Der Kunde zögert keinen Augenblick, zahlt und verschwindet.

Was lehrt uns diese Geschichte?

Dass der Kunde Matt und Harry in die Falle gegangen ist. Sie sind Schotten und so gewitzt. Sie könnten dem Teufel Feuer verkaufen!

Aber es stimmt auch, dass der Kunde sich nicht einmal die Mühe gemacht hat, die Qualität des Stoffes zu prüfen … Er hat noch nicht einmal Preise verglichen, wie es die Spieltheorie des *Homo Oeconomicus* eigentlich erwarten lässt.

Entgegen unseren Vermutungen finden Kaufentscheidungen häufig auf diese Art statt. Sie basieren nicht auf abgewogenen Vergleichen, sondern sind das Ergebnis impulsiver und häufig irrationaler Entscheidungen.

Je nachdem, in welcher Stimmung sie sich aktuell befinden, bewerten Menschen einen Preis als hoch oder niedrig.

5 Psychologisches Pricing

Beispielsweise schmeckt in einem Test den Teilnehmern ein identischer Wein »besser«, wenn der Preis höher ist. Das klingt vielleicht absurd, aber denken Sie an das Beispiel mit dem Bier!

Deswegen beobachten einige Unternehmen das Verhalten ihrer Kunden schon seit einigen Jahren, um herauszufinden, wie Umsatz und Gewinn mittels einer optimalen Preisstrategie gesteigert werden können. Innovative Methoden zur Messung der Zahlungsbereitschaft oder zur Vorhersage der Reaktionen auf Sonderangebote oder Preisnachlässe fallen in diesen Bereich.

Ein weiteres bekanntes Beispiel für Preisgestaltung findet sich bei der Zeitschrift *The Economist*.[3]

Ein Leserpanel wird in zwei Gruppen aufgeteilt, um einen Test zum Pricing durchzuführen.

Gruppe A werden zwei Optionen präsentiert: ein Online-Abo für 59 Dollar oder ein Online- und Print-Abo für 125 Dollar.

Gruppe B bekommt drei Optionen: ein Online-Abo für 59 Dollar, ein Print-Abo für 125 Dollar und eine Online-/Print-Abo für den gleichen Betrag.

Der Unterschied bei den Angeboten war also nur der genannte Preis für die Printausgabe.

Der Eindruck, den diese Preisgestaltung vermitteln sollte, war der, dass das Online-/Print-Paket vernünftiger erscheinen sollte und das Online-Abo mehr wie ein Geschenk.

84 Prozent der Leser aus Gruppe B entschieden sich für das Print-/Online-Abo, während sich aus Gruppe A nur 32 Prozent dafür entschieden (siehe Abbildung 5.1[4]).

Noch einmal: Diese beiden Beispiele verdeutlichen die Macht der Preisfestsetzung.

Die Wahrnehmung des Preises wird beeinflusst, indem ein monetärer Referenzpunkt zur Einordnung der Auswahl beim Kunden

Die Auswirkungen eines Preisankers bei Zeitschriftenabos

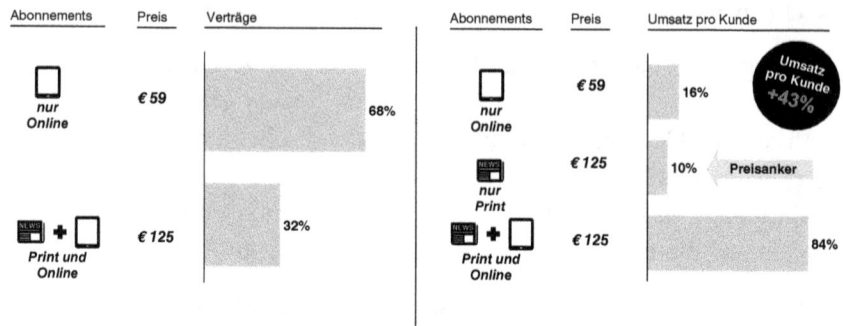

Abbildung 5.1: Die Auswirkungen eines Preisankers auf Kundenpräferenzen

fixiert wird. Wenn der Referenzpunkt erhöht wird, werden unvermeidlich höhere Preise erreicht werden. Das Verankern ermöglicht also denjenigen, die einen Preisanker »herunterlassen«, den Referenzpunkt nach ihrem Belieben zu setzen. Wie?

Indem sie fortwährend die Zahlungsbereitschaft des Kunden beeinflussen.

2. Kaufzurückhaltung mittels des Modells Drucker/Druckerpatrone beseitigen

Unsere Forschung sowohl bei B2C- als auch bei B2B-Kunden hat ergeben, dass eines der stärksten Kaufhindernisse der Anfangsaufwand ist. Obwohl die Kosten über den gesamten Lebenszyklus eines Produktes berücksichtigt werden müssen, sind die Anfangsauslagen immer noch das größte Hindernis beim Kauf.

Nehmen wir an, wir sind ein Unternehmen, das Drucker herstellt und dazu noch Druckerpatronen.

5 Psychologisches Pricing

Wir sind gerade dabei, einen neuen Drucker mit speziellen *Tinten*-Patronen in den Markt einzuführen.

Nehmen wir also an, dass der anvisierte Kunde nicht nur den Drucker, sondern auch eine Druckerpatrone pro Monat benötigt. Das Marketing-Team des Unternehmens schlägt zwei Preismodelle vor: Das erste Modell sieht einen Preis von 510 Euro plus 20 Euro monatlich pro Patrone vor. Beim zweiten Modell beträgt der Preis 150 Euro plus 50 Euro pro Monat für die Patrone.

Obwohl ein rationaler Kunde keine der beiden Optionen bevorzugt, da der Gesamtpreis für Drucker und Patronen über einen Zeitraum von einem Jahr gleich ist (das heißt 750 Euro), zeigen unsere Untersuchungen, dass sich das zweite Preismodell durchsetzt – weil der anfängliche Aufwand geringer ist. Deswegen glaubt der Kunde irgendwie, etwas zu sparen. Dabei ist es einfach eine Sache der Kostenverteilung, die sich über einige Monate erstreckt.

Es geht um die Wahrnehmung von Zeit und Ersparnis.

Das Gleiche gilt auch für Rasierer und Rasierklingen, Kaffeemaschinen und Kapseln und sogar für Hubwagen, die mit negativen Gewinnspannen verkauft werden, um dann durch nachfolgende Dienstleistungen und Ersatzteile Geld einzubringen. Alles in allem zusammengehörende Produkte.

Sowohl im B2B- als auch im B2C-Kontext gilt aus psychologischer Sicht, dass der gezahlte Kaufpreis deutlich höhere Auswirkungen auf die kumulierten Kosten während der Nutzung hat. Der Fachbegriff lautet *Cost of Ownership*.

Aus dem Grund werden Kunden bei der Preisgestaltung häufig dadurch gewonnen, dass sie einen angemessen niedrigen Anfangspreis zahlen, gefolgt von beträchtlichen variablen Kosten. Das ist auch der Kern des Customer Lifecycle Managements. Einige Unternehmen, beispielsweise im Bereich IT, verkaufen eine erste Basisversion des Produktes. Später werden dann mittels des sogenannten Up-Selling erweiterte Versionen verkauft. Unternehmen, die Zubehörprodukte wie Rasierklingen, Kapseln oder Ersatzteile anbieten und verkaufen können, werden sich durchsetzen, wenn sie dieses Preismodell verfolgen.

3. Die maximale Zahlungsbereitschaft durch Schwellenpreise ausnutzen

Angesichts der Tatsache, dass das Unterbewusstsein das Kaufverhalten erheblich beeinflusst, muss man in Bezug auf das Pricing folgende Frage beantworten: Wie wird der Preis vom Kunden wahrgenommen? Welche Reaktion wird durch den Preis in seinem Gehirn ausgelöst?

Studierende der Verhaltenswissenschaften und Ökonomen suchen schon lange nach einer Antwort.

Mit einem Preis von 1,99 Euro wird eher eine Ausgabe von einem Euro als von zwei assoziiert – das wissen wir. Aber warum ist das so? Das Phänomen lässt sich mit der »numerischen Kognition« erklären. Menschen tendieren dazu, Zahlen mit einigen Dezimalstellen zu bewerten, indem sie sie auf einer mentalen Linie arrangieren. Darüber hinaus lesen Menschen entsprechend der Interpretation arabischer Zahlen – also die Zahlen, die wir jeden Tag verwenden und die durch das Dezimalsystem lediglich perfektioniert werden. Das bedeutet, wir überfliegen Preise, indem wir von links nach rechts lesen. Deswegen enden Preise wie beispielsweise der Benzinpreis häufig auf 9. Der Preis für einen Liter Benzin von 1,799 Euro summiert sich bei einem vollen 60-Liter-Tank auf 107,94 Euro. Bei einem Preis von 1,80 Euro würde dieselbe Tankfüllung 108 Euro kosten. Obwohl sich die Ersparnis nur auf sechs Cent beläuft, werden Fahrer trotzdem bereit sein, durch die Stadt zu fahren – und dabei schon die Sechs-Cent-Ersparnis verfahren –, bis sie eine scheinbar billigere Tankstelle gefunden haben, bei der sie Geld sparen können.

Unterhalb der »psychologischen Schwelle« zu bleiben ermöglicht es, Vorlieben zu manipulieren, selbst wenn der angebotene Vorteil

5 Psychologisches Pricing

minimal ist. Wir haben gesehen, dass der Kunde letztendlich Zeit und Geld verschwendet auf der Suche nach der vermeintlich billigsten Tankstelle.

Es sollte hinzugefügt werden, dass Kunden häufig eine »psychologische Schwelle« im Kopf haben, das bedeutet, dass der Unterschied zwischen 99,99 oder 99 Euro und 100 Euro als weit größer empfunden wird als ein Cent oder ein Euro.

Im Laufe der Zeit haben viele Marktforschungsstudien eine Schwelle von 50 Euro identifiziert – also lieber einen Preis von 49,99 Euro als 51 Euro festsetzen –, um einen gewissen Prozentsatz an Kunden zu gewinnen, die nicht bereit sind, 51 Euro zu bezahlen, aber den Schwellenpreis.

Das kann auch bedeuten, den Preis anzuheben, ohne Umsatzvolumen zu verlieren oder das Pricing-Image des Unternehmens zu beschädigen.

Wenn beispielsweise ein bekannter Kaugummihersteller ein Päckchen für 92 Cent anbietet bei einem Schwellenpreis von einem Euro und den Preis bis an die Grenze des Schwellenpreises anhebt, also auf 99 Cent, würden sie sieben Cent pro Päckchen draufschlagen können, ohne ihr Pricing-Image zu beschädigen. Entsprechend dem Zahlengesetz wissen wir, dass bei einem beträchtlichen Umsatzvolumen sich diese sieben Cent in nur einigen Jahren leicht zu einem Gewinn von Millionen Euro summieren können.[5]

4. Die Kundenentscheidungen durch den Kompromisseffekt erleichtern

Eine zentral gelegene Weinbar. Weinflaschen und Schokolade. Es gibt regionale, italienische und internationale Weine. Angenommen, wir bieten ausgewählten Kunden zwei Weinflaschen an: eine relativ teure für 50 Euro, ein andere, anscheinend günstigere für zehn Euro. Die Frage ist: Wie schaffe ich es, die Entscheidung des Kunden zu steuern und die Verkäufe zu steigern, ohne die Preise zu senken oder Sonderangebote zu unterbreiten?

Die Antwort lautet: durch den Kompromisseffekt.

Der Kompromisseffekt besagt, dass ein Produkt wahrscheinlich häufiger von einer Gruppe gewählt werden wird, wenn seine Merkmale sich nicht an den Extremen der Auswahlmöglichkeiten befinden: in diesem Fall der beste Wein zum höchsten Preis (im Geiste von *aut* ... *aut,* entweder/oder) oder den zum niedrigsten Preis.

Beim Kompromisseffekt geht es um Konjugation – tatsächlich muss man nur das »Oder« in ein inklusiveres, über allen Alternativen stehendes, leichteres »Und« verändern.

Es reicht, ein drittes Angebot einzuführen: beispielsweise eine Flasche für 30 Euro. So wird ein höherer Umsatz generiert, der höhere Gewinne bringt.

Obwohl es immer Kunden gibt, die preisbewusster sind und den Zehn-Euro-Wein kaufen, und Kunden, die eher zu Prestige-Produkten neigen und die 50-Euro-Flasche wählen, werden die meisten Kunden dankbar sein, eine Flasche für 30 Euro zu finden, und sich für die Mitte entscheiden, die psychologisch als der »richtige Kompromiss« zwischen Preis und Qualität empfunden wird.

5. Preisgestaltung als Qualitätsmerkmal

Delvaux, ein Hersteller hochwertiger Handtaschen, hat es geschafft, ein mit Louis Vuitton vergleichbares Image aufzubauen, und zwar mittels einer saftigen Preiserhöhung.

Dasselbe gilt auch für den Whiskyhersteller Chivas Regal, der ein elegantes Label eingeführt und die Preise um 20 Prozent angehoben hat.

In beiden Fällen stieg der Umsatz erheblich, während die Gewinne durch die Decke gingen. Das ist darauf zurückzuführen, dass der Preis ein Indikator für die Qualität eines Produktes oder einer Dienstleistung ist: Hohe Preise stehen für eine hohe Qualität, während niedrige Preise mit einer schlechteren Qualität verbunden werden.

Kunden, die mit einem Produkt nicht besonders vertraut sind, sind in der Regel leicht zu beeinflussen. Sie suchen nach einem Parameter, der ihnen einen Anhaltspunkt bietet: Also verbinden sie einen hohen Preis mit einer besseren Leistung. Diese Tendenz wurde durch eine Studie bei Medizinprodukten bestätigt.[6]

Starke Preissteigerungen ohne entsprechende Leistungssteigerung oder einen erhöhten Wert sind dennoch riskant und nicht ratsam. Die Preisfestsetzung ist ein wirkmächtiger Indikator und sollte richtig angewendet werden: Im Zweifel ist es immer besser, die Preise nach oben zu korrigieren. Preise zu senken, wenn Sie von einer Wahrnehmung einer hohen Qualität ausgehen, ist immer einfacher, als Preise zu erhöhen, wenn Sie von einer niedrigen Qualität ausgehen: Preis-Leistungs-Verhältnis.

6. Durch Verknappung den Umsatz fördern

Impulskäufe werden durch eine künstliche Verknappung ausgelöst.

Ein Experiment, das in einem Supermarkt im amerikanischen Sioux City durchgeführt wurde, bestätigt Folgendes: Campbell's Soup – die Marke, die durch Andy Warhol unsterblich wurde, als er 1962 32 Polymer-Leinwände schuf, jede mit 32 symmetrisch angeordneten Suppendosen, bestehend aus allen am Markt erhältlichen Sorten – wurde mit einem Rabatt angeboten. An bestimmten Tagen kündigte ein Plakat in Sioux City an: »Höchstens zwölf Dosen pro Person«. An anderen Tagen stand stattdessen auf dem Plakat: »Keine Mengenbeschränkung pro Person«. Das führte dazu, dass Kunden an limitierten Tagen durchschnittlich sieben Suppendosen kauften, doppelt so viel wie an Tagen ohne Limit.

Stellen wir uns jetzt vor, wir befinden uns in einem Bekleidungsgeschäft. Glücklicherweise sind unsere Lieblingsjeans vorhanden und nächste Woche werden sie um zehn Prozent günstiger.

Aber als wir nach der richtigen Größe suchen, stellen wir fest: Es gibt nur noch zwei Paar in der richtigen Größe. Was sollen wir tun? Die immergleiche alte Frage: Jetzt kaufen und auf der sicheren Seite sein oder bis nächste Woche warten, um von dem zehnprozentigen Nachlass zu profitieren, auch auf die Gefahr hin, dass die richtige Größe dann nicht mehr da ist?

In einer Studie waren die Variablen, die in diesem Szenario verwendet wurden, verschiedene Ausprägungen der Verknappung: hoch (nur zwei verfügbare Paar) oder niedrig (zehn verfügbare Paar) und die zukünftigen Rabatte (niedrig: zehn Prozent, mittel: 25 Prozent und hoch: 50 Prozent).[7]

Die Bereitschaft, sofort zu kaufen, stieg um 34 Prozent, wenn es eine hohe Verknappung gab. Darüber hinaus erhöhte ein niedriger zukünftiger Nachlass die Wahrscheinlichkeit, sofort zum vollen Preis zu kaufen. Das galt auch bei einer Knappheit mit hohen Nachlässen.

Eine Kombination aus Verknappung und zukünftigen Nachlässen begünstigt also zukünftige Umsätze.

Experimente wie diese zeigen, wie beeinflussbar Menschen sind.

Die Tatsache, dass beispielsweise auf der Website von Amazon »Nur noch zwei verfügbar« angezeigt wird, hat sicherlich nichts mit dem angebotenen Service zu tun, was der einzige diskriminierende Faktor im E-Commerce sein sollte.

Mehrere Studien bestätigen, dass Kunden Produkte beiläufig oder willkürlich beurteilen. Manchmal ist der Grund ein visueller Reiz, wie ein durchgestrichener Preis und darunter ein niedrigerer oder, wie in dem obigen Fall, eine Reduzierung der verfügbaren Menge, um Impulskäufe auszulösen. Menschen, die sich im Alltagsleben klug verhalten, kaufen vielleicht Unmengen eines knappen oder rabattierten Produktes, ohne zu prüfen, ob das Angebot wirklich ein Schnäppchen ist.

5 Psychologisches Pricing

7. Ein Erfolgserlebnis nutzen, um Kaufbarrieren einzureißen

Kunden realisieren normalerweise nicht, wie weit sie von Tricks des Verkaufspersonals manipuliert werden. Dafür sind eine Reihe von Prozessen im menschlichen Gehirn verantwortlich.

Akademiker wie der Wirtschaftsnobelpreisträger Daniel Kahneman bestätigen: Die emotionale Reaktion auf einen Verlust – Zahlung eines Preises – kann deutlich stärker ausfallen als die auf einen Gewinn, beispielsweise die Freude über ein neues Auto.

Diese emotionale Asymmetrie ist der Kern der Theorie, die bestimmte »Preisstrukturen« erklärt, die andernfalls absurd erscheinen würden.

Das beliebte *Cashback* für den Kauf eines Autos in den USA ist dafür ein Beispiel: Wenn Sie ein Auto für 30 000 Dollar kaufen, bekommen Sie gleichzeitig einen Bonus von 2.000 Dollar.

Nach dieser Theorie erleidet der Käufer einen Verlust – die Zahlung von 30 000 Dollar für ein Auto –, aber er wird die Erfahrung des Gewinns eines Bonus stärker wahrnehmen als den Besitz des neuen Autos.

Wenn der Kunde, der im Allgemeinen per Banküberweisung oder Scheck bezahlt, einen Cashback von 2.000 Dollar erhält, und zwar bar direkt auf die Hand, wenn er das Auto bezahlt, überlagert das Siegesgefühl den Verlust der Kaufsumme.

Wenn man darüber nachdenkt, ist das recht banal und kann jedem passieren. Sie bekommen zwei, während Sie 30 bezahlen, und so fühlt es sich auch an (nicht, als hätten Sie 28 bezahlt). Der Mensch ist schon ein seltsames Tier!

Obwohl diese Theorie bizarr erscheinen mag, wird sie durch Fakten mehr als bestätigt. Wie wäre es sonst möglich, so viele hohe Listenpreise zu finden, die niemand tatsächlich zahlt?

Es wäre vernünftiger, ein Produkt für 75 Euro anzubieten, statt für 100 mit einem Rabatt von 25 Prozent. Und doch erzeugt ein

Rabatt in den Köpfen vieler Kunden ein Erfolgserlebnis. Deswegen erhöhen zahlreiche Unternehmen nach und nach ihre Listenpreise, um dann ständig Nachlässe anzubieten. Mit anderen Worten, sie verkaufen ihren Kunden das Schnäppchen, den Rabatt.

Es ist das Gefühl des »Siegens«, das den Kauf steuert, nichts anderes: Es geht um den Preis(nachlass).

8. Den relativen Rabatt gegenüber dem absoluten Rabatt optimieren

Wenn ich ein Produkt verkaufe und entscheide, einen Nachlass von 85 Euro auf 70 anzubieten, kann ich diesen Nachlass am besten als eine Preisreduzierung von 15 Euro oder eine um 18 Prozent anzeigen.

Zahlreiche Studien besagen, dass Kunden sich anders verhalten, wenn der gleiche Nachlass in absoluten Zahlen in Bezug auf einen anderen Preis dargestellt wird.[8]

Das wird am folgenden Experiment deutlich[9]: Ein Kunde kauft ein Jackett für 125 Euro und einen Taschenrechner für 15 Euro.

Der Verkäufer des Taschenrechners informiert den Kunden darüber, dass es das neueste Modell in einer Filiale der Kette, die ungefähr 20 Minuten mit dem Auto entfernt liegt, im Angebot für 10 Euro gibt. Bei einem Nachlass von 33 Prozent – also 5 Euro/15 Euro – sind 68 Prozent der Kunden bereit, in ihr Auto zu steigen und sich den Rabatt zu sichern.

Aber wenn der Verkäufer des Jacketts den Kunden auf die gleiche Weise darüber informiert, dass die identische Jacke für nur 120 Euro in einer anderen Filiale zu haben ist, sind nur 29 Prozent der Kunden bereit, diese Fahrt auf sich zu nehmen, für einen Nachlass von vier Prozent, also 5 Euro/125 Euro.

Also ist es besser, Rabatte auf Produkte, die zu niedrigen Preisen verkauft werden, in relativen Zahlen auszudrücken, also in Prozenten, während Kunden bei höherpreisigen Produkten Rabatte in absoluten Zahlen bevorzugen.

Wenn der Listenpreis über 100 Euro liegt, ist es demnach empfehlenswerter, einen absoluten Rabatt anzubieten und keinen prozentualen.

Bei hochwertigen Produkten sollte man mit Nachlässen allerdings vorsichtig sein, da Kunden hier keinen preisbasierten Wettbewerb erwarten (paradoxerweise) und deswegen ihre Aufmerksamkeit exakt auf den Preis als Kaufkriterium lenken.

Wenn das Kriterium allerdings eher der Wert als der Preis ist, werden preiswertere Produkte für den Kunden plötzlich eine akzeptable Alternative, trotz der schlechteren Qualität.

Rabatte auf hochwertige Produkte haben Kunden schon zu minderwertigeren Angeboten getrieben, das Gegenteil ist noch nie aufgetreten.[10]

9. Preiswahrnehmung mittels visuellen Designs beeinflussen

»Es muss auch schön aussehen«, heißt es in der Kunstwelt und das gilt auch für das Pricing.

Elemente wie die Buchstabengröße, Farben und Spezialangebote beeinflussen die Wahrnehmung des Preises.

Es ist eine gängige Methode, Sonderangebote so zu gestalten, dass der niedrigere Preis sofort ins Auge fällt, beispielsweise durch größere Zahlen im Vergleich zum Ausgangspreis. Aber das ist nicht unbedingt empfehlenswert. Psychologisch betrachtet ist es leichter, niedrige Preise mit kleiner gedruckten Zahlen zu verbinden und höhere Preise mit größeren Zahlen.[11] Einige spezielle Analysen zeigen, dass die Kaufbereitschaft des Kunden steigt, wenn der niedrigere Preis in kleineren Zahlen dargestellt wird als der Normalpreis, da er das als Schnäppchen wahrnimmt.[12]

Farben können Käufer ebenfalls anlocken. Wenn Sie männlich sind und die Preise rot, dann ist es sehr wahrscheinlich, dass Sie damit ein Schnäppchen verbinden.

Im Allgemeinen folgen Menschen bei der Informationsverarbeitung und der Entscheidungsfindung zwei Wegen: einem systematischen Ansatz und einem heuristischen.[13] Bei einer systematischen Herangehensweise basieren die Entscheidungen auf einer sorgfältigen Evaluation und werden bei vollem Bewusstsein getroffen. Wenn hingegen »Faustregeln«, gefolgt von plausiblen Hypothesen, angewendet werden, dann handelt es sich um eine heuristische Entscheidung. Erstere erfordert einen höheren kognitiven Aufwand, Letztere ist eine mentale Abkürzung.[14]

Letztlich hängt der beste Weg davon ab, wie sehr wir involviert sind. Einige Studien zeigen beispielsweise, dass Menschen unbeteiligter sind, wenn sie Informationen aus einer Werbung heuristisch verarbeiten.[15]

In der Studie, die wir hier untersucht haben, wurde den Teilnehmern Werbung für Toaster und Mikrowellen präsentiert. Im Sinne der semantischen Spur waren die Texte in schwarzer Schrift und die Preise rot hervorgehoben. Dabei kam heraus, dass Männer ein besseres Schnäppchen witterten, wenn die Preise rot dargestellt waren.

In dieser speziellen Studie über männliche Zielkunden waren stärkere positive Emotionen in jedem Fall mit roten Preisen verbunden, verglichen mit denselben Preisen in schwarz. Dennoch verschwand dieser Effekt, sobald komplexere Entscheidungen getroffen wurden.

Frauen hingegen schienen immun gegenüber Preisfarben zu sein. Es wurde kein Unterschied bei der Wahrnehmung der Preise in verschiedenen Farben festgestellt.

Zur Wahrheit gehört aber auch die Frage: Wie viele Menschen fragen sich bei einem Ausverkauf tatsächlich, ob ihre Käufe Schnäppchen sind?

Es hat sich gezeigt, dass die bloße Erwähnung eines Preisnachlasses, beispielsweise durch das Wort »Sale«, die Verkäufe ansteigen lässt.[16]

5 Psychologisches Pricing

Wenn man also eine Mischung aus Sonderangeboten mit vernachlässigbaren Rabatten und dem Verkauf stark rabattierter Produkte anbietet, wird die Rentabilität erhöht.[17]

Zusammenfassung

Verhaltensbezogenes Pricing kann etwas bewirken: Neben rationalen Entscheidungen existieren zahlreiche irrationale Faktoren, die das Kaufverhalten beeinflussen. Das gilt sowohl im B2C- als auch im B2B-Bereich.

Bei der verhaltensbezogenen Preisgestaltung gibt es folgende Grundregeln, die Unternehmen helfen, den an die Kunden gelieferten Wert zielgerichtet zu monetarisieren:

- den Wert mit einem »Preisanker« einordnen,
- Kaufbereitschaft erhöhen durch das Drucker-/Kartusche-Modell,
- durch Schwellenpreise die maximale Zahlungsbereitschaft nutzen,
- Kundenentscheidungen durch Kompromisseffekte erleichtern,
- Preisgestaltung als Qualitätsindikator nutzen,
- durch künstliche Verknappung Käufe fördern,
- Kaufbarrieren durch ein Erfolgserlebnis einreißen,
- relativen Nachlass gegenüber absolutem Nachlass optimieren,
- visuelles Design zur Beeinflussung der Preiswahrnehmung nutzen.

Diese neun Taktiken bieten praktische Anregungen. Bevor Sie sie anwenden, sollten Sie sie allerdings testen und hoffen, dass Sie nicht über das teuflische Werk von Matt und Harry stolpern.

6 Dynamic Pricing

> »Wir wollen, dass das Angebot stets verfügbar ist und der Preis (im Grunde) genutzt wird, um das Angebot zu verringern oder auszuweiten ... ein Klassiker in der Ökonomie.«
> *Travis Kalanick, CEO und Mitgründer von Uber*[1]

Case History

Die Pandemie. Die Waldbrände. Der Krieg in der Ukraine.

Vielleicht möchten wir einfach nichts mehr sagen oder schreiben.

Vielleicht stimmt es, dass der Planet, wie wir ihn kannten, nicht mehr existiert (oder existieren wird).

Doch gibt es einen Teil von uns (und der ist nicht einmal klein), der sich nicht geschlagen geben will.

Vielleicht.

Wenn Corona vorbei ist – denn alles geht früher oder später vorbei –, wenn die Grenzen wieder offen sind, unbelastet von denjenigen, die Mauern statt Brücken errichten wollen, wenn wir die Welt wieder bereisen können, zu einem Cembalokonzert von Johann Sebastian Bach oder von Mailand nach Tel Aviv reisen, ohne groß darüber nachzudenken, dann heißt das, dass die Bedeutung, die wir dem Wort »Welt« geben, wieder Realität sein wird.

Eine mobile Welt des schnellen Austauschs und dort, wo es möglich ist, *Handelns*.

Eine andere Vorstellung vom Reisen, eine neue Vorstellung von der Zukunft und das Genießen von Orten, egal ob bei der Arbeit oder im Urlaub.

Wenn wir dorthin zurückkommen, stellen wir uns wieder die alten Fragen. Bis gestern war beispielsweise die Buchung eines Sommerurlaubs direkt vor der Abfahrt vielleicht kein Alptraum, aber zumindest sehr teuer.

Für einen Flug zu den beliebtesten Sommerzielen kann der Preis sich in der Hochsaison mehr als verdreifachen, da die Fluggesellschaften ihre Preise erhöhen, wenn die warme Jahreszeit, Spaß, Freizeit und dergleichen näher rücken. Wir wissen, wonach sich jeder im Sommer sehnt.

Wenn die Nachfrage aus saisonalen Gründen anzieht, nutzen Airlines, Hotels und Reiseveranstalter die größere Zahlungsbereitschaft der Kunden aus. Oder wie Robert Crandall, ehemaliger CEO von American Airlines, es ausdrückte: »Wenn ich auf einer Strecke 2.000 Kunden habe, aber nur 400 Preise, dann fehlen mir offensichtlich 1.600 Preise.«[2] Was Crandall damit meint, ist, dass in diesem Fall 2.000 Preise am besten wären – und so das Konzept der festen Preisgestaltung verändern – oder zielgerichtetes, personalisiertes Pricing, das sich an die spezifischen Bedürfnisse der Nutzer anpasst. Ein Kunde, der einen Tag vor Abreise bucht, bezahlt also einen hohen Preis, und einer, der ein Jahr im Voraus bucht, bekommt den bestmöglichen Preis.

In der analogen Welt war es noch ein sporadisches Phänomen, doch dank des Internets und neuer Technologien hat sich das »adaptive« Preissystem durchgesetzt. Kunden, die bei Amazon oder eBay kaufen, müssen mit täglichen oder sogar stündlichen Preisänderungen rechnen.

Bei Amazon ändern sich die Preise im Durchschnitt alle zehn Minuten, oder 144-mal am Tag.[3] Innerhalb von nur wenigen Stunden kann derselbe Preis um bis zu 240 Prozent[4] variieren. Deswegen erhöht Amazon beispielsweise die Preise abends oder am Wochenende, wenn die Menschen mehr Zeit für Einkäufe haben und die Nachfrage steigt.[5]

Das ist das Wesentliche beim Dynamic Pricing: Der Verkaufspreis des Produkts passt sich an Marktschwankungen an. Wenn die Nachfrage nach einer Kamera steigt, dann tut das auch der Preis, denn der Kunde ist eher bereit, einen höheren Preis zu zahlen, um an eines der wenigen noch verfügbaren Produkte zu kommen. Falls hingegen die Nachfrage sinkt, wird der Preis ebenfalls sinken, um die Nachfrage nach diesem Produkt wieder anzukurbeln, das bis zu dem Zeitpunkt noch nicht bei den Kunden im Fokus war (in beiden Fällen stiegen so die Gewinne von Amazon um sechs Prozent).[6]

Dank neuer Technologien werden Änderungen in Zukunft häufiger stattfinden und mehr Produkte angeboten werden.

Einer der bekanntesten Fälle eines erfolgreichen »innovativen« Unternehmens, das eine ganze Branche mit der richtigen Form der Monetarisierung aufgemischt hat – Dynamic Pricing in diesem Fall – ist *Uber*.

Bevor Uber einer der führenden Player im Bereich Mobilität wurde, erkannte das Uber-Management eine grundlegende Wahrheit: Die »Gesetze«, die jegliche Art der Bewegung von A nach B regulieren, sind äußerst flexibel. Aber – und das ist die Dynamik an der Sache – das gilt nicht nur auf der Nachfrageseite, also aus Sicht der Nutzer, sondern es gilt auch für die Angebotsseite, also für die Fahrer.

Das zu lösende Problem waren fehlende Fahrzeuge und Fahrer zu den Nachfragespitzen nach Sportereignissen, Musikfestivals oder samstagabends, wenn der Bedarf so hoch war (aber wir haben ja gesagt, wir besuchen wieder Live-Konzerte), also *ist*.

Die Lösung des Uber-Managements war wirklich clever: Sie entwickelten ein neues Monetarisierungskonzept – *Surge Pricing*.

Worum geht es dabei? Schauen wir uns die wesentlichen Aspekte an.

Es ist eine Form des Dynamic Pricing, wobei die Preise bei einer Nachfragespitze steigen. Die Nachfrage kann in Echtzeit überwacht werden und der Preisanstieg hat einen doppelten Effekt, was durchaus beabsichtigt ist.[7] Einerseits werden mehr Fahrer angelockt als bei niedrigeren Preisen. Auf der anderen Seite sinkt die Nachfrage und wird mit dem Angebot ausbalanciert, sodass sich die Preise wieder einpendeln.

Auf diese Weise schaffte Uber eine Plattform, die in der Lage ist, Angebot und Nachfrage in Einklang zu bringen. Es besteht keine Vorgabe, wann Fahrer ihren Service anbieten, und es sind auch keine Zeitfenster vorgesehen, in denen sie zur Verfügung stehen müssen.

Das ist alles verhältnismäßig normal im Fall einer Kooperative von Taxifahrern. Bei Uber jedoch wird alles über den Preis geregelt. Über die Plattform werden jeden Tag Millionen Fahrten ohne irgendwelche Anweisungen für die Fahrer vermittelt. Sie entscheiden selbstständig, wie sie basierend auf dem Dynamic Pricing agieren.

Mit anderen Worten: Uber kontrolliert das Angebot nicht direkt, sondern durch die vielen unabhängigen Fahrer.

Am Ende entscheiden die Kunden von Uber, ob sie den angebotenen Preis akzeptieren oder nicht, der in Extremfällen sogar neunmal höher als normal sein kann.

Die Alternative wäre, einen niedrigeren Preis beizubehalten, der aber nicht mit einem adäquaten Angebot korrespondiert. So ist der Ärger mit Kunden vorprogrammiert, die bereit sind, für einen verlässlichen Service mit verfügbaren Fahrern mehr zu bezahlen.

Dennoch wurde das *Surge Pricing* kontrovers diskutiert.

Wenn zu viele Kunden in einer gewissen Zeit höhere Preise im Vergleich zu normalen regelmäßig ablehnen, schreitet Uber schnell ein, um die Preise anzupassen.

Das Hauptziel dieser dynamischen Preisgestaltung besteht kurz gesagt darin, eine ausreichende Verfügbarkeit von Fahrern zu

6 Dynamic Pricing

garantieren, selbst in Nachfragespitzen. Ein Großteil des höheren Preises landet im Geldbeutel der Fahrer. Das ist die einzige Möglichkeit, an 365 Tagen im Jahr ein an der Nachfrage orientiertes Angebot aufrechtzuerhalten, selbst wenn andere Transportmittel knapp werden – beispielsweise aufgrund von kurzfristig anberaumten Streiks oder Wetterbedingungen wie Hagel oder Schnee. Im Vergleich zu dem viel diskutierten *Surge Pricing* ist beim Dynamic Pricing der Abwärtstrend bei den Preisen die Kehrseite der Medaille.

Wenn die Fahrer Preisen gegenüber sensibel reagieren, tun es die Kunden zweifellos auch.

New York.

Coppersmith, eine Möwe schüttelt Wasser aus ihrem Gefieder.

In einem Café bereitet ein Barmann einen Kaffee zu.

Seiten eines Notizbuches flattern im Wind.

Die Subway verschluckt Geschäftsleute und speit sie wieder aus, junge Menschen überqueren Zebrastreifen.

Schnitt.

Einer der Uber-Gründer fährt durch die Nacht.

Die Bilder ziehen wieder vorbei: Kunden in einem Restaurant essen *Tartar* an einem Tisch im Kerzenschein, die Discjockeys spielen Hintergrundmusik, die wir kaum hören, aber uns leicht vorstellen können.

Freitag, Samstag, Sonntag, Wochenende. Die Zeit rast an unserem Leben vorbei.

Der Mann am Steuer erzählt uns, wie »einfach« es ist, von A nach B zu kommen.

Wieder New York.

Mädchen heben ihre Hände. Die Taxis halten nicht.

Männer in Anzug und Krawatte, ein schwarzes Auto in Bereitschaft deuten darauf hin, dass es in jeder Stadt der Welt ein Transportproblem gibt.

Wolkenkratzer. Brooklyn Bridge.

Der erste Uber-Slogan »Everyone's private driver« (»Der private Chauffeur für jedermann«) war sehr fokussiert. Effizienz, Komfort, Bequemlichkeit. Leerzeiten der Fahrer einerseits, wenn keine Passagiere auf die nächste Fahrt warten. Andererseits viele Menschen, die vielleicht einen Bedarf haben. Wie kann man diese beiden gegensätzlichen und sich doch ergänzenden Bedürfnisse in Einklang bringen?

Die Idee, auf der das ganze Unternehmen aufbaut, war genau das: preisgünstige, sichere, immer verfügbare Fahrten mittels einer außergewöhnlichen Kauferfahrung anzubieten. Durch die App weiß man genau, wann der Fahrer kommt. Man sieht, wie er vorankommt, und man weiß vorher genau, was es kosten wird. Die Bezahlung kann einfach und schnell über die Kreditkarte erfolgen.

Uber nutzte später Dynamic Pricing in umgekehrter Richtung zum Surge Pricing – das heißt, sie boten praktisch einen Durchdringungspreis an. Das bescherte ihnen den Erfolg und erhöhte die durchschnittliche Einsatzdauer ihrer Fahrzeuge. Darüber hinaus generierten sie eine Nachfrage einiger Kundensegmente, die bei einem höheren Preis sonst lieber ein Auto besitzen oder mieten oder den öffentlichen Nahverkehr nutzen, statt zu Fuß zu gehen.

Das Management des Unternehmens geht sogar noch weiter: Wieso konzentriert man sich nicht darauf, die Auslastung der Fahrzeuge auf 100 Prozent zu steigern und so den »perpetual ride« (die immerwährende Fahrt)[8] zu erreichen, wie es CEO Travis Kalanick formuliert, also mindestens einen Passagier für die gesamte Dauer der Schicht zu haben?

Das bedeutet einerseits, Fahrten so zu optimieren, dass ein Passagier losfährt, sobald ein anderer angekommen ist. Andererseits bedeutet es, dass Kunden sogar ermutigt werden, ihre Autos zu verkaufen, die für durchschnittlich 95 Prozent der Zeit sowieso nur herumstehen, und Uber zum Transportmittel der Wahl zu machen.

Ein erster Schritt in diese Richtung ist *Uber Pool*, ein Angebot, das sich an diejenigen richtet, die in die gleiche Richtung fahren oder ähnliche Routen planen[9], also beispielsweise Menschen, die aus dem Stadtzentrum Londons zum außerhalb gelegenen Flughafen Heathrow müssen, oder Touristen, die vom Vatikan aus zu den ähnlich weit entfernten antiken römischen Ausgrabungen nach Ostia Antica möchten.

In beiden Fällen sind die Fahrzeuge voller besetzt und ihre Nutzungsfrequenz steigt. Darüber hinaus kann der Preis reduziert werden, sodass das Angebot ökonomischer wird.

So bietet Uber nicht nur einen Vorteil gegenüber dem eigenen Auto, sondern konkurriert auch mit dem öffentlichen Nahverkehr.

Bescheiden gestartet in den Straßen von San Francisco, ist Uber heute in 50 Ländern vertreten und, noch vor General Motors, der Hauptplayer im Bereich Transport geworden.[10] Entscheidend für den Erfolg war das Dynamic Pricing, das wir uns im nächsten Abschnitt genauer anschauen wollen.

Kontextanalyse

Ursprung und Entwicklung

Dynamic Pricing ist für viele Unternehmen bereits ein wichtiger Bestandteil und das wird weiter zunehmen. Das betrifft die unterschiedlichsten Branchen. Selbst große Handelsunternehmen, die noch bis vor Kurzem feste Preise an den Regalen anbrachten, führen nun elektronische Displays ein, die es ermöglichen, die Preise im Laden mehrmals täglich zu ändern.

MediaWorld, eine von Europas größten Handelsketten außerhalb der Lebensmittelbranche, ist nicht nur in den Online-Kanälen, sondern auch in den Geschäften zu einem dynamischen Preismanagement übergegangen und bietet so den Kunden immer den Bestpreis.

Dynamische Preisgestaltung ist ein altes Phänomen, während feste Preise eine relativ neue Erfindung sind. Vor 1870 war es ziemlich normal, keine Preise auszuzeichnen, sondern sie dynamisch anzupassen, sodass jeder Preis individuell verhandelt wurde.

Die Quäker gehörten zu den ersten, die es unmoralisch fanden, dass verschiedene Kunden unterschiedliche Preise zahlten, und begannen damit, Artikel mit Etiketten auszuzeichnen und nicht mehr zu verhandeln. Infolgedessen führten große Kaufhäuser wie Wanamaker's in Philadelphia und Macy's in New York feste Preise ein. Dadurch verkürzte sich die Einarbeitungszeit für das Personal, das nicht länger die Warenpreise kennen, seine Verhandlungstaktiken verbessern und den Markt kennen musste. Die Angestellten konnten nun mehr Kunden betreuen und der Verkauf wurde effizienter. Früher lagerten selbst in großen Läden Waren hinter einem Tresen und Verkäufer mussten die Ware bei jedem einzelnen Kauf für den Kunden hervorholen. So entstand ein Leerlauf, den man sich heute gar nicht mehr leisten könnte.

Die Lebensmittelkette Piggly Wiggly führte 1916 als erste die Selbstbedienung ein und benötigte daher Preisetiketten. Diese verbreiteten sich immer mehr in den Geschäften des Einzelhandels und verhandelt wurde nur noch im Second-Hand-Bereich.

Und so fiel die dynamische Preisgestaltung nach und nach in einen 100-jährigen Schlaf.

Die Wiedererweckung erfolgte in den 1980er Jahren in den USA im Rahmen der Liberalisierung der Ticketpreise von Passagierfluglinien, die bis dahin von der Regierung reguliert wurden. Von dem Moment an griffen Fluggesellschaften auf den wichtigsten Gewinntreiber zurück: Pricing.

Durch diese Liberalisierung traten immer mehr Billig-Airlines auf den Markt, die zum Wachstum der gesamten Branche beitrugen. Sie zogen preissensible Kunden an, die sich sonst für andere Verkehrsmittel wie Bahn oder Auto entschieden hätten.

Es ist also offensichtlich, dass in diesem Sektor die Preiselastizität der Nachfrage ein entscheidender Faktor ist, insbesondere im unteren Marktsegment. Darüber hinaus werden großzügige Wachstumsmargen ermöglicht.

Der Beweis dafür ist People Express Airlines. Die Fluggesellschaft wurde 1981 gegründet und knackte 1984 die Milliarden-Dollar-Marke, indem sie Preise anbot, die 50 Prozent niedriger als die traditioneller Fluggesellschaften waren. Außerdem erreichte die Airline einen Gewinn von 60 Millionen Dollar, ein absoluter Rekord für dieses Unternehmen, mit dessen Schicksal wir uns später noch befassen werden.

Unterdessen verloren traditionelle Fluggesellschaften wie American Airlines im gleichen Zeitraum – oder eher von dem Moment an – eine beträchtliche Zahl (preissensibler) Passagiere, die zu den Billigfluglinien abwanderten. Es war höchste Zeit für neue Geschäftsstrategien, um diese Kunden zurückzugewinnen.

Wenn man die deutlich überschaubaren Kosten solcher Billigflieger betrachtet, war für traditionelle Unternehmen klar, dass sie sich in einem tragischen Dilemma befanden: Während Airlines wie PeopleExpress auf diesem Preisniveau positive Gewinnspannen erzielten, würde eine Preisreduzierung für etablierte Player schwere Verluste bedeuten. Um diese neue Strategie einzuführen, musste sich American Airlines zwei Herausforderungen stellen: die

Anzahl der Sitze in der Economy-Class im Vergleich zur Business Class abstimmen und gleichzeitig eine Kannibalisierung vermeiden, also preisgünstige Sitze nicht an Passagiere verkaufen, die eigentlich bereit wären, höhere Preise zu bezahlen.

Die Einführung von Super-Spartarifen und Angeboten, die durch ein paar Einschränkungen charakterisiert waren (wie 30 Tage vor Abflug kaufen, Mindestaufenthalt sieben Tage, keine Rückerstattung), kombiniert mit einer sorgfältig festgelegten Quote von Billigtickets pro Flug bot eine wirkungsvolle Alternative zu PeopleExpress. Gleichzeitig vermied man es, das deutlich profitablere Business-Segment zu gefährden.

Robert Crandall, der damalige Marketingchef und spätere CEO von American Airlines, fand zuerst den Weg aus diesem Problem. Crandall erkannte, dass sein Unternehmen Sitze zu einer Gewinnspanne von null verkaufte, da die meisten Kosten pro Flug fix sind: beispielsweise die Gehälter der Crew, Abschreibung, Treibstoff und dergleichen.

American Airlines konnte nun mit Billigfluglinien konkurrieren, indem sie beispielsweise nicht belegte Business-Class-Sitze zu deren Preisen verkauften. Das waren Tickets, die normalerweise kurzfristig an Geschäftsreisende mit einer höheren Zahlungsbereitschaft verkauft werden.

Durch die Entwicklung von DINAMO – eine Abkürzung von »Dynamic Inventory Allocation and Maintenance Optimizer« (auf Deutsch so viel wie »dynamische Bestandszuweisung und Optimierung der Verwaltung«) – löste American Airlines das Problem der Kapazitätszuweisung an die verschiedenen Angebotsklassen pro Strecke und Flug. Darüber hinaus stellte dieses 1985 eingeführte System, auch bekannt als Ertragsmanagement (Revenue oder Yield Management), eines der ersten dynamischen Preismodelle im gewerblichen Bereich dar.

Tatsächlich förderte DINAMO einen aggressiven Wettbewerb verbunden mit der Möglichkeit, Angebote für bestimmte Flüge schnell anzupassen.

6 Dynamic Pricing

Auf allen von American Airlines und Billigfliegern angebotenen Strecken brach ein richtiggehender Preiskampf aus. Für PeopleExpress erwies sich dieser Kampf allerdings als tödlich: 1986, nur ein Jahr nach der Einführung des AA Optimizer, war PeopleExpress bankrott und wurde von Continental Airlines gekauft. Der damalige CEO von PeopleExpress, Doland Burr, erklärte die Ursachen des Bankrotts folgendermaßen:

Von 1981 bis 1985 waren wir ein dynamisches und profitables Unternehmen. Später verloren wir 50 Millionen Dollar pro Monat. Es war immer noch dasselbe Unternehmen. Der Unterschied war, dass American Airlines in der Lage war, in jedem unserer Märkte ein Ertragsmanagement zu implementieren. Bis zu dem Moment, als American Airlines die Super-Spartarife einführte, fuhren wir Gewinne ein. Diese Tarife beendeten unseren Lauf, da sie niedrigere Preis als wir anbieten konnten. Es lässt sich nicht leugnen, dass PeopleExpress den Bach runterging. [...] Trotzdem haben wir einige gute Entscheidungen getroffen. Unser Fehler war, dass wir das Dynamic Pricing ignoriert haben. Wenn ich noch einmal von vorne anfangen könnte, läge mein Hauptaugenmerk auf dem bestmöglichen technologischen Support-System. Meiner Meinung nach ist das entscheidend, wenn man bei einer Fluggesellschaft Einnahmen generieren möchte: mehr als der Service, mehr noch als die Flugzeuge und sogar die Strecken.[11]

Hauptformen des Dynamic Pricing

Man unterscheidet drei Hauptformen des Dynamic Pricing: (1) zeitbasiert, (2) kundenbasiert und (3) basierend auf Verkaufskanälen.

1. *Zeitbasiertes Dynamic Pricing* ist eine Art »Take it or leave it«-Preisgestaltung. Der Verkäufer ändert im Laufe der Zeit die Preise, basierend auf Faktoren wie Verkaufstrends, Nachfrageentwicklung und der Verfügbarkeit der nachgefragten Produkte. Hierbei steht das Dynamic Pricing im Einklang mit dem Ertragsmanagement der Fluggesellschaften: Die Preise

variieren, sodass die Nachfrage mit dem Angebot übereinstimmt. Dasselbe Phänomen findet man auch im Energiesektor oder im Kraftstoffvertrieb. Zeitbasierte dynamische Preisgestaltung wird hauptsächlich in Bezug auf Häufigkeit und Umfang beschrieben.[12] *Häufigkeit* bezieht sich auf die Anzahl der Preisänderungen, die durchaus beträchtlich sein können. Amazon ändert alle seine Preispunkte 2,5 Millionen Mal pro Tag. Das bedeutet, dass sich der Preis eines Produktes ungefähr alle zehn Minuten ändert.[13] Änderungen können auch noch häufiger erfolgen: Auf Amazon wurde der Preis für ein Mobiltelefon innerhalb von drei Tagen 297-mal geändert.[14] *Umfang* beschreibt den Betrag der jeweiligen Preisänderung.

2. Die zweite Form ist die *dynamische, kundenbasierte Preisgestaltung*. Hierfür gibt es verschiedene Bezeichnungen wie »personalisierte« Preisgestaltung[15], »verhaltensbasierte« Preisgestaltung[16], »zielgerichtete, dynamische« Preisgestaltung[17] oder sogar zielgerichtete Sonderangebote[18]. Die zugrundliegende Idee dieses Tarifs ist, die verschiedenen Stufen der Zahlungsbereitschaft des Kunden umfassend auszunutzen. Da das Unternehmen nicht genau weiß, wie viel der Kunde bereit ist zu zahlen, verlässt es sich auf Indikatoren, die damit zusammenhängen. Sie können beispielsweise demografische Daten oder Daten über das Surfverhalten nutzen oder Informationen über vergangene Transaktionen oder nochmals Daten der *Customer Journey* analysieren, beispielsweise ob Kunden durch Online-Preisvergleiche auf die Website gelangt sind.[19] Aus diesem Grund bieten Uber, Lyft oder Airbnb Anreize bei der Registrierung und Nachlässe für neue Kunden. Personalisierung basiert auf dem Kundenstatus. Ist es ein Neu- oder Bestandskunde?[20] Eine wichtige Voraussetzung dafür ist, dass man den Kunden identifizieren kann. Während es in der Offline-Welt häufig notwendig ist, dass Kunden Mitglied eines Treueprogramms sind, können in der Online-Welt andere Daten genutzt werden. Darüber hinaus können zwei zentrale

Formen von kundenbasiertem Dynamic Pricing unterschieden werden. Einerseits können Unternehmen unterschiedliche Grundpreise anbieten; andererseits können sie personalisierte Gutscheine nutzen.[21] So bleiben Grundpreise im Web konstant. Dennoch bekommen einige ausgewählte Kunden[22] oder Kundengruppen[23] Rabattgutscheine, bei denen die Preise an ihre Zahlungsbereitschaft angepasst sind.

3. Eine weitere Form des Dynamic Pricing bietet sich für Multi-Channel-Unternehmen, also solche mit *Offline- und Online-Kanälen*. Diese Unternehmen befinden sich in einem »Multi-Channel-Pricing-Dilemma«: In ihren Online-Kanälen sind sie dem Druck durch reine E-Commerce-Händler ausgesetzt. Die eigentliche Kostenstruktur eines Offline-Channels – Mieten und Personal – erschwert ihr Leben, da es einen internen Wettbewerb zwischen Online-Preisen, die im Allgemeinen niedriger sind, und Offline-Preisen gibt.

Daher muss man bei der dynamischen, auf Verkaufskanälen basierenden Preisgestaltung zwischen Online- und Offline-Preisen unterscheiden. Preise, die aufgrund ihres Kanals variieren, mögen durch die unterschiedlichen angebotenen Funktionen gerechtfertigt erscheinen. Während Online-Kanäle beispielsweise ein größeres Angebot bieten und keine Anfahrtskosten anfallen, hat man offline die Möglichkeit, Produkte zu sehen und auszuprobieren. Ein Beispiel für diese Art der Preisgestaltung bietet das Elektronikunternehmen *Conrad*, das einen Preis in den Läden und einen niedrigeren auf der Website anbot.[24] Genauso verkaufen Lufthansa oder Northwest Airlines Corp Flugtickets online, telefonisch oder offline. Häufige Preisänderungen finden jedoch nur exklusiv auf ihren Online-Kanälen statt[25]; diejenigen, die offline kaufen, bekommen einen Service, der ihren Erwartungen entspricht. Online muss der Kunde hingegen sorgfältiger prüfen, hat aber dafür die Möglichkeit, einen niedrigeren Preis zu ergattern.

Verbreitung und Auswirkungen

Dynamic Pricing ist auf dem Vormarsch, insbesondere im Online-Geschäft. Im Lauf der Zeit hat es allerdings auch im Bereich Flugreisen, Urlaub und Hotels Fuß gefasst. Faktoren wie Nutzungsrate, Saison, Flugpläne und Vergleiche mit Wettbewerbern beeinflussen Preise. Selbst in traditionellen Geschäften werden die gewohnten Preisetiketten durch digitale Displays an den Regalen ersetzt, wodurch ein einfacheres Handling und eine höhere Automatisierung ermöglicht werden.

Seit ihrer Einführung wurde die dynamische Preisgestaltung im gesamten Bereich der Flugreisen eingesetzt und hat erheblich zu einer Gewinnsteigerung beigetragen. Einnahmen und Gewinne können dank Dynamic Pricing um bis zu acht beziehungsweise 25 Prozent steigen.[26]

Neben dem B2C-Bereich gibt es auch immer mehr Unternehmen aus dem B2B-Bereich, die die dynamische Preisgestaltung einsetzen. Näheres hierzu finden Sie in dem Buch *Revenue Management in Manufacturing*.[27]

Erfolgsfaktoren

Nicht immer ist eine dynamische Preisgestaltung sinnvoll, sie kann sogar nachteilig sein, wenn die entsprechenden Voraussetzungen fehlen.

Für jedes Unternehmen ist die Einführung von Dynamic Pricing ein herausforderndes Unterfangen. Man braucht Durchhaltevermögen genauso wie die Bereitschaft, eventuelle Hindernisse zu überwinden, die es zweifellos geben wird. Aber wenn alles gut vorbereitet ist, wird sich eine unglaubliche Beschleunigung einstellen und von dem Moment an kann eine Implementierung erfolgreich gelingen.

Insbesondere basierend auf den zahlreichen Projekten, die wir in den vergangenen Jahren untersucht haben, können wir feststellen,

6 Dynamic Pricing

dass sich vier Erfolgsfaktoren herauskristallisiert haben. Die ersten beiden betreffen die Lösung und die beiden anderen deren Integration in das Unternehmen.

1. *Daten und Technologien:* Die erste Voraussetzung für die Einführung von Dynamic Pricing ist die Verfügbarkeit von Daten und Informationen. In einigen Bereichen, wie beispielsweise B2C, ist ein hohes Maß an Granularität erforderlich, selbst im Hinblick auf einzelne Kunden oder Transaktionen. In anderen Sektoren wiederum kann es reichen, Daten bezogen auf ein Segment mit einem Marktkanal zu nutzen, wie beispielsweise bei einem Elektrogroßhändler, der an Elektriker verkauft. In beiden Fällen ist allerdings die Verfügbarkeit einer IT-Architektur äußerst wichtig, die den neuen Modus der Monetarisierung unterstützt.

2. *Preislogik und Pricing Tools:* Die Logik, also der Weg, wie heutzutage in Unternehmen Preise festgesetzt werden, ist der Ausgangspunkt für eine Entwicklung in Richtung Dynamic Pricing. Das kann von Unternehmen zu Unternehmen stark variieren. Im B2C-Kontext kann ein Einzelhändler die Preise entsprechend der Kundenloyalität ändern oder täglich oder bezogen auf den Zeitpunkt des Kaufs oder den Warenkorb. Im B2B-Bereich haben wir es vielleicht mit Telefonisten zu tun, die den Preis ermitteln aufgrund von Parametern wie Preisgestaltung der Wettbewerber, Dauer des Anrufs oder auch den Datennutzungsmustern. Für jedes Unternehmen ist es ratsam, ein dynamisches Pricing Tool zu entwickeln, das die Anwendung einer speziellen Logik und Gleichungen, die dynamische Preise entwickeln können, umfasst.

3. *Prozess und Organisation von Dynamic Pricing:* »A fool with a tool is still a fool«, behauptete der berühmte Informatiker Grady Booch, der viele Jahre, unter anderem bei IBM, an kollaborativen Dynamiken in IT-Umgebungen gearbeitet hat (er war Sprecher auf der Turing Lecture 2007 *The promise, limits*

and beauty of software). Auch wenn man sich auf die Preislogik und ein starkes Analysetool konzentriert, wird der Erfolg der dynamischen Preisgestaltung davon bestimmt, wie die Menschen im Unternehmen damit umgehen. Teamwork ist der entscheidende Faktor. Pricing- und Marketing-Abteilungen bieten die Impulse für die ständige Kalibrierung und Verbesserung des Ansatzes. Der Verkauf bringt sein Wissen über die Kunden und den Markt ein. Die technische Kompetenz der IT hilft, die Stärke des Tools auszunutzen, und das Controlling überprüft die Ergebnisse, die dann an die Geschäftsleitung übermittelt werden, damit die zukünftige Marschrichtung ausgegeben werden kann.

4. *Qualifikation und Kompetenzen des Teams:* Zum Schluss, aber nicht weniger wichtig, geht es um die Qualifikation und die Kompetenzen des Teams. Die erfolgreichsten Pricing-Transformationen sind die, bei denen die Geschäftsleitung, häufig der CEO, die gesamte Organisation auffordert, das neue dynamische Modell zu unterstützen. Die Rolle des Managements ist essenziell, um einen Zusammenhalt in den multidisziplinären Teams zu gewährleisten.

Letztlich erleichtern spezielles Training und Maßnahmen zur Schaffung einer »Kultur der Offenheit, des Ausprobierens und Lernens« die Dinge erheblich. Häufig haben Unternehmen, die erfolgreich waren, mit einer einzigen Applikation angefangen – den sogenannten *Use Cases* – und später den Umfang erweitert, nachdem sie getestet und Erfahrungen gesammelt haben, die die Kompetenzen des Teams verbessert haben.

Wie Sie suboptimale oder exzessive Preise vermeiden

Der technologische Fortschritt der letzten Jahre hat eine solide Grundlage geschaffen, die dynamische Preisgestaltung auf ein neues Level zu bringen.

6 Dynamic Pricing

Dank der Verbreitung von Informationen wie Daten über individuelle Vorlieben, Kaufverhalten, demografische Merkmale, Preise der Wettbewerber, Zahlungsbedingungen und dergleichen können Kundenprofile basierend auf diesen demografischen Daten und der Kaufhistorie erstellt werden und alle Marketingtools können entsprechend abgestimmt werden.

Dennoch sollte man sich nicht allein auf Computer verlassen: Ein gutes Gespür ist ebenfalls erforderlich, um zu vermeiden, suboptimale oder in einigen Fällen sogar unpassende Preise festzusetzen.

Schauen wir noch einmal auf das Unternehmen, das als Benchmark der dynamischen Preisgestaltung gilt: Amazon. Obwohl das Unternehmen in der Lage ist, täglich 2,5 Millionen Preise zu ändern, Gewinne zu maximieren, und eines der wertvollsten Unternehmen der Welt geworden ist, bietet es auch nicht immer optimale Preise.

Man kann sich beispielsweise fragen, warum Amazon einen Samsung-Fernseher erst für 296,99 Euro und dann für 293,07 Euro verkauft, wenn uns doch die psychologische Preisgestaltung – über die wir in Kapitel 5 gesprochen haben – lehrt, dass diese beiden Preise von Kunden auf dieselbe Weise wahrgenommen werden wie 299,99 Euro. So wird ohne Not auf einen Teil der Gewinnmarge verzichtet.

Ein weiterer verblüffender Fall ist der erstaunliche Preis, der für ein Buch über Fliegen[28] verlangt wurde: Dynamic Pricing trieb den Preis von *The Making of a Fly* auf fast 24 Millionen Dollar hoch, ohne Versand (natürlich), wie in Abbildung 6.1 dargestellt.

Wie ist dieser astronomische Preis zustande gekommen? Das ist leicht erklärt.

Das Dynamic Pricing hat die Preise zweier ähnlicher Bücher verglichen. Während der Algorithmus den Preis des ersten Buchs 1,27059-mal höher ansetzte als den des zweiten, hat der andere automatisch den Preis 0,9983-mal höher angesetzt. So sind die

The Making of a Fly: The Genetics of Animal Design (Paperback)
by Peter A. Lawrence

« Return to product information

Always pay through Amazon.com's Shopping Cart or 1-Click.
Learn more about Safe Online Shopping and our safe buying guarantee.

Price at a Glance
List Price: ~~$70.00~~
Used: from $35.54
New: from $1,730,045.91

Have one to sell? [Sell yours here]

| All | New (2 from $1,730,045.91) | Used (15 from $35.54) |

Show ⦿ New ◯ √Prime offers only (0)

Sorted by Price + Shipping

New 1-2 of 2 offers

Price + Shipping	Condition	Seller Information	Buying Options
$1,730,045.91 + $3.99 shipping	New	Seller: **profnath** Seller Rating: ★★★★ 93% positive over the past 12 months. (8,193 ratings) In Stock. Ships from NJ, United States. Domestic shipping rates and return policy. Brand new. Perfect condition, Satisfaction Guaranteed.	[Add to Cart] or Sign in to turn on 1-Click ordering.
$2,198,177.95 + $3.99 shipping	New	Seller: **bordeebook** Seller Rating: ★★★★ 93% positive over the past 12 months. (125,891 total ratings) In Stock. Ships from United States. Domestic shipping rates and return policy. New item in excellent condition. Not used. May be a publisher overstock or have slight shelf wear. Satisfaction guaranteed!	[Add to Cart] or Sign in to turn on 1-Click ordering.

Abbildung 6.1: Die schlimmsten Auswirkungen des Dynamic Pricing: Preisexplosion eines Buches bei Amazon.

Preise der beiden Bücher in einem hysterischen Tanz zusammen gestiegen, bis sie die Millionen erreicht hatten, wobei das zweite einen etwas niedrigeren Preis als das erste Buch behielt.

Ein echter Marketingfehler, der zu einer passenden Schlussfolgerung führt: Dynamic Pricing hat eine Grenze – es ist so gut wie die Gleichungen, die es regulieren.

Zusammenfassung

Geschichte wiederholt sich, sagte Karl Marx und »History Repeating« sangen auch die Propellerheads (featuring Shirley Bassey): In der Vergangenheit war dynamische Preisgestaltung die Regel, bevor im Jahr 1870 die festen Preise eingeführt wurden. Später trat sie im Bereich der Flugreisen wieder in Erscheinung und verbreitete sich danach in vielen Branchen.

Die kürzliche Renaissance der dynamischen Preisgestaltung ist jedoch kein Ereignis, das in erster Linie durch Verhandlungsgeschick geleitet wird und das mit offenem Ausgang zwischen Verkäufer und Kunde stattfindet, sondern eines, das durch technologische Fortschritte angetrieben wurde.

Die Zunahme der Datenmengen ermöglicht es, Kunden nach demografischen Gruppen, Kaufverhalten oder Preisen der Wettbewerber zu segmentieren. Gleichzeitig werden Marketingtools verfeinert – von der Zielgruppenansprache bis zu den individuellen Preisen –, die im Lauf der Zeit variieren.

Das gilt sowohl für den B2C- als auch für den B2B-Bereich. Zwar kann die dynamische Preisgestaltung in beiden Kontexten eingeführt werden, es ist jedoch nicht immer sinnvoll und man sollte es daher nicht erzwingen.

In der Praxis unterscheiden wir drei Hauptformen des Dynamic Pricing: zeitbasiert, kundenbasiert und basierend auf Verkaufskanälen. Dynamic Pricing wird in vielen Branchen eingesetzt, darunter sowohl Dienstleistungs- (Tourismus, Autovermietung) als auch Produktionsunternehmen (Stahl, Chemie).

Einmal eingeführt, kann Dynamic Pricing zu erheblichen Einnahmen- und Gewinnsteigerungen führen (bis zu acht beziehungsweise 25 Prozent).

Die Erfahrung hat gezeigt, dass im Wesentlichen vier Voraussetzungen gegeben sein müssen: Die ersten beiden betreffen die gewählte Lösung, also *Daten und Technologien, Preislogik und Pricing Tools*, während die anderen beiden mit der Integration der Lösung in das Unternehmen zu tun haben, also *Prozess und Organisation der dynamischen Preisgestaltung und Qualifikation und Kompetenzen des Teams*.

Die allgemeine Warnung gilt dennoch: Dynamic Pricing ist ein Tool und muss als solches behandelt werden. Maschinen und Gleichungen sind nicht alles: Sie dienen Menschen, die sicherstellen müssen, dass das Ergebnis sinnvoll ist (siehe die Geschichte mit dem Fliegen-Buch), um so optimale Preise zu generieren. Geschichte – genauso wie sie sich wiederholt – wird den Rest übernehmen, ihren eigenen Verlauf und den unseres Unternehmens.

7 KI-basiertes Pricing

»Ein Leben als Androide ist ein Traum.«
Philip K. Dick

Case History

Mac Harman hatte gerade seinen Abschluss der Stanford Graduate School of Business in der Tasche, als er ein Geschäft witterte. Bei seinen Schwiegereltern war ihm aufgefallen, dass deren künstlicher Weihnachtsbaum gar nicht wie ein Baum aussah. In dem Moment hatte er eine Idee.

Er machte sich auf nach China, traf einen Baumhersteller und entwarf 16 Modelle basierend auf verschiedenen Bäumen, die die Form eines echten »Weihnachtsbaums«, wie beispielsweise Fichten, haben.

Im Oktober 2006 hatte er bereits 5.000 Bäume in die USA versenden lassen, wo er in einer Mall in Stanford einen Pop-up-Store eröffnete. Das Geschäft lief sehr gut.

Innerhalb eines Monats hatte er eine Website erstellt und bereits drei Millionen Dollar umgesetzt. Seitdem hat der gute »Mac« (vielleicht bestimmt wirklich der Name über das Schicksal) sein Baumangebot erweitert, einige werden für mehr als 2.000 Dollar verkauft. Darüber hinaus gibt es Dekoartikel, Sterne, Girlanden und weitere Produkte.

Balsam Brands – so heißt das Unternehmen – war erfolgreich, obwohl es saisonale Produkte zu deutlich höheren Preisen als die direkte Konkurrenz anbot.

Das von Harman gegründete Start-up wuchs sogar immer weiter und sieht sich heute neuen Herausforderungen hinsichtlich der Preisgestaltung gegenüber.

Der kalifornische Luxushändler für künstliche Weihnachtsbäume und Weihnachtsdeko – dazu gehört auch die beliebte Marke *Balsam Hill* – verdient mehr als 200 Millionen Dollar. 80 Prozent des Umsatzes passieren in den letzten drei Monaten des Jahres. Dadurch entsteht eine betriebliche und finanzielle »Asymmetrie«, die für die Geschäftstätigkeit des Unternehmens von entscheidender Bedeutung ist.

Um die Saisonumsätze zu bewältigen und gleichzeitig die Gewinnmarge zu schützen und die Erlöse zu steigern, hat sich Balsam Brands entschieden, bei der Preisgestaltung künstliche Intelligenz (KI) einzusetzen.

Der Algorithmus ist selbstlernend, generiert Empfehlungen, optimiert Preise basierend auf der Nachfrage und überwindet so alle bisherigen Herausforderungen, wie einen besonders intensiven Preisanpassungsprozess sowie das Fehlen eines umfassenden Instruments zur Preissteuerung auf Grundlage der Marktentwicklung.

Mittels einer personalisierten ERP(Enterprise-Resource-Planning)-Plattform hat Balsam Brands das wöchentliche Repricing automatisiert, passt Preise entsprechend dem Businessplan an und entscheidet auf Grundlage der verarbeiteten Daten.

Um den Kunden das beste Angebot zu unterbreiten, berücksichtigt Balsam Brands eine Reihe von Preisfaktoren, Webanalysen, Markttrends, neueste Umsatzzahlen, Preisstaffeln, intelligente Geschäftsbeschränkungen und die Regeln der Preisrundung.

Während der Saison 2020/21 generierte der KI-Algorithmus für den Einzelhändler 24 000 Empfehlungen für Preisoptimierungen.

Sie basierten auf den historischen Transaktionsdaten, auf Handelsbeschränkungen, auf der Architektur der gesamten Preisgestaltung, der Verfügbarkeit des Lagerbestands und anderen wichtigen Informationen. Infolgedessen konnte Balsam Brands die Zeit für das Repricing um 50 Prozent verkürzen, erreichte seine aufgestellten Geschäftsziele, generierte Mehreinnahmen von 3,5 Prozent und eine Extra-Gewinnspanne von drei Prozent. »Während unser Geschäft wuchs, war es für uns wichtig, unsere Preisentscheidungen auf Marktentwicklungen, Website-Analysen und andere wichtige Daten, die ein Preismanager nicht leicht gleichzeitig im Auge behalten kann, zu stützen«, betont Joy Lin, Senior E-Commerce Business Manager bei Balsam Brands. »Intelligente Algorithmen haben unser Preismanagement effizient gemacht, sodass das Team die Hälfte der Zeit für Routinearbeiten einspart. KI revolutioniert traditionelle Preisstrategien und Prozesse und wir wollen diese Technologie unbedingt bald auch in anderen Regionen einsetzen.«

Ähnlich agierte auch Orsay, ein Bekleidungsunternehmen, das in 34 Ländern 740 Läden mit 5.100 Angestellten betreibt[2]: »Heute müssen wir uns nicht länger auf manuelle Analysen oder Vermutungen verlassen. KI-basiertes Pricing hat unsere wichtigsten Preisentscheidungen automatisiert. Der Algorithmus empfiehlt etwas und wir wenden es einfach an.« Das fasst ganz gut die Sichtweise des Chief Innovation Officer[2] von Orsay zusammen.

Als vertikal organisierter Fast-Fashion-Einzelhändler steuert Orsay die komplette Lieferkette vom Design über die Herstellung bis zum Verkauf.

Das Unternehmen bietet eine große Auswahl an trendigen und klassischen Styles.

Da sich Modetrends ständig ändern, muss Orsay das Pricing seiner Produkte über deren gesamten Lebenszyklus managen. Das bedeutet, Gewinne zu maximieren, aber gleichzeitig sicherzustellen, dass die Kleidung verkauft wird, bevor sie schon wieder veraltet ist.

Orsays Ziele waren:

- Einnahmen und Gewinnmargen durch weniger Preissenkungen steigern,
- Lagerkosten durch ein effizienteres Aussortieren des Bestands reduzieren,

- Produktivität des Personals verbessern,
- Kundenzufriedenheit erhöhen, indem deren Produkterwartungen mit der Preisgestaltung in Einklang stehen.

Dadurch entstand folgende Situation: »Im ersten Jahr, in dem wir nur noch KI nutzten, gab es weniger Preissenkungen. Der Prozentsatz des Bestands, für den eine Preissenkung durchgeführt werden musste, ist von anfänglich 40 bis 50 Prozent um 30 bis 40 Prozent zurückgegangen. Das bedeutet weniger als zehn Prozent Preissenkungen und daraus sich ergebende höhere Gewinnspannen. Heute sind wir in der Lage, unsere Produkte zu verkaufen, wenn es eine Nachfrage gibt. Wir geben seltener Rabatte. Früher haben wir pro Artikel drei oder vier Nachlässe gewährt, wodurch unsere Gewinnmarge deutlich geschmälert wurde. Heute rabattieren wir jeden Artikel höchstens zwei- oder dreimal.«

Bei Orsay kann die KI auch Verschwendung reduzieren und konstant Bestpreise erreichen, geleitet durch Daten aus jeder Phase der Lebensdauer des Produktes.

Unter Berücksichtigung aktueller und historischer Daten bestimmt der Algorithmus also für jedes Orsay-Kleidungsstück das richtige Level der Preiselastizität.

Darüber hinaus berücksichtigt diese Lösung komplexe Faktoren wie das Pricing der Wettbewerber, die Effekte neuer Kollektionen und die Kannibalisierung, während sie gleichzeitig die profitabelsten Preisentscheidungen für Orsay trifft.

Das mit 35 Millionen Kunden in mehr als 30 Ländern vertretene internationale Modeunternehmen Bonprix[3] ist ebenfalls zu KI-basiertem Pricing übergegangen. Folke Thomas, der für die Einführung von KI bei Bonprix verantwortlich ist, erinnert sich in einem seiner Interviews an den Start des neuen Pricing-Modells: »Seitdem können Preisänderungen mittels eines Algorithmus von einem Tag auf den anderen vorgenommen werden, beispielsweise wenn es eine kurzfristige Notwendigkeit für die Gewinn- und Bestandsverwaltung gibt.« Die Preise müssen nicht länger mit zahlreichen Abteilungen diskutiert und angepasst und dann manuell implementiert werden.

Dasselbe gilt für Orsay: In der Vergangenheit verbrachte der durchschnittliche Sortimentsmanager bis zu 80 Prozent seiner Zeit mit dem Bearbeiten von Rabatten. Maschinen haben das automatisiert und dasselbe Thema beansprucht heute nur noch 20 Prozent der Zeit. In der eingesparten Zeit kann man sich vermehrt strategischen Aufgaben widmen.

Kontextanalyse

KI ist die Fähigkeit einer Maschine, menschliche Kapazitäten wie Vernunft, Lernen, Kreativität oder Planen darzustellen. Mit anderen Worten IT-Systeme, die in der Lage sind, Aufgaben durchzuführen, die normalerweise menschliche Intelligenz benötigen, wie visuelle Wahrnehmung, Stimmenerkennung, Entscheidungsfindung und Übersetzungen aus anderen Sprachen.

Im Preismanagement kommt die KI von Algorithmen, die optimale Preise oder Preissenkungen identifizieren können, indem sie beispielsweise Auswirkungen vergangener Unternehmenspolitik analysieren oder weitere Informationen in Betracht ziehen, die ein Lernen ermöglichen und Pricing und adäquate Rabatte abstimmen.

KI-basiertes Pricing bedeutet also, KI-Methoden wie maschinelles Lernen und Deep Learning zu nutzen, um menschliches Verhalten zu imitieren und autonome Preisentscheidungen zu treffen, die sich mithilfe von statistischen Methoden und erweiterten Algorithmen konstant verbessern (siehe Abbildung 7.1[4]).

Maschinelles Lernen führt zu großen Veränderungen im Bereich der Bestpreise, da so Preise schneller und effektiver festgesetzt

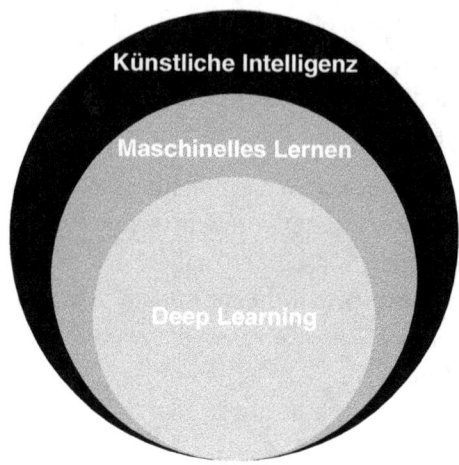

Künstliche Intelligenz
Eine Technik, die Maschinen befähigt, menschliches Verhalten nachzuahmen und autonom zu entscheiden.

Maschinelles Lernen
Teilbereich der KI-Techniken, der statistische Methoden nutzt, damit Maschinen aus Erfahrungen lernen können.

Deep Learning
Teilbereich des maschinellen Lernens, der die Berechnung mehrschichtiger neuronaler Netze ermöglicht.

Abbildung 7.1: Was ist KI – eine Definition und Abgrenzung zu maschinellem Lernen und Deep Learning

werden können. Beispielsweise sind auf Machine Learning basierende Algorithmen in der Lage, große Datenmengen gleichzeitig zu analysieren und dabei mehr Variablen zu berücksichtigen, als es ohne KI möglich wäre.

In der Vergangenheit mussten Preismanager die Regeln des Preismanagements manuell ermitteln. Modelle, die auf maschinellem Lernen basieren, verwenden hingegen Algorithmen, die ständig automatisch aus ihren Ergebnissen lernen. Unternehmen können also selbstlernende Modelle nutzen, um Preise festzusetzen oder im Lauf der Zeit anzupassen. Das geschieht selbstständig, präzise und mit einem Bruchteil des früheren Aufwands.

KI-basierte Pricing Tools sind nicht nur entwickelt worden, um zu lernen, sondern auch, um sich im Lauf der Zeit zu verbessern und damit sie die Spitzenwerte der Bestpreise finden. Sie sind in der Lage, einen Preis zu bestimmen, der sich zwischen »zu günstig« und »zu teuer« bewegt. Außerdem können KI-basierte Pricing Tools sowohl wichtige interne als auch externe Daten berücksichtigen, die ihren Algorithmus beeinflussen. Zusammen mit der Tatsache, dass sie im Vergleich zu alten Technologien große und diverse Datenserien ausarbeiten können, sind sie in der Lage, Preise auf Grundlage der einfließenden Daten sehr genau zu bestimmen.

Die von den Algorithmen evaluierten Faktoren umfassen:

- historische Umsatz- und Transaktionsdaten,
- saisonale Veränderungen,
- Wetterbedingungen,
- Rohstoff-Preisindizes,
- geografische Daten,
- Ereignisse,
- Lagerbestand,
- Produktmerkmale,
- Preise und Sonderangebote der Wettbewerber,
- Daten zur Kundenbeziehung,
- Marketingkampagnen,
- Bewertungen und Artikel.

Mittels dieser Daten können die auf KI basierenden Preisapplikationen die Preiselastizität berechnen und messen, wie sich die Nachfrage als Ergebnis veränderter Konditionen umstellt. Auf dieser Grundlage reguliert die Software die Preise.

Diese Tools können auch die Produkte bestimmen, für die die Nachfrage ausreichend stabil ist – sie für optimierte Gewinnspannen vorbereiten –, oder solche, die eine wichtige Rolle im Gesamtumsatz spielen und die deswegen sorgfältig reguliert werden müssen.

Entwicklungsphasen des KI-basierten Pricing

Wie genau wird ein KI-Algorithmus, der den Bestpreis bestimmen soll, entwickelt?

Obwohl es einigen undurchsichtig erscheinen mag, sind die Schritte zum Einrichten eines Algorithmus zur Preisoptimierung, der auf maschinellem Lernen basiert, sehr eindeutig. Der Prozess funktioniert folgendermaßen:

1. Daten sammeln und bereinigen

Um ein automatisches Machine-Learning-Modell zu entwickeln, benötigt man verschiedene Arten von Daten.

Im Zusammenhang mit Bestpreisen könnte eine Datenbasis ungefähr so aussehen:

- *Transaktionale Daten:* Listen von Produkten, die zu unterschiedlichen Preisen an unterschiedliche Kunden verkauft werden, Rabattarten auf Rechnung oder nicht, Prämien und Boni;
- *Produktbeschreibungen:* Daten über jedes katalogisierte Produkt (Kategorie, Marke, Größe, Farbe etc.);
- *Daten zu den Kosten:* Materialkosten, Lieferkosten, Kosten für Retouren, Marketingkosten;
- *Daten über die Wettbewerber:* Preise der Konkurrenz für vergleichbare Produkte, entweder manuell eingegeben oder automatisch generiert, beispielsweise über Web Scraping;
- *Bestands- und Lieferdaten:* Daten zu Lagerbestand, Produktverfügbarkeit, Preishistorie.

Nicht alle diese Informationen sind nötig und es wird sie auch nicht für jeden Bereich oder jedes Unternehmen geben. Viele Einzelhändler haben beispielsweise keine »saubere« Serie historischer Preisdaten. Dennoch ist die Preisgestaltung mittels Machine Learning fähig, maximale Erkenntnisse aus den verfügbaren Daten zu gewinnen. In den meisten Fällen führt das zu einer erheblichen Verbesserung des *Status quo* (beispielsweise höhere Gewinne). Allerdings sind Unternehmen – zu Recht – äußerst vorsichtig bei der Nutzung personenbezogener Daten.

Die gute Nachricht lautet, dass die Ausarbeitung von personenbezogenen Daten nicht erforderlich ist, um Bestpreise auf Produktebene einzuführen.

Zum Schluss müssen die gesammelten Daten von Fehlern bereinigt und für eine weitere Ausarbeitung vorbereitet werden.

Das ist ein herausfordernder Schritt, da Daten in verschiedenen Formaten und aus unterschiedlichen Quellen zusammengebracht werden müssen. Diese Aufgabe sollte daher von Experten (Data Scientists) übernommen werden, um zu gewährleisten, dass die Daten korrekt und vollständig in den Algorithmus überführt werden.

2. Training des Algorithmus

Der nächste Schritt ist, das Machine-Learning-Modell zu trainieren. Zunächst analysiert das Modell alle Variablen und bestimmt die möglichen Auswirkungen auf die Preisvarianten im Verkauf. Dabei entdeckt das Modell automatisch Korrelationen und Muster, die menschliche Analysten leicht übersehen können. Diese werden in den Algorithmus übernommen, um die besten Preise zu berechnen und eine Grundlage für den Verkauf und Gewinnprognosen zu schaffen. Dann wird das Anfangsmodell einem praktischen Test unterzogen und kann auch regelmäßig manuell optimiert werden. Nach jeder Korrektur lernt der Algorithmus und verbessert seine Resultate selbstständig.

Weitere Datensets können hinzugefügt werden, um die Genauigkeit des Algorithmus zu verbessern. Im Lauf der Zeit verringert sich der Trainingsaufwand, während die Software immer effizienter wird.

3. Auf Prognosen basierende Optimierung

Einmal entwickelt, kann das Machine-Learning-Modell die besten Preise festsetzen, um spezifische Unternehmensziele zu befriedigen und die Preiselastizität für Tausende von Produkten in nur ein paar Minuten zu bestimmen.

Die internen Marketing- und Sales-Teams können diese Berechnungen nutzen, um umfassender mit Eingangspreisen und

Preisnachlässen zu experimentieren, weil sie die möglichen Auswirkungen auf Verkauf und Nachfrage besser beurteilen können.

Statt sich auf den Instinkt und die Erfahrung zu verlassen, können sie nun auf der Grundlage des Machine-Learning-Algorithmus argumentieren. Das verschafft ihnen Handlungsspielraum, der im Allgemeinen zu einer Umsatz- und Gewinnsteigerung führt.

Anwendung von KI-basiertem Pricing: B2C und B2B

Im Einzelhandel wird KI-basiertes Pricing in den nächsten Jahren immer weiter zunehmen. Einer weltweiten Studie zufolge wollen 79 Prozent der Einzelhandelsunternehmen bis zum Jahr 2030 in KI investieren, unter anderem, um die Preise zu optimieren.

Viele bekannte Einzelhändler nutzen bereits maschinelles Lernen. Darunter so berühmte Marken wie das US-Elektronikunternehmen Monoprice, die britische Supermarktkette Morrisons oder das Modeunternehmen Zara. Die spanische Modekette lässt die Einstiegspreise durch eine KI bestimmen und Preise automatisch auf Trends reagieren. Infolgedessen muss Zara nur 15 bis 20 Prozent seiner Produkte rabattieren, so die Professoren Ghemawat und Nueno, im Vergleich zu 30 bis 40 Prozent bei anderen europäischen Einzelhändlern.

Ralph Lauren und Michael Kors nutzen maschinelles Lernen, um weniger rabattierte Produkte zu verkaufen, ihren Bestand zu verwalten und Umsätze zu steigern.

Die Fast-Fashion-Einzelhändler Boohoo und Shein sind bekannt dafür, maschinelles Lernen einzusetzen, um ihre Geschäftsziele trotz niedriger Einstiegspreise zu erreichen.

Selbst im Bereich B2B nutzen Unternehmen zunehmend KI-basiertes Preismanagement.

Schauen wir uns nun sechs Anwendungen KI-basierter Preisgestaltung bezogen auf Unternehmenstypen an, sowohl im B2B- als auch im B2C-Bereich (siehe Abbildung 7.2[5]).

Geo-Pricing

In einigen geografischen Gebieten innerhalb eines Staates (Deutschland: Norden, Mitte, Süden) oder einer geografischen Region (Europa) kann die Zahlungsbereitschaft erheblich variieren. KI ermöglicht es, interne Umsatzzahlen, Produkte und Kunden mit externen Daten zu kombinieren – beispielsweise mit demografischen, einkommensbezogenen und ökonomischen Daten –, und sie ermittelt durch geografische Preisgestaltung, oder Geo-Pricing, den idealen Preis pro Produkt, Service oder Rabatt.

Einfluss von Preisspannen

In Verträgen, egal ob für Wartung oder Support nach dem Kauf, können der Preis oder der Rabatt erheblich variieren, entsprechend der Art des Kunden oder dem Verhandlungsgeschick des Verkäufers.

Damit nur der »erforderliche« Nachlass gewährt wird, um den Vertrag abzuschließen, analysiert die KI eine Reihe von Parametern, die mit dem Vertrag verbunden sind, und andere, die mit dem Kunden und dem Kontext der Transaktion verbunden sind, um den Preis und die Gewinnspanne zu bestimmen, die am besten zu dem Vertragsabschluss passen.

Abwanderung minimieren

In vielen Branchen, die sich durch eine breite Kundenbasis auszeichnen, wie Telekommunikationsunternehmen, Pay-TV, Stromanbieter oder Support für Autos oder Maschinen nach dem Kauf,

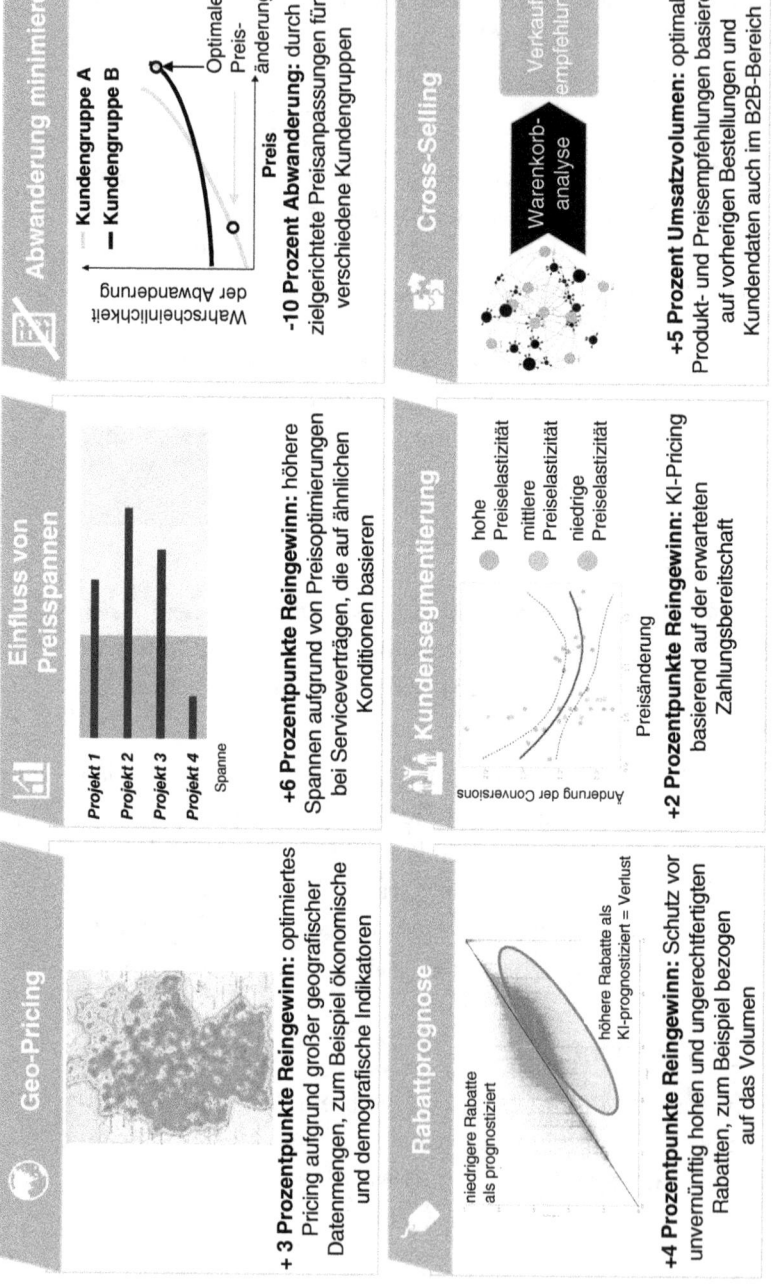

Abbildung 7.2: Anwendungen von KI-basiertem Pricing mit Auswirkungen auf ausgewählte Fälle *Quelle:* mit freundlicher Genehmigung von Horváth

ist die Minimierung der Abwanderungsrate von Kunden äußerst wichtig für den Unternehmenserfolg.

KI ermöglicht es, Indikatoren zu schaffen, die kalkulieren, wie wahrscheinlich eine Abwanderung ist. Sie schlägt Maßnahmen zur Kundenbindung vor und ermittelt einen optimalen Preis.

Rabattprognose

Ein typischer Anwendungsfall ist die Optimierung von Rabatten. Ausgehend von der Preisliste bestimmt der Algorithmus den höchsten notwendigen Rabatt, um den Kauf abzuschließen, ohne zu viel Konzessionen machen zu müssen. Der optimale Nachlass wird für einen bestimmten Kunden und einen bestimmten Deal bestimmt.

Kundensegmentierung

Um Kunden zu segmentieren, können verschiedene Wege beschritten werden. Ein typischer Ansatz ist, die Zahlungsbereitschaft zu evaluieren. KI kann beispielsweise gut die aktuelle Zahlungsbereitschaft der Kunden berechnen, um sie zu segmentieren und die Angebote für sie zu optimieren.

Cross- und Up-Selling

Sowohl im B2B- als auch im B2C-Bereich werden Versuche unternommen, dem Kunden ein Zubehör oder einen zusätzlichen Service zu verkaufen, um Einnahmen und Gewinne zu steigern.

KI kann effizient analysieren, welche Produkte im B2C-Bereich an Kunden mit ähnlichen Merkmalen verkauft wurden, und sofort weitere Produkte anbieten. Im B2B-Bereich geschieht das beispielsweise durch den Einzelhändler. Darüber hinaus unterstützt die KI Cross- und Up-Selling und kann optimierte Preise ermitteln.

Zusammenfassung

KI-basiertes Pricing bedeutet die Anwendung von Methoden wie KI, maschinelles Lernen und Deep Learning, um menschliches Verhalten zu imitieren und autonome Preisentscheidungen zu treffen, die sich dank fortgeschrittener statistischer Methoden und Algorithmen ständig verbessern.

Die Schritte für das Einrichten eines Algorithmus, der optimale Preise basierend auf maschinellem Lernen festsetzt, sind ziemlich einfach:

1. Daten sammeln und bereinigen,
2. Training des Algorithmus,
3. Optimierung basierend auf Prognosen.

Einige KI-Anwendungen sind:

- Geo-Pricing,
- Einfluss von Preisspannen,
- Abwanderung minimieren,
- Rabattprognosen,
- Kundensegmentierung,
- Cross-Selling.

KI-basiertes Pricing kann einen starken positiven Einfluss auf den Geschäftserfolg haben und deswegen verbreitet es sich zunehmend, sowohl im B2C- als auch im B2B-Bereich, wobei sich B2C dafür besser anbietet als B2B.

Um wettbewerbsfähig zu bleiben, ist es deswegen auch erforderlich, zu bewerten, wie man hinsichtlich der KI-basierten Preisgestaltung mit der Konkurrenz Schritt hält.

8 Freemium

> »Der Zweck eines Unternehmens ist es,
> Kunden zu gewinnen und zu binden.«
> *Peter Drucker*

Case History

Seit Jahren warten Sie schon auf das neue Album Ihres Lieblingssängers, träumen von der Vintage-LP, die sich auf dem Plattenteller dreht, zehn bis zwölf neue Songs und Sie, in Ihrem Lieblingssessel. Im Haus ist es still, vielleicht trinken Sie einen guten Rotwein. Sie würden alles dafür bezahlen, zu den Ersten zu gehören, die diese LP besitzen. Und dann, endlich, unerwartet, ist der Moment plötzlich gekommen: Das Album ist veröffentlicht! Sie sind aufgeregt. Neugierig. Sie stehen auf, duschen, ziehen sich an. Immer wieder schauen Sie sich auf YouTube eine Szene aus *Saturday Night Fever* an. Sie machen einige Tanzschritte wie Uma Thurman in *Kill Bill*. Sie sind in Fahrt, bereit, ABER (es gibt immer ein Aber) hier ist der Haken: Sie müssen das Album nicht kaufen oder gar das Haus verlassen, irgendwo einen Parkplatz finden. Sie müssen auch nicht in den Plattenladen gehen, den Sie bereits ausfindig gemacht haben und der Sie lebhaft an *Championship Vinyl* erinnert. Sie müssen noch nicht einmal bezahlen. Warum? Weil Sie es geschenkt bekommen![1] Da ist es, das neue Album Ihres Idols, direkt vor Ihnen, noch unberührt in seiner Plastikhülle, und es ist umsonst! Ein Traum ist wahr geworden und es ist noch nicht einmal acht Uhr morgens.

Als 2007 in Großbritannien *Planet Earth*, das neue Album von Prince, erschien, haben fast drei Millionen Menschen eine CD erhalten. Normalerweise denkt man sofort an Bilder von hohen Tieren in der Plattenindustrie, die sich abklatschen, und an Fans, die in die Läden stürmen, um die Regale auszuräumen. Aber nichts dergleichen passierte: Prince hat nicht ein (!) Exemplar seines Albums verkauft, dessen Kaufpreis in Großbritannien auf zehn Pfund geschätzt wurde.

In einer nie dagewesenen Geste hatte sich Prince entschieden, das neue Album kostenlos mit dem englischen Boulevardblatt *Mail on Sunday* zu verteilen.

Leser, die etwa 2,50 Pfund für die Zeitung zahlten, bekamen das Album umsonst.

Wenn man nur die Monetarisierung des Albums betrachtet, hat Prince sicher kein Geld verdient: Statt die übliche Provision aus Verkäufen zum vollen Preis – in diesem Fall etwa zwei Dollar – über die üblichen Kanäle zu erhalten, zahlte die *Mail on Sunday* nur 36 Cent Lizenzgebühren pro Exemplar.

Aber wenn man die Auswirkungen dieser Aktion auf die Ticketverkäufe für seine 21 Konzerte in London betrachtet, hat es sich für *The Purple One* sicher gelohnt. Allein in Großbritannien stellten die Verkäufe aller verfügbaren Tickets einen absoluten Rekord für diesen viel zu früh verstorbenen Künstler dar.

Obwohl Prince auf den ersten Blick auf eine Provision von 4,6 Millionen Dollar verzichtete, generierte der Promotion-Effekt für die 21 Konzerte Einnahmen von 23,4 Millionen Dollar und einen Gewinn von 18,8 Millionen Dollar.[2] Darüber hinaus verkaufte die *Mail on Sunday* 600 000 Exemplare mehr als die durchschnittlichen 2,3 Millionen, ein Anstieg um mehr als ein Viertel des durchschnittlichen Tagesumsatzes.

Die Kosten der Zeitung wurden dadurch zwar nicht gedeckt, dennoch betrachtete sie diese lobenswerte und wegweisende Aktion als großen Erfolg, unter anderem deswegen, weil sie sich so als Marktinnovator positionieren konnte und für Werbeagenturen attraktiver wurde.

In diesem Fall spricht man von einer *Loss-Leader-Strategie*. Einerseits verliert man mit einem Produkt Geld (in diesem Fall

8 Freemium

mit dem Album), andererseits verkauft man ein anderes profitabel (die Konzertkarten).

Um das Konzept noch zu verdeutlichen, müssen Sie nur an eine Kneipe denken: Gesalzene Erdnüsse werden gratis angeboten, damit der Gast durstig wird und man ihm teure Getränke wie Bier und Cocktails verkaufen kann. Das ist das Kerngeschäft einer Bar. Das Kleine generiert das Große und David schlägt Goliath.

Google nutzt dasselbe Prinzip. Seit Jahren vertreibt das Unternehmen Hunderte von Produkten erfolgreich umsonst (mehr oder weniger), wodurch der weltweit führenden Suchmaschine ein Marktanteil von 90 Prozent beschert wurde. Google bietet Dienstleistungen in verschiedenen Bereichen wie E-Mail (Gmail) oder Informationen (Google News), Navigation (Google Maps) oder Übersetzungen (Google Translate) bis hin zum Teilen von Dokumenten, Tabellen und Bildern (Google Docs).

Die Einnahmen durch Werbung und einige andere Quellen sind so hoch, dass Google in der Lage ist, eine beträchtliche Anzahl freier Services anzubieten.

Wenn die Produktmanager von Google ein neues Produkt oder eine neue Dienstleistung anbieten wollen, fragen sie sich nicht, wie viel Einnahmen dadurch wohl generiert werden können, sondern ob das Angebot geschätzt und in welchem Umfang es von den Usern angenommen werden wird. Das bildet die Grundlage der Google-Strategie: gefragte Dienstleistungen einführen, die für einen möglichst großen Kundenkreis von Interesse sind und eine Massenakzeptanz auslösen, um so Werbung zu verkaufen.

Durch die kostenfreien Produkte wurde Google 2020 ein Riese im Wert von 182 Milliarden Dollar und fast 40 Milliarden Dollar Gewinn, eine höhere Summe, als alle amerikanischen Autohersteller und Fluggesellschaften zusammen generieren.[3]

In diese Richtung ging auch Michael O'Leary, der als CEO die Fluggesellschaft Ryanair komplett transformierte und sie zu einem der weltweit erfolgreichsten Billigflieger machte. O'Leary behauptete, dass er zukünftig den Kunden mehr oder weniger kostenfreie Flüge anbieten könnte. Der Umsatz würde aus der Aufteilung der Einnahmen der Flughäfen kommen.[4]

Natürlich können Probleme dadurch entstehen, dass Ryanair den Markt sättigt oder dass die Konkurrenz sie als negativ betrachtet. Das Gleiche kann passieren, wenn der Himmel gesättigt ist – bis das Coronavirus ihn leergefegt hat und den Menschen klare Horizonte und weiße Wolken im blauen Himmel hinterlassen hat. Die Pandemie hat die Verwirklichung der Vision sicherlich verlangsamt, aber »alles fließt« im Leben, das ist gesichert und genauso wird sich das Freemium-Modell in vielen Bereichen verbreiten und auch das zigste Hindernis überwinden.

Kontextanalyse

»Freemium« ist eine Kombination aus den Wörtern »free« und »Premium« (oder höherer Betrag).

Diese semantische Analyse verdeutlicht, dass das Wort eine Preisstrategie beschreibt, bei der eine Basisversion kostenfrei ist mit der Möglichkeit, andere »verbundene« Funktionen gegen Bezahlung zu erhalten.

Wie bei einem Spiel muss man, um das nächste Level zu erreichen, das vorherige abschließen, indem man die erhaltenen Münzen eintauscht. Fans der 1980/90er werden sich an das Spiel *Golden Axe* erinnern, auf Arcade-Automaten mit den großen Bildschirmen und Game Sticks, in dem man gegen Trolle, Werwölfe und Gnome spielte, die höchsten Mauern erklimmen, Leben ansammeln und den Abenteuergeist verbessern musste, während man etwas Geld anhäufte, bevor man zum nächsten Bild kam.

Das Ziel von Freemium ist es, zu Beginn die größtmögliche Anzahl Kunden durch ein kostenloses Angebot anzuziehen. Sobald der Nutzer mit den Basisfunktionen vertraut ist, hofft der Anbieter, dass die Bereitschaft, für weitere, differenziertere Dienste zu zahlen, steigt.

In diesem Sinn kann Freemium auch als Durchdringungsstrategie interpretiert werden, bei der eine Art Quersubventionierung auftritt zwischen kostenfreien Produkten und solchen, die zu einem Preis verkauft werden, der die Kosten deckt und eine Gewinnmarge bietet. Dabei kann man drei Formen der Quersubventionierung unterscheiden.

1. Kostenlos

Hierbei geht es um Gratisprodukte, die direkt von Bezahlprodukten subventioniert werden. Ein gutes Beispiel hierfür ist das klassische »Zwei bezahlen und eins gratis bekommen«. Auf diese Weise bietet Trony im Bereich elektrische Haushaltsgeräte ein Produkt – das preisgünstigste – umsonst an, wenn man drei Teile kauft.[5] Walmart geht ebenso bei DVDs vor: Eine ist umsonst, die andere muss bezahlt werden, um so Kunden in den Laden zu ziehen, die dann den Einkaufswagen mit weiteren einträglichen Produkten füllen. In Deutschland bieten die Mobilfunkanbieter Vodafone und O_2 dem Kunden ein Smartphone gratis, wenn man einen Zweijahresvertrag mit ihnen abschließt, der die Kosten für das Mobiltelefon deckt. Die Bank Unicredit bietet eine kostenlose Kreditkarte an, um das Girokonto zu monetarisieren, das zusammen mit der Karte angeboten wird.

Im Vergleich zur *Loss-Leader-Strategie* – wie die Play-Station-Spiele, die zu einem niedrigeren Preis bei einer Sony-Konsole dabei sind, oder der teure Wein, der in einem Restaurant das preisgünstige Menü subventioniert – ist hier mindestens ein Produkt komplett umsonst.

2. Freemium

Bei diesem Modell sind Produkte in einer Basisversion kostenfrei und werden subventioniert durch erweiterte Versionen, die man bezahlen muss. Das ist echtes Freemium.

Während im ersten Fall der Erhalt eines kostenfreien Produktes an den Kauf eines Bezahlproduktes gekoppelt ist, kann in diesem Fall das Gratisprodukt genutzt werden, ohne ein weiteres kaufen zu müssen.

Wie?

Freemiums passen besonders gut zu den sogenannten »Erfahrungsgütern«, also solchen, deren Vorzüge nur zur Geltung kommen, wenn man sie benutzt.

Konsumenten, die bereits eine direkte Erfahrung mit einem Produkt gemacht haben, zeigen eine stärkere Verbundenheit und Kaufabsicht als solche, die über indirekte Kanäle kommen.[6]

Das gilt für Softwareprodukte wie Adobe, die eine kostenfreie Basisversion bieten und eine professionelle Bezahlversion. Oder beispielsweise soziale Netzwerke wie LinkedIn oder Xing, bei denen viele Funktionen umsonst sind (wie die Erstellung eines Profils oder das Versenden von Nachrichten), während man für andere bezahlen muss.

Das digitale Zeitalter hat dafür gesorgt, dass sich diese Modelle schneller verbreiten konnten, sodass sie heute auf dem Markt für digitale Produkte üblich sind.

In der Offline-Welt, wo Freemiums den Kunden bis vor Kurzem als Parfümproben oder Probierhäppchen im Foodbereich angeboten wurden, um den Verkauf anzukurbeln, waren die Kosten so hoch, dass man diese Methode limitieren musste. Im digitalen Bereich hingegen sind die Kosten marginal und unbedeutend, sodass sich ausreichend Gelegenheiten bieten. Wenn nur fünf Prozent der Nutzer für ein Produkt zahlen müssten, würde das

Geschäftsmodell immer noch funktionieren. Das heißt, dass selbst, wenn 95 von 100 Nutzern nicht zahlen würden, die verbleibenden fünf dank der vernachlässigbaren Kosten ausreichen würden, um Gewinne zu erzielen.

3. Triangulation

Das dritte Modell behandelt die Zweiteilung von kostenlosen Produkten und Produkten, die stattdessen bezahlt werden.

Dieses ist ein klassisches Modell, das üblicherweise in den Medien genutzt wird. In den freien Austausch zwischen zwei Parteien wird eine dritte Partei eingeführt, für die bezahlt wird. Das passiert beispielsweise bei *Metro*, der britischen Print-Zeitung mit der höchsten Auflage. Die Zeitung wird gratis verteilt und bietet den Lesern Meldungen und interessante Artikel, sodass sie einen Überblick über die Ereignisse des Tages bekommen. Man überfliegt die Zeitung, es gibt keine tiefergehenden Artikel, und da wir häufig in Eile sind, nutzt *Metro* unsere Fähigkeit, quer zu lesen.

Das Wichtige hierbei ist der Preis, für den das Produkt verkauft wird. In diesem Fall ist die dritte Partei der werbetreibende Kunde, der den Verlag für Anzeigen bezahlt, die in der Zeitung erscheinen. So verkauft der Verlag nicht Zeitungen an die Leser, sondern Leser an die Werbeagenturen; hier kommt eine Art von *Triangulation* ins Spiel.

Das kann man auch im Fernsehen oder beim Radio beobachten. Im Internet haben sich ganze Medien-Ökosysteme basierend auf dieser *Triangulation* gebildet. Dabei bieten sie (a) freie Inhalte, (b) Verkauf von Informationen, die für den User personalisiert sind, (c) Bezahlabos.

In Wirklichkeit kann man auch offline weitere Beispiele finden, beispielsweise im Kreditkarten-Bereich: American Express vergibt die Karten kostenfrei an die Kunden und nimmt einen Prozentsatz von den Händlern.

Schauen wir uns jetzt eine mathematische Überlegung an, die schwieriger aussieht, als sie wirklich ist.

Die drei Arten von Quersubventionierung basieren tatsächlich auf zwei Pricing-Modellen:

- In einem Fall ist der Preis gleich null, das heißt, es erfolgt keine Bezahlung und die Transaktion ist kostenfrei.
- Im anderen Fall gibt es einen Preis, der an die Vergütung gekoppelt ist.

Man kann auch noch einen dritten Fall finden: negatives Pricing. Dabei wird der Kunde dafür bezahlt, das Produkt zu nutzen, und nicht umgekehrt. Ein Beispiel hierfür ist Microsoft, die Nutzer dafür bezahlen, Suchen bei Bing durchzuführen. Dafür bekommen sie die sogenannten *Rewards*, die in verschiedene Prämien umgewandelt werden können.[7] Oder es gibt die Treueprogramme von Fluggesellschaften, wie AAdvantage oder Miles & More. Bei dem Letzteren kann man Waren und Dienstleistungen kaufen und sie mit Meilen statt Euro bezahlen.[8] Ein weiteres Beispiel bieten die Cashback-Angebote von Autoherstellern und -händlern wie General Motors und Chrysler. Das Angebot einer dänischen Fitnessstudio-Kette geht in dieselbe Richtung. Wenn man mindestens einmal pro Woche ins Gym geht, ist das Monatsabo umsonst. Jede Woche, in der man nicht geht (und wir wissen alle, was das nach dem ersten noch mit hoher Motivation durchgezogenen Monat an Willen und Durchhaltevermögen »kostet«, mit den ärgerlichen, unbedeutenden, aber fatalen Schmerzen im Sprunggelenk), müssen wir den normalen monatlichen Mitgliedsbeitrag zahlen.[9] Ein großer Anreiz – man könnte sagen, sie handeln in unserem Interesse.

Wenn Sie also zahlen, weil Sie nicht »aktiv« genug im Gym waren, denken die Entwickler dieses Modells sicher, dass Sie mit sich selbst hadern, weil Sie nicht ins Studio gegangen sind. Es ist tatsächlich ja nicht Ihre Schuld, es ist immer jemand anders Schuld und Sie schwören, in Zukunft konsequenter zu sein. Wenn Sie

8 Freemium

stattdessen einen Jahresbeitrag zahlen und gelegentlich nicht hingehen, fragen Sie sich eher, ob Sie nicht vielleicht besser kündigen sollten. Für die Bindung dieser Kunden ist solch ein Preismodell wahrscheinlich besser geeignet.

Wenn Sie in einer Band in Los Angeles spielen, dann bezahlt gelegentlich nicht der Veranstaltungsort die Band, sondern die Band bezahlt, um dort auftreten zu dürfen.[10]

Das findet man häufig bei neuen Gruppen, die eher nach mehr Bekanntheit und Sichtbarkeit streben als nach Geld. Sobald sie sich einen Namen gemacht haben, können sie den Spieß umdrehen und schließlich bezahlt werden.

Im Bereich der Telefonkonferenzen gibt es mehrere Anbieter, die ihren Service kostenfrei anbieten. Das sind Unternehmen wie FreeConferenceCall, das von mehr als 42 Millionen Menschen genutzt wird, hauptsächlich in Unternehmen[11]: Der Service ist für den Nutzer umsonst, da die Telefonunternehmen eine Provision auf die internationalen Anrufe zahlen, die Menschen tätigen, die an der Konferenz teilnehmen möchten.

Alle diese Fälle zeigen, wie es klugen Unternehmen gelungen ist, den normalen Cashflow durch ein kostenloses Produkt umzukehren.

Schauen wir uns nun das Freemium-Modell noch etwas genauer an.

Dieses besondere Geschäftsmodell hat seinen Ursprung in der Software-Branche, in der Unternehmen wie Adobe ihre Software in kostenfreien »leichtgewichtigen« Versionen anbieten. Die zunehmende Beliebtheit von Freemium hat dazu geführt, dass sich dieses Monetarisierungsmodell auch in anderen Kontexten verbreitet hat.

SurveyMonkey war mit Freemium folgendermaßen erfolgreich: Wenn Sie vielleicht eine schnelle Online-Umfrage mit höchstens 100 Teilnehmern durchführen wollen, können Sie einen Fragebogen entwerfen und den Umfrageservice kostenfrei nutzen. Mit dieser Strategie hat SurveyMonkey mehr als 20 Millionen Nutzer angezogen.

Das profitable Geschäft hängt natürlich von etwas anderem ab: einer Kundengruppe, die von mehr als 100 Menschen Antworten möchte und bereit ist, ein Abo für den erweiterten Service von SurveyMonkey zu bezahlen.

Weitere Fälle von Freemium-Pricing findet man in verschiedenen Bereichen:

- *Flickr* bietet beispielsweise die Möglichkeit, umsonst Fotos und Videos zu teilen, verkauft aber den Speicherplatz für deren Archivierung;
- *Skype* bietet kostenfreie Anrufe zwischen Computern, aber verkauft Anrufe zwischen Computer und Telefon;
- *Fortnite* bietet ein kostenfreies Spiel (*Battle Royale*) bis zu einem gewissen Level, verkauft aber Accessoires (beispielsweise Skins) und Nachfolgespiele (wie *Save the World*).

Viele weitere Beispiele finden sich im Bereich Video-Streaming (YouTube, Vimeo), Musik-Streaming (Spotify, Deezer, Pandora), Cloudspeicher-Lösungen (iCloud, DropBox, Google Drive, OneDrive) oder soziale Medien (wie Xing und LinkedIn). Alle diese Projekte verwenden den gleichen Pricing-Mechanismus. Die Freemium-Strategie ist jedoch nicht auf immaterielle Güter im Internet beschränkt.

Vistaprint, ein holländisches Unternehmen mit französischen Wurzeln, nutzt die Massenpersonalisierung, um kurzfristige Druckaufträge abzuwickeln, wie Karten oder Flyer. Seit Jahren bieten sie die »Free Visiting Card«-Promotion, um Kunden zu ermuntern, bei ihnen zu bestellen. Während das Unternehmen Millionen von kostenfreien Druckaufträgen vergibt (natürlich zumindest teilweise mit Kostendeckung durch den Aufschlag auf »Lieferung und Abwicklung«), generiert es mehr als eine Milliarde Dollar pro Jahr durch bezahlte Printjobs.

Auch in der alten Welt gab es Freemium-Modelle. Banken boten beispielsweise jahrelang gebührenfreie Girokonten. Nur wenn der Kunde Extras verlangte, musste er zahlen. Dennoch war das kostenfreie Basiskonto an bestimmte Bedingungen geknüpft, beispielsweise einen Mindestkontostand. Letzten Endes bezahlte der Kunde durch den Zinsverlust. Gleiches gilt auch für die sogenannte »Null-Prozent«-Finanzierung, die in den letzten Jahren zunehmend von Einzelhändlern angeboten wird. In Wirklichkeit sind die Kosten der Finanzierung im Kaufpreis versteckt. Eine weitere Unterscheidung besteht darin, ob das Gratis-Angebot mit Werbung verknüpft ist oder nicht.

Bei vielen Freemium-Services ist das Angebot in dem Sinne »kostenfrei«, dass keine Werbeanzeigen auftauchen. Ein Beispiel hierfür ist die Microsoft-Office-Version für Smartphone oder Tablet, die als Basisversion den Nutzern kostenfrei zur Verfügung gestellt wird. Die User »zahlen« allenfalls mit ihren Daten. LinkedIn und Xing gehen ebenso vor.

Für weitergehende Services muss der Kunde Anzeigen oder Werbeunterbrechungen in seinem »freien« Angebot in Kauf nehmen. Das findet man bei Spotify, wo Nutzer der Premium-Version monatlich 9,99 Euro zahlen und die Musik ohne Werbung abspielen können. Diejenigen, die den Dienst kostenfrei nutzen, müssen sich mit Werbung abfinden, so wie sie es auch im Radio müssen. Sie »zahlen« mit ihrer Aufmerksamkeit. Gleiches gilt für YouTube.

Die italienische Zeitung *repubblica.it* ist ein weiteres Beispiel. Obwohl einige Artikel für Online-User kostenfrei erhältlich sind, können bestimmte Artikel nur gelesen werden, nachdem man sich auf der Website registriert hat. Dabei gibt es zwei Optionen. Die eine ist ein sechsmonatiges Digital-Abo, das drei Monate lang einen Euro pro Monat und dann 5,99 Euro pro Monat kostet, die andere ist ein 12-monatiges Abo für Online, Print und Supplements für monatlich fünf Euro für drei Monate und danach 13,99 Euro monatlich für zwölf Monate.

Leo.org, ein Anbieter von Wörterbüchern, bietet seinen Service kostenfrei, aber dafür mit Werbung. Wenn man die Werbung blockiert, taucht eine Spendenanfrage auf, die als Variante des »Zahle, was du willst«-Modells interpretiert werden kann, das an anderer Stelle in diesem Buch behandelt wird.

LinkedIn geht noch weiter und differenziert Preise nach unterschiedlichen Bedürfnissen. Das Premium-Career-Angebot zielt darauf ab, den Traumjob zu finden, und kostet 29,99 Euro im Monat. Das Premium-Business-Angebot, mit dem man sein Netzwerk ausweiten und pflegen soll, kostet 59,99 Euro im Monat. Um Umsatzmöglichkeiten zu finden, muss man 79,99 Euro pro Monat zahlen. Offenbar schätzt LinkedIn die Zahlungsbereitschaft der Kunden, die am Networking interessiert sind, anders ein als die von Verkäufern. Darüber hinaus gibt es bei allen drei Angeboten einen 20-prozentigen Rabatt beim Abschluss eines Jahresabos.

Xing bietet ebenfalls ein Freemium-Modell an. Die Kommunikationssoftware Skype basiert auf voller Funktionalität, begrenzt kostenfreie Anrufe aber auf das eigene Netzwerk. Sobald User an intuitive Benutzeroberflächen gewöhnt sind, sind sie eher bereit, für Anrufe ins Festnetz oder an Mobiltelefone zu bezahlen. Zu Beginn verkaufte Skype nur die Minuten der einzelnen Anrufe. Später wurden die Angebote strukturiert, ähnlich wie die traditioneller Telekommunikationsunternehmen. Die derzeitigen Bezahlangebote beinhalten Minutenpakete oder Flatrates in ausgewählte nationale Netze.

4. Regeln für erfolgreiche Freemiums

Alle »Free-to-Play«-Videospiele sind gute Beispiele für ein Freemium-Modell. Man kann sie als »Extremwand« betrachten. Das heißt, wir erwarten nicht mehr, 80 Prozent des Gewinns mit nur 20 Prozent der Kunden zu generieren, sondern das Geschäftsmodell hängt vielmehr davon ab, Millionen von Spielern anzuziehen, von denen nur ein Bruchteil während des Spiels einen Kauf tätigt. Zu Zeiten von Zynga, dem Entwickler des beliebten Online-Spiels *Farmville*, fand eine Studie des *Wall Street Journal* beispielsweise heraus, dass weniger als fünf Prozent der Spieler etwas gekauft hatten ... noch nicht einmal einen Heuballen für einen Dollar für die virtuellen Kühe (!).

Diese Anwendung der Freemium-Strategie wurde dadurch anfällig für die Launen einer ziemlich begrenzten Anzahl Spieler, die vielleicht von etwas anderem angezogen werden, beispielsweise dem nächsten neuen Spiel. Noch wichtiger als bei Flatrates ist es bei Freemium-Modellen, dass die Grenzkosten so nah wie möglich bei null sind, zumindest für die Basisversion, sodass die »freien Kosten« keine Belastung für den Anbieter darstellen.

Folgende vier Regeln machen ein Freemium-Pricing-Modell effizient:

1. Der Markt muss segmentierbar sein

Damit das Freemium-Modell Erfolg hat, benötigen wir verschiedene Marktsegmente mit Kundengruppen, die nach unterschiedlichen Leistungen suchen. Wenn alle Kunden von einem Produkt mehr oder weniger die gleichen Funktionen oder dasselbe Leistungsniveau erwarten, dann wird das Freemium-Modell nicht funktionieren. Deswegen funktioniert Facebook mit Werbung, während LinkedIn mit Freemium Erfolg hat. Fast alle suchen auf Facebook nach denselben Merkmalen und Vorteilen. Bei LinkedIn hingegen nutzen die meisten Gelegenheitsuser den kostenfreien Online-Service, um bei Arbeitskontakten auf dem Laufenden zu bleiben und eine kurze Berufsbiografie zu posten. Aber Headhunter wollen mehr. Sie sind bereit, ein Monatsabo zu bezahlen, um Premium-Nutzer zu sein. Der Unterschied besteht darin, dass Premium-Nutzer jeden Kandidaten kontaktieren können, den sie als geeigneten Ansprechpartner identifizieren, während gewöhnliche User andere nur erreichen können, indem sie von jemandem mit gemeinsamen Links vorgestellt werden.

2. Das Produkt muss niedrige variable Kosten haben

Für die meisten Websites sind die Grenzkosten für einen zusätzlichen Kunden (denken Sie an den 800-millionsten Nutzer von LinkedIn, der 2022 hinzukam) nahe null. 100 Visitenkarten bei Vistaprint wären ziemlich teuer, wenn wir ihnen die gesamten Kosten zuweisen würden, inklusive dem Personal im Hauptsitz und der Fabrikmitarbeiter. Aber vorausgesetzt, die Produktion und allgemeine Handelsfunktionen des Unternehmens werden durch bezahlte Transaktionen gedeckt, dann sind die Kosten für einen Auftrag über der Marge ziemlich gering. Ein Mechaniker oder Optiker hingegen können Freemium nicht erfolgreich nutzen, da die Kosten für einen Extra-Kunden in jedem Fall sehr weit von null entfernt sind.

3. Freemium-Kunden sollten als Botschafter für die Bezahlversion dienen

Dropbox, ein cloudbasierter Filehosting-Dienst, hat bewusst Nutzer zum Hochladen persönlicher Dateien angeworben in der Gewissheit, dass diese ein ebenfalls cloudbasiertes Dateispeichersystem nachfragen würden, das an Unternehmen zu einem ausreichend hohen Preis verkauft werden könnte, um den gesamten Betrieb zu finanzieren. Zwischen Privatkunden und Unternehmen war der Markt leicht zu segmentieren auf Grundlage der gesamten Speichermenge, die sie nutzen würden.

4. Nach und nach sollten Einschränkungen zur kostenfreien Version hinzugefügt werden

Als SurveyMonkey startete, bestand die einzige Einschränkung in der Anzahl der durchgeführten Umfragen. Je erfolgreicher der Service wurde, desto weniger Funktionen des Bezahlservices waren für Freemium-Nutzer verfügbar. Die Website limitierte Funktionen wie »Cut and Paste« und das Speichern der Ergebnisse als .pdf (obwohl die Ergebnisse online sichtbar waren). Dadurch ließen sich viele Nutzer überzeugen, sich für eines der Bezahlangebote des Unternehmens zu entscheiden.

8 Freemium

Um bezahlte Nutzung zu fördern, können verschiedene mögliche Einschränkungen zur kostenfreien Version eingeführt werden: (a) *Funktionalität*, wie bei LinkedIn, wo die Basisversion bestimmte Dinge kostenfrei ermöglicht, während die Profiversion als Gegenleistung für mehr Möglichkeiten eine Bezahlung verlangt; (b) *zeitlich*, wie bei Salesforce, die eine 30-tägige kostenfreie Nutzung erlauben, bevor der Service kostenpflichtig wird; (c) *Nutzung*, wie bei QuickBooks von Intuit[12] und (d) *Kundentyp*, wie bei Microsoft für Start-ups, das Azure kostenfrei[13] an Unternehmen anbietet, die weniger als fünf Jahre alt sind und einen Jahresumsatz von weniger als zehn Millionen Dollar haben.

> **Zusammenfassung**
>
> Freemium ist eine Pricing-Strategie. Die anfänglichen Funktionen werden kostenfrei angeboten und später erst gegen Bezahlung »freigeschaltet«. Das Ziel dabei ist, zunächst die größtmögliche Anzahl potenzieller Kunden durch ein kostenfreies Angebot anzuziehen.
>
> Sobald die Nutzer mit den Basisfunktionen vertraut sind, hofft der Anbieter, dass deren Zahlungsbereitschaft für zusätzliche Services von besserer Qualität nach und nach mit dem Angebot wächst.
>
> Bei der Quersubventionierung, die das kostenlose Modell unterstützt, werden drei Unterscheidungen gemacht.
>
> 1. *Kostenlos:* Hierbei werden Gratisprodukte direkt durch Bezahlprodukte subventioniert. Ein klassisches Beispiel ist das »Zwei kaufen, eins zahlen«-Angebot.
>
> 2. *Freemium:* Bei diesem Modell ist eine Basisversion kostenfrei, die durch erweiterte Versionen von Bezahlprodukten subventioniert wird, also dem Freemium.
>
>   NB: Während im ersten Fall der Erwerb eines kostenfreien Produktes mit einem Bezahlprodukt verbunden ist, kann

im zweiten Fall das kostenfreie Produkt genutzt werden, ohne für etwas anderes bezahlen zu müssen.

3. *Triangulation:* Hierbei geht es um die Zweiteilung von kostenfreien Produkten und Produkten, die stattdessen bezahlt werden müssen. Das ist ein klassisches Modell im Medienbereich: In einen kostenfreien Austausch zwischen zwei Parteien wird eine dritte eingeführt, die bezahlt werden muss.

Die drei Arten der Quersubventionierung basieren auf zwei Arten des Pricing: In einem Fall ist der Preis gleich null, da nichts berechnet wird. Im zweiten Fall basiert der Preis auf einer Bezahlung. In der Realität kann man auch noch einem dritten Fall begegnen: dem negativen Pricing. Dabei wird der Kunde dafür bezahlt, ein Produkt zu nutzen, und nicht umgekehrt. Beispielsweise bezahlt Microsoft Kunden dafür, Suchen auf Bing durchzuführen. Dafür bekommen sie sogenannte *Rewards*, die in verschiedene Prämien eingetauscht werden können.

Die vier Regeln, die ein Freemium-Modell ermöglichen, sind:

1. Der Markt muss segmentierbar sein.
2. Produkte müssen niedrige variable Kosten haben.
3. Freemium-Kunden sollten als Nutzer-Botschafter der Bezahlversionen agieren.
4. Nach und nach sollten der freien Version Einschränkungen hinzugefügt werden.

Es versteht sich von selbst, dass eine Freemium-Strategie nur erfolgreich sein kann, wenn es genug Nutzer der Bezahlversion eines Produktes gibt, damit das Unternehmen die Gewinnschwelle erreicht.

Zukünftig werden sich viele Unternehmen an direkte Wettbewerber anpassen und kostenfreie Produkte und Dienstleistungen anbieten müssen.

9 Wohlwollendes Pricing

»Leben ist das, was passiert, während du eifrig dabei bist, andere Pläne zu schmieden.«
John Lennon

Case History

Nach einem anstrengenden Arbeitstag befinden Sie sich auf dem Heimweg. Sie können es gar nicht erwarten, nach Hause zu kommen.

Aber als Sie am Bahnhof ankommen, merken Sie, dass irgendetwas nicht stimmt. Menschen laufen verwirrt und orientierungslos herum, telefonieren nervös, Kinder weinen, Mädchen hocken rauchend auf ihren Rucksäcken, während ihr Make-up verläuft.

Der Bahnsteig ist chaotisch voll. Männer mit Schnurrbärten und Aktentaschen halten ihre Verzweiflung zurück, eine schreckliche Situation.

Der öffentliche Nahverkehr ist von einem Generalstreik betroffen. Es fahren keine Züge mehr.

Ein Alptraum bricht in das tägliche Leben herein.

Ziemlich das Gegenteil von der besten aller Welten, die Sie sich eigentlich vorgestellt hatten: eine heiße Dusche und Musik, bequeme Kleidung, sich mit einem guten Glas Wein hinsetzen und die Morgenzeitung lesen, die Sie noch nicht einmal aufgeschlagen hatten.

So wird das häusliche Glück zwar nicht zerstört, aber zumindest stellt es sich erst später ein.

Die Wirklichkeit übertrifft die Fantasie.

Hier stehen wir nun, schwitzend, das Hemd klebt an der Haut, unsere Geduld droht uns zu entgleiten.

Wie in *Falling Down – Ein ganz normaler Tag*, dem Film von Joel Schumacher mit Michael Douglas in der Hauptrolle. Sie atmen lieber einmal tief durch. Mehr kann man nicht tun.

Plötzlich geschieht etwas Unerwartetes.

Gerade als Sie sich den Alptraum vorstellen, dass Sie dazu verdammt sind, die Nacht in einem überfüllten Warteraum zu verbringen, ploppt eine Nachricht von Uber auf Ihrem Handy auf, die Sie darüber informiert, dass Sie für die Hälfte des Fahrpreises nach Hause fahren können – als Beitrag zur Entschärfung der Krise.

»Leben ist das, was passiert, während du eifrig dabei bist, andere Pläne zu schmieden.« John Lennon hatte recht.

Vielleicht ist es das, worum es im Leben geht: eine unerwartete Wendung der Ereignisse; etwas, das sich nicht einordnen lässt.

Sie denken, Sie können alles kontrollieren. Stattdessen *passiert das Leben, während Sie eifrig dabei sind, andere Pläne zu schmieden.*

Das ist also der Schlüssel für alles.

Diese Botschaft lässt sich auch auf Kunden übertragen.

Tatsächlich sind Sie nach einer bequemen und preisgünstigen Autofahrt (der überfüllte Zug ist nur noch eine schlechte Erinnerung) endlich sicher zu Hause angekommen.

Das ist ja noch besser als sonst, wird der Kunde denken und diesem unerwarteten, zufälligen »Geschenk« des Schicksals ewig dankbar sein.

Das Beispiel mag konstruiert und wenig plausibel erscheinen, ist jedoch genau das, was Uber seinen Kunden bot, als der Streik im öffentlichen Nahverkehr sowohl Boston als auch London lahmlegte.

Hierbei handelt es sich um wohlwollendes Pricing, dessen Ziel es ist, negative Erlebnisse des Kunden – in diesem Fall der Streik – in positive umzuwandeln – also die preiswerte Fahrt nach Hause. Dadurch werden unterbewusst ein Wohlwollen gegenüber der Marke, der Idee, dem Vorschlag erzeugt und eine positive Einstellung und Emotion beim Kunden ausgelöst.

Wohlwollendes Pricing kann demnach so definiert werden: *Der Einsatz flexibler und einfallsreicher, fantasievoller Rabatte, die helfen, Pain Points zu mildern, die einen in schwierigen Momenten an die Hand nehmen oder einen gemeinsamen Wert aufrechterhalten.*[1]

Kontextanalyse

Wohlwollende Preise können für den Kunden in einer ganzen Reihe von Situationen einen Unterschied ausmachen. Wenn man diese »sozialen« Preise anwendet, wird sich das nicht unmittelbar positiv auf die Unternehmensziele auswirken, aber mittel- und langfristig wird es sich auszahlen.

In den 1950er und 1960er Jahren wurde es erstmals möglich, leichtverdientes Geld zu machen. In den 1980er Jahren erreichte diese Entwicklung ihren Höhepunkt. Nach den 1990er Jahren und noch mehr nach 2000 begann die Unsicherheit: September 2021. 20 Jahre sind vergangen, seit Terroristen am 11. September die Twin Towers in New York auslöschten und uns in ein Zeitalter des Überwachungskapitalismus führten, der so notwendig wie gefährlich war für individuelle Freiheit und heutige demokratische Gesellschaften.

Obwohl Unternehmen ihren Kunden nach wie vor erzählen, dass sie sich auf ihre Bedürfnisse konzentrieren und sie und ihre täglichen Herausforderungen ernst nehmen, wird ihnen nicht geglaubt. Eine neue Forschungsstudie der PR-Agentur Cohn & Wolfe zeigt, dass nur eine Minderheit der Kunden den Unternehmen vertraut: Nur fünf Prozent der Kunden in Großbritannien und den USA glauben, dass große Unternehmen wirklich transparent und ehrlich sind.

Dutzende von Berichten, Meinungsumfragen und Verbraucherstudien bestätigen diese Daten. Wenn es darum geht, dass Unternehmen sich wirklich mit ihren Kunden beschäftigen, ein höheres Ziel anstreben und ganz allgemein eine menschlichere Marke sind, dann denken Menschen im Allgemeinen, dass die meisten Unternehmen diesen Punkt noch nicht erreicht haben.

Viele Kunden bezweifeln immer noch stark, dass Marken sich wirklich kümmern, auch noch nach Jahren der Kampagnen, Botschaften und Bemühungen. Normalerweise werden solche Initiativen als Geschäft betrachtet, das Visionen und vage Versprechen anbietet, bis es als eine Art *weißes Rauschen* verschwindet. Kunden haben gelernt, sie als Tatsache hinzunehmen oder sie einfach zu ignorieren.

Eine andere neue Studie ergab, dass weniger als zehn Prozent der US-amerikanischen Verbraucher und 20 Prozent weltweit glauben, dass Marken im Leben der Menschen wirklich etwas verändern.

Kunden würden eher die wenigen Marken annehmen, die bereits einen neuen, mutigen Ansatz verfolgen, menschlicher zu werden, oder solche, die sich einer flexiblen Preisgestaltung verpflichtet haben.

Sowohl im B2C- als auch im B2B-Bereich hilft eine wohlwollende Preisgestaltung dabei, das Image sowie die Wahrnehmung von Unternehmen zu verbessern und das Vertrauen zu steigern. Im richtigen Moment Nachlässe anzubieten ist der effektivste Beweis dafür, dass die Kunden dem Unternehmen wichtig sind. Daraus resultieren ein besseres Image, ein wiedererlangtes Vertrauen und neue, wertvolle Unterstützer der Marke.

Langfristig wird das, gemeinsam mit einer positiven Berichterstattung in den Medien, den Gesamtumsatz steigern.

Unternehmen sollten daher sorgfältig überlegen, wie sie ihr wohlwollendes Pricing einsetzen.

Schauen wir uns nun die drei möglichen Formen der wohlwollenden Preisgestaltung an[2]: (1) Painkiller Pricing, (2) mitfühlendes Pricing und (3) zielgerichtetes Pricing.

1. Painkiller Pricing:

Unternehmen nutzen diese Form im wörtlichen Sinne als »Schmerzstiller«, um ihren Kunden zu helfen, alltägliche Störungen zu überwinden. Die Uber-Geschichte ist ein typisches Beispiel, aber es gibt noch viele weitere:

»Haben Sie heute einen Strafzettel für Falschparken bekommen? Dann haben Sie sich ein Gratis-Getränk verdient!« Das bietet beispielsweise das australische Restaurant *Melbourne The Wolf & I* jeden Donnerstag in der Local's Night jedem, der ein Strafmandat bekommen hat.

Vor einiger Zeit launchte der argentinische Hersteller elektrischer Haushaltsgeräte, BGH, die spezielle Sommerkampagne »Mein Haus ist ein Backofen«: Menschen, deren Häuser zu heiß waren, erhielten Rabatte auf Klimaanlagen. Kunden bekamen Zugang zu einer Website, die dabei half, die Sonneneinstrahlung in der Wohnung zu verfolgen. Je größer die absorbierte Sonnenstrahlenmenge war, desto höher war der Rabatt. Die Kampagne lief den ganzen Sommer über in Argentinien – in diesen Breitengraden von Dezember bis März – und führte zu mehr als 49 000 Verkäufen. Der berühmten Werbeagentur Saatchi & Saatchi zufolge brachte diese Pricing-Strategie mehr als 14 Millionen Dollar Umsatz für das Unternehmen.

Der Slogan »Kahl ist schön« prangt stolz über dem japanischen Restaurant *Otasuke* im zentralen Tokioter Viertel Akasaka. Dort sind Kunden mit »Follikelproblemen« herzlich willkommen und bekommen Rabatte, die behaartere Kunden nicht erhalten.

Obwohl Kahlköpfigkeit in Japan nicht sonderlich verbreitet ist, sind doch 26 Prozent der Männer davon betroffen, so Adorans, ein bedeutender japanischer Perückenhersteller. Die Gene spielen eine Rolle, aber auch der Stress am Arbeitsplatz. Deswegen hat *Otasuke*, was auf Japanisch »helfende Hände« bedeutet, seine Preise in eine *wohlwollende* Formel übertragen, um kahlköpfigen Kunden einen Nachlass zu gewähren. So ermutigen sie die Kunden, ihren Haarverlust zu akzeptieren und ihn nicht zu verstecken. Ähnliches geschieht auch bei der edlen Kunst *kintsugi*, die jahrhundertealte Technik, zerbrochenes Porzellan mit Gold zu reparieren. *Kintsugi* konzentriert sich auf die Risse und wertschätzt sie – im wörtlichen Sinne: Der Begriff kommt von »Gold« (»kin«) und »reparieren« (»tsugi«).

Die Metapher ist deutlich: Die Idee ist, die Wunde (im Objekt) nicht zu verstecken, sondern sie neu zu gestalten. Sie bekommt eine neue Form, inspiriert von der alten, aber auf eine neue Art, was gewissermaßen den vollzogenen Wandel unterstreicht.

»In Japan ist Kahlköpfigkeit eine delikate Angelegenheit, wohingegen es in Hollywood Stars gibt, die das Problem ignorieren und stolz ihre Karrieren weiterverfolgen«, erklärt der Besitzer Yoshiko Toyoda. »Ich dachte, es wäre eine gute Idee, diesen Spirit zu fördern.«[3] Ein Schild erläutert die Unterstützung für »hart arbeitende Väter, die ihr Haar verlieren« aufgrund von Stress am Arbeitsplatz. Jeder glatzköpfige Kunde bekommt einen Nachlass von 500 Yen, ungefähr fünf Euro, und die Prämie steigt mit der Anzahl Kahlköpfe in jeder Gruppe. Wenn fünf zusammen einen trinken gehen, ist ein Getränk gratis. Poster an der Wand erzählen interessante Details über Kahlköpfigkeit. (»*In welchem Land gibt es die meisten Glatzköpfe?*« Tschechien führt mit 43 Prozent, gefolgt von Spanien und Deutschland.)

Ein weiteres interessantes Beispiel sind Rabatte für Hotelzimmer bei Regen: Das Noosa International Resort brachte das Angebot *Rainy Weather Rebate*, das in einem Nachlass von 20 Prozent auf ein Hotelzimmer bestand, wenn der örtliche Niederschlag während eines Aufenthalts mehr als fünf Millimeter betrug. Das Resort, das in Queensland, Australien, an der berühmten Sunshine Coast liegt, erfand ein Modell, um Touristen nach einem für die Jahreszeit untypischen Schlechtwettereinbruch anzulocken (es ging um vier Zyklone, Starkregen und Überschwemmung). Unter Berücksichtigung dieses »Kollateralschadens«, mitten im Anthropozän, einer Zeit, die, auch in Bezug auf das Klima, zunehmend durch beträchtliche Instabilität gekennzeichnet ist, kann das von großer strategischer Bedeutung sein. Die Kunden bekommen eine Vorstellung davon, wie gut informiert und sensibel wir auf die großen Herausforderungen des modernen Lebens reagieren.

2. Mitfühlendes Pricing:

Unternehmen unterstützen ihre Kunden mittels einer Botschaft, die man zusammenfassen kann als: »*Wenn das Leben nicht gut zu dir ist ... Wir kümmern uns darum!*« Unternehmen bieten Rabatte und kostenlose Dienste.

Man denke nur an die Nachlässe auf Lebensmittel für Menschen, die unterhalb der Armutsgrenze leben: Community Shop, ein britischer Supermarkt, nutzt mitfühlende Preisgestaltung, indem er rabattierte Markenprodukte an Sozialhilfeempfänger verkauft. Das Projekt wird von renommierten Ketten wie Asda, Marks & Spencer, Tesco und Tetley unterstützt, die den Laden mit Produkten beliefern, die ohnehin nicht ihren Ansprüchen genügen würden. Diese Güter würden vernichtet oder zu Tierfutter verarbeitet.

Eine weitere Initiative der mitfühlenden Preisgestaltung wurde von *Tienda Amiga* in Madrid ins Leben gerufen: Kleine Läden bieten Nachlässe für arbeitslose Menschen aus dem Viertel. Der Name des Unternehmens bedeutet »Freundlicher Laden« und wurde von der Bürgerinitiative *Asamblea Popular de Hortaleza* aus Madrid gegründet. Ihr Ziel war es, eine ethische lokale

Wirtschaft zu etablieren. In nur wenigen Monaten schlossen sich mehr als 150 Läden an, die Rabatte zwischen fünf und 20 Prozent für Menschen ohne Job bieten.

Zugang zu kostenlosen Datenbanken für Journalisten, die ihre Jobs verloren hatten: So bot Pressfolios seinen Service für Journalisten, die beim *Star-Ledger*, der größten Zeitung New Jerseys, entlassen worden waren.

Pressfolios ermöglicht Nutzern, ein Online-Portfolio zu erstellen. Die Journalisten erhalten einen kostenlosen Pro-Account mit unbegrenztem Speicherplatz für drei Monate, der normalerweise 15 Dollar pro Monat kostet. Kleine Schritte für ein Unternehmen, aber eine große Hilfe für diejenigen, die ihre Stellung und ihre Sicherheiten verloren haben.

Lowe's verwaltet oder bietet Support für mehr als 2.370 Läden, die Haushalts- und Eisenwaren in den USA, Kanada und Mexiko verkaufen. Vor der Pandemie betrug ihr Umsatz mehr als 65 Milliarden Dollar. Der kanadische Zweig der Kette führte ein mitfühlendes Preismodell ein, als ein Wintersturm die meisten Bäume in Toronto zerstört hatte. Lowe's Canada überließ der Stadt 1.000 Rotahorne. Die Bäume, die pro Stück 30 kanadische Dollar kosten, waren gratis auf den Parkplätzen der beiden Filialen in Toronto zu bekommen und wurden verteilt nach dem Motto: Wer zuerst kommt, mahlt zuerst – bis es keine mehr gab.

Groupon India betreibt einen Online-Marktplatz für den lokalen Handel, der Händler mit Kunden zusammenbringt und Waren und Dienstleistungen zu reduzierten Preisen anbietet. Das Unternehmen hat eine mitfühlende Preisgestaltung als Reaktion auf den Preisanstieg bei Zwiebeln eingeführt. Durch die täglichen Angebote auf ihrer Website konnten Kunden ein Kilo Zwiebeln für neun indische Rupien (0,15 Cent) kaufen, das ist ungefähr ein Achtel des üblichen Preises, inklusive Lieferung.

3. Zielgerichtetes Pricing:

Mit diesem Modell helfen Unternehmen Gruppen von Menschen mit gemeinsamen Werten und Lebensgewohnheiten. Sie bieten Nachlässe, Freebies oder Reduzierungen.

Durch zielgerichtetes Pricing konnten beispielsweise die schwer greifbaren Millennials – junge Menschen zwischen 18 und 35 Jahren – angeworben werden, die anscheinend eher daran interessiert waren, dass Schokoriegel preisgünstig waren, als an deren Geschichte.

Diese Altersgruppe anzuziehen ist wichtig für Marken, die den Wert des Unternehmens auch in Zukunft schützen möchten. Eine weitere Herausforderung in diesem Zusammenhang ist die zunehmende Vorherrschaft von Einzelhändlern, die strengere Handelskonditionen verlangen. Die beiden wichtigsten australischen Handelsketten, Coles und Woolworths, verlangen beispielsweise exklusive Produktlinien, erhebliche Geschäftsinvestitionen und reduzierte Preise, damit eine Marke in ihr Sortiment aufgenommen wird.

Ein derartiges Verhalten wird zunehmend auch im Convenience-Bereich üblich.

Hierbei ist der Fall der Mars-Marke Snickers beispielhaft. Für Snickers war es wichtig, neue Absatzmöglichkeiten im Einzelhandel zu erschließen, um dem Druck auf Preise und Convenience-Produkte etwas entgegenzusetzen.

Die Herausforderung bestand darin, eine Idee zu entwickeln, die eine Nachfrage im Einzelhandel auslösen würde, gleichzeitig aber zu garantieren, dass die Markenstory transportiert wird. All das bei einer Zielgruppe, mit der man schwer in Kontakt treten kann, die gleichgültig gegenüber Marketingaktivitäten, immer unterwegs und online ist.

All das wurde dank der Einführung von *Hungerithm* möglich: ein Hunger-Algorithmus, der die Stimmung der Kunden beobachtet.

Der Algorithmus wurde unter Berücksichtigung eines Wortschatzes von 3.000 Wörtern konstruiert, der 14 000 Tweets pro Tag analysierte.

Jeder Tweet wurde als einzelner Datenpunkt neu interpretiert, der Polarität, Subjektivität und Intensität der Sprache einfangen sollte. Da die Tweets in Datenpunkte umgewandelt wurden, war es nicht nötig, eine Datenbank zu erstellen oder Kundenbefragungen durchzuführen.

Alle zehn Minuten wurde ein Set aus kombinierten Daten analysiert und konsequent einem von zehn verschiedenen vordefinierten Gemütszuständen zugeordnet. Jedes Mal, wenn die Gefühle einer Gruppe von Internetnutzern »cool« waren, wurde Snickers für 1,75 australische Dollar angeboten. War das Ergebnis dagegen »off their head« (schräg, töricht), konnten die Preise auf bis zu 0,50 australische Dollar fallen!

Hungerithm lief fünf Wochen lang live 24 Stunden am Tag, sieben Tage die Woche. Die Menschen konnten den Trend online beobachten (www.snickers.com.au), einen Snickers-Gutschein direkt am Telefon anfragen und ihn in einem nahegelegenen *7-Eleven*-Laden einlösen. Dieser zielgerichtete Pricing-Ansatz war ein einbeziehender und moderner Weg für Mars, Millennials anzusprechen, und die Verkäufe von Snickers stiegen um fast 20 Prozent. Ein ziemlich zufriedenstellendes Ergebnis in dem stagnierenden Segment der Schokoriegel.

Ein zweites gutes Beispiel für zielgerichtetes Pricing war die Kampagne der holländischen Airline Corendon, die die Rechte der russischen Schwulenbewegung während der XXII. Olympischen Winterspiele in Sotchi hochhielt. Die Fluggesellschaft bot Passagieren, die Schwulenrechte unterstützten, einen 50-prozentigen Nachlass auf den Flugpreis. Diese Tickets waren einen Monat lang für Preise von 399 bis 799 Dollar verfügbar.

RATP, das französische öffentliche Nahverkehrsunternehmen, bot eine kostenfreie oder preisreduzierte Beförderung an Tagen mit hohem Smog-Risiko, um gegen die Umweltverschmutzung zu kämpfen. Die Bürger sollten animiert werden, ihre Autos stehen zu lassen. RATP begann mit den Angeboten als Reaktion auf die gefährlich hohe Luftverschmutzung, die die französische Hauptstadt tagelang einhüllte, etwas, das mittlerweile in vielen Städten der Welt an der Tagesordnung ist.

Easy Taxi, eine der weltweit am häufigsten heruntergeladenen Taxi-Apps, die in Brasilien entwickelt wurde und mittlerweile in zwölf Ländern und 170 Städten verfügbar ist, startete eine Preisinitiative, die alleinfahrenden weiblichen Passagieren die Kosten von 70 Brasilianischen Real erließ. Frauen sollten nach einer Reihe körperlicher Attacken durch Taxifahrer ermutigt werden, weiterhin Taxis zu nutzen.

AnchorFree, ein Software-Unternehmen im Silicon Valley, entwickelte *Hotspot Shield*. Diese App schützt die Online-Privatsphäre und kostet 140 Dollar für eine unbegrenzte Nutzung – in Venezuela ist der Download kostenfrei. Die App ermöglicht es Nutzern in dem südamerikanischen Land, Blockierungen der Regierung zu umgehen. Dieses Angebot ist eine Reaktion auf die zunehmende Internet-Zensur durch die venezolanische Regierung, die sich durch vermehrten zivilen Ungehorsam provoziert fühlte.

In einer deutlich weniger politischen, sondern eher sozialen Art haben Cafés und Restaurant angefangen, Nachlässe für ein Lächeln anzubieten, oder sie ermutigen Kunden, »Guten Morgen«, »Guten Abend« oder »Bitte« zu sagen. So geschehen im Petite Syrah Café in Nizza, das Kunden einen Rabatt bietet, die die magischen Worte »Hallo« und »Bitte« aussprechen.[4] Eine Tasse Kaffee mit einem »Bonjour« und einem »S'il vous plaît« kostet 1,40 Euro, während Kunden fast vier Euro mehr bezahlen müssen, wenn sie nicht grüßen, und sogar acht Euro mehr, wenn sie auch nur ein Mindestmaß an sozial akzeptierter Höflichkeit vermissen lassen und vom Barmann kurz angebunden »einen Kaffee« verlangen.

Bis jetzt haben wir uns auf B2C-Fälle konzentriert. Wohlwollende Preisstrategien wie *Painkiller Pricing, mitfühlendes* und *zielgerichtetes Pricing* sind im B2B-Bereich jedoch genauso verbreitet.

Der Grund dafür ist, dass Einkäufer in Unternehmen und Beschaffungspersonal der Regierung abhängig sind von einer professionellen Denkweise, die in gewisser Weise (positiv und negativ) ihr persönliches Leben beeinflusst. Wir sind Seiltänzer. Unser Leben steht im Gleichgewicht zwischen dem, was innen ist, und dem, was außen zu sehen ist. Alles dreht sich darum, eine Verbindung zwischen innen und außen zu schaffen.

Die Menschen sind genauso skeptisch gegenüber dem Druck des Unternehmensmarketings, das mit grünen (häufig nur oberflächlich grün, was den Begriff »Greenwashing« erklärt) oder sozial verantwortungsvollen Produkten wirbt, wobei es hauptsächlich darauf ankommt, wie engagiert das betreffende Unternehmen ist. Der Preis verkauft. Das führt dazu, dass soziales Pricing Verkäufer auffordert (sowohl in einem Unternehmensmarkt als auch in kleinen Betrieben), innovative Strategien einzusetzen: entweder, um Schmerzen zu lindern, in Notlagen zu helfen oder um Geschäftspartner zu unterstützen. All das kann flexibel und profitabel erfolgen. Es ist Zeit, von einer konfliktgeladenen Logik zu einer kollaborativen Wirtschaft überzugehen. Vom reinen Gewinn zu einem Gewinn, der den Makrokosmos, Systeme, Kundenorientierung sowie einen Markt, der sich immer weiter von fossilen Brennstoffen entfernt, berücksichtigt.

Das Konzept funktioniert auf allen Verkaufsebenen, sei es staatlich, regional oder lokal. Der Grund dafür ist heute mehr als je zuvor, dass jedes Land, jede Region, jede Stadt und sogar Schulen und Institutionen einzigartigen Herausforderungen gegenüberstehen. Es ist Zeit, das fossile Zeitalter zu überwinden!

Zusammenfassung

Wohlwollendes Pricing kann für Kunden in einer Reihe von Situationen einen Unterschied machen.

Die Anwendung dieser »sozialen« Preise hat keine sofortigen Auswirkungen auf die Unternehmensziele, findet aber mittel- und langfristig ihren Platz im Sinne einer korrekten Renditelogik.

Sowohl im B2C- als auch im B2B-Bereich kann wohlwollendes Pricing helfen, das Image und die Wahrnehmung des Unternehmens zu verbessern und das Vertrauen zu steigern. Im richtigen Moment Nachlässe anzubieten ist der wichtigste Beweis, dass sich das Unternehmen um die Kunden kümmert. Das Unternehmensimage wird direkt verbessert, das Vertrauen der Kunden wächst und neue, wertvolle Unterstützer der Marke werden gewonnen.

Langfristig wird das gemeinsam mit einer positiven Medienberichterstattung die Umsätze steigern.

Unternehmen sollten daher sorgfältig überprüfen, ob sie eine soziale Preisgestaltung einsetzen können.

Vielleicht verbinden sie es mit einer öffentlichen Veranstaltung wie einem Konzert oder einer Fernsehsendung, einem Sportereignis oder einem Feiertag oder sie bieten vielleicht einen Rabatt für Kunden, deren Fußballmannschaft aus einem Turnier geflogen ist. Oder man knüpft es an Evaluationen durch Big Data, die persönliche Kennzahlen messen und personalisierte Nachlässe bieten, um die bitteren Momente des Lebens etwas zu versüßen.

Die durch Verbraucher generierten Daten können helfen, Kunden zu leiten, die einen schlechten Tag hatten, und solche belohnen, die vielleicht einen kleinen Sieg errungen haben.

Stellen wir uns eine Trainings-App vor, die die erreichten Ergebnisse aufzeichnet, sodass ein User, nachdem er acht Kilometer gegangen ist, einen Rabatt für einen Energy-Drink bekommen kann, oder vielleicht – um im Bereich Wellness zu bleiben – eine App, die einen Nachlass auf einen gesunden Salat gewährt, wenn man erfolgreich eine Diät durchführt.

Obwohl einige dieses Szenario als den *Worst Case* betrachten – ein alarmierendes *Big-Brother*-Unternehmen, das in die Privatsphäre eindringt –, bewegen sich Marketing-Menschen immer mehr in Richtung zielgerichteter und personalisierter Anzeigen und Sonderangebote, sowohl in Läden als auch online.

Darüber hinaus kann die Nutzung dieser Preisstrategie im B2B-Sektor sich weiter in strategischere Bereiche für unsere Zukunft ausbreiten, vielleicht größere Rabatte für Unternehmen bieten, die sich verpflichten, ihren CO_2-Fußabdruck zu reduzieren oder ihre Öko-Kompatibilität und die soziale Verantwortung des Unternehmens zu verbessern.

10 Partizipatives Pricing

> »Wenn es einen Wert hat, legen die Kunden
> einen Penny in den Teller.«
> *Chris Hufford, Manager von Radiohead*

Case History

Es ist Anfang Januar, das neue Jahr hat begonnen und der Ausverkauf geht los. Eine Gelegenheit für ein Schnäppchen. Aber wo? Wie üblich werden die Preise, auch wenn sie reduziert sind, vom Verkäufer festgesetzt. Aber angenommen, es wäre andersherum: Was wäre, wenn der Käufer entscheidet, welchen Preis er zahlt?

Everlane, ein Modeunternehmen aus San Francisco, betreibt einige Läden in mehreren Städten wie beispielsweise New York oder Boston, ist aber hauptsächlich online tätig. Das Unternehmen bietet regelmäßig Ausverkäufe unter dem Namen »Choose-what-you-pay« an, bei denen der Kunde entscheiden kann, wie viel er zahlt.

Das YOU, englisch zweite Person Plural, bedeutet in diesem Fall einerseits einen Schritt in Richtung der Kundenbedürfnisse, andererseits einen direkten Kommunikationskanal, der den Altersgruppen in sozialen Netzwerken entspricht. Das formale »Herr« und »Frau« von früher wurde (manchmal mit Bedauern) durch die Aufhebung des Raumes abgeschafft – digital, technologisch; wir sind alle erreichbar und nur einen Klick entfernt.

Lassen wir nun die unverzichtbaren zwischenmenschlichen Beziehungen beiseite und wenden uns wieder den Transaktionen zu. Das Sortiment umfasst Hunderte von Artikeln für Männer und Frauen, von Baumwoll-T-Shirts bis zu bunten Kaschmirstücken, hochwertiger Freizeitkleidung und Taschen.[1] Die Rabatte bewegen sich zwischen 20 und 60 Prozent.[2]

Wie funktioniert ein derartiges Preismodell?

Grundsätzlich geht es darum, Erwartungen zu managen: Kunden können nicht jeden Preis für jedes Kleidungsstück wählen, aber in der Regel für unverkaufte und überschüssige Ware. An besonderen Angebotstagen, beispielsweise am 26. Dezember 2021, bietet Everlane Käufern drei Preisoptionen.

Dennoch fällt es schwer, sich Kunden vorzustellen, die bereit sind, ein Produkt mit einem Nachlass von 20 Prozent zu kaufen, wenn sie dasselbe Produkt auch mit einem Rabatt von 60 Prozent bekommen können. Das Label spielt den Ball den Kunden zu, die entscheiden, wie viel sie zahlen möchten.

In den Everlane-Läden werden neben dem Preis, der auf herkömmliche Weise angebracht ist, die realen Kosten eines Produktes transparent gemacht. So kann der Käufer den vollen Preis eines Produktes ebenso erfassen wie den relativen Schnäppchenpreis. Auf diese Weise versichert das Unternehmen den Kunden, zu denen auch Meghan Markle zählt[3], dass sie ein Schnäppchen bekommen, selbst wenn sie den vollen Preis außerhalb eines Ausverkaufs bezahlen. Kunden werden motiviert, das »doppelte Schnäppchen« zu kaufen. Aus ihrer eigenen Sicht bewegt Everlane unverkaufte Ware.

Es ist ein Spiel, bei dem jeder gewinnt.[4]

»Statt einen traditionellen Ausverkauf zu bieten, schaffen wir mit ›Choose-your-Price‹ für die Kunden eine umfassende Transparenz hinsichtlich des Lagerbestands und der Gewinnmarge«, betont der CEO und Unternehmensgründer Michael Preysman. »Indem wir unseren Kunden drei Möglichkeiten zur Auswahl stellen, können wir ihnen ein echtes Gefühl für den Wert jedes Stückes geben und eine fundierte Entscheidung ermöglichen.«[5] Wenn Kunden durch die Produkte scrollen, erscheinen Pop-up-Fenster, die erklären, dass der niedrigste Preis den Produktionskosten einschließlich Lieferung entspricht und dass das durchschnittliche Produkt diese Kosten zuzüglich allgemeiner Ausgaben abdeckt. Grundsätzlich bringt der niedrigste Preis keine Gewinne für Everlane.

Den höchsten Preis hingegen erklärt das Unternehmen so: »Dieser Preis hilft, die Produktionskosten, die Auslieferung und Personalkosten zu decken, und ermöglicht uns, in Wachstum zu investieren. Vielen Dank!«

Normale Preise liegen einige Dollar über dem höchsten Angebotspreis und ungefähr doppelt so hoch wie die Produktionskosten, aber in jedem Fall betragen sie nur einen Bruchteil des Preisaufschlags bei den Wettbewerbern im Einzelhandel.

Everlane setzt dieses Monetarisierungsmodell regelmäßig seit 2015 ein. Der CEO betont, dass sich zu Beginn zehn Prozent der Kunden für den mittleren oder den höchsten Preis entschieden haben und das auch weiterhin tun, Jahr für Jahr.

Aus dieser *Geschichte* lässt sich erkennen, dass Menschen – wir alle, wenn wir etwas kaufen – transparente Preise durchaus zu schätzen wissen.[6]

Pay-what-you-want bietet eine Möglichkeit, eine vertrauensvolle Beziehung zu den Kunden aufzubauen.

Es zahlt sich aus, die Auswirkungen, die ein auf Zahlungsbereitschaft basierender Kauf auf das Unternehmen hat, transparent zu kommunizieren.

Käufer werden es auch zu schätzen wissen, dass ihnen nicht nur Optionen geboten werden, sondern auch, dass sie nicht zu viel für etwas bezahlen müssen.

Auf die Frage, was ihn auf die Idee für dieses Preismodell gebracht habe, verweist Preysman auf den Online-Verkauf von *In Rainbows*, einem Album der Band Radiohead von 2007, das mit einer Art Pay-what-you-want-Modell auf den Markt kam: »Wir fanden die Ergebnisse [des Experiments der Band] äußerst interessant, weil nur wenige [zahlende] Hörer den niedrigsten Preis zahlten.«

Die Veröffentlichung des Albums war tatsächlich sogar ein Erfolg. Von den 1,8 Millionen Hörern, die das Album heruntergeladen haben, entschieden sich 60 Prozent, gar nichts zu bezahlen, und 40 Prozent bezahlten durchschnittlich 2,26 Dollar. »Bezogen auf Online-Einnahmen haben wir mit diesem Album mehr verdient als mit allen vorherigen zusammen«, erklärt Radiohead-Frontman Thom Yorke in einem Interview.

Darüber hinaus wurden die Verkäufe der Hardcopy nach deren Erscheinen nicht von den digitalen Vorabverkäufen beeinträchtigt.

Das Album erreichte eine Top-Platzierung in den Billboard-Charts und verkaufte sich drei Millionen Mal.[7]

Der Erfolg war möglich, weil Radiohead … nun ja, eben Radiohead ist! Wer erinnert sich nicht an die Filmszene, in der Johnny Depp Charlotte Gainsbourg in einem Plattenladen trifft. Sie schaut ihn an, er tut so, als sehe er sie nicht. Dann lächeln sie sich an, *Creep* läuft im Hintergrund, eine der größten Schnulzen zeitgenössischer Rockmusik.

Letztlich, so Radiohead, darf man nicht darauf warten, dass das Glück zu einem kommt, man muss es sich schnappen, daran glauben, es verfolgen. Laufen, selbst, wenn man nicht weiß, wohin. Aber man muss handeln, um Himmels Willen, rausgehen und den Fahrstuhl zum Glück nehmen!

Aus diesem und anderen Gründen – die Stimmung, der Sinn des Lebens, der in verschiedenen Farbtönen vermittelt wird – hat Radiohead Fans, die gerne für die Musik, die Texte und die Freiheit zahlen, die nur durch die Unterstützung der Band und ihre Arbeit ermöglicht wird.

Zusammengefasst kann man sagen, dass das Modell »Pay-what-you-want« auf Kundenloyalität basierend funktioniert.

Unternehmen mit loyalen Kunden können mit diesem Monetarisierungsansatz deswegen einen angemessenen Umsatz generieren.

Eine Studie hat sogar herausgefunden, dass die Zahlungsbereitschaft von Käufern steigt, wenn sie den Besitzer des Unternehmens kennen.[8]

Wenn beispielsweise Ihr Kundenstamm sich Ihrer Marke sehr verbunden fühlt, könnten Sie in Erwägung ziehen, zeitweise die Pay-what-you-want-Strategie einzusetzen.

Gehen wir von San Francisco nach London: Hier sitzt die London Cashmere Company, ein Hersteller von Kaschmir-Mode.

Auch hier können Kunden wählen, wie viel sie bezahlen möchten. Die Rabattcodes stehen direkt zur Verfügung – »CWYP15«, das Akronym für *Choose-what-you-pay mit 15 Prozent Rabatt*, und entsprechend »CWYP25« und »CWYP35« für 25 beziehungsweise 35 Prozent Rabatt.[9]

Das Pay-what-you-want-Preismodell kann auch dazu dienen, das Kauferlebnis so zu modifizieren, dass der Kunde das Gefühl bekommt, er kaufe nicht nur ein Produkt, sondern trage etwas zu einer bestimmten Vorstellung von der Welt bei.

Am 7. November 2015 ließ beispielsweise die amerikanische Einzelhandelskette 7-Eleven ihre Kunden entscheiden, wie viel sie für das Erfrischungsgetränk Slurpee bezahlen wollten. Der Betrag sollte für den Kampf gegen den weltweiten Hunger gespendet werden.[10]

Es mag uns im Hinblick auf Gewinne überraschend erscheinen, den Kunden entscheiden zu lassen, was er bezahlen möchte, wie im Fall von Radiohead, aber es kann auch sichtbar machen, wie sehr Kunden ein Produkt wirklich schätzen.

Wenn die Kunden stattdessen weniger als erhofft zahlen, haben wir trotzdem ein fundamentales Feedback: Vielleicht ist es also Zeit für eine neue Marketingstrategie.

Kontextanalyse

Partizipatives Pricing[11], wozu Konzepte gehören, die manchmal synonym sind, wie »*Name-your-own-Price*« oder »*Pay-what-you-want*«, »*Choose-what-to-pay*« oder »*Pay-what-you-think-is-fair*«, ist ein Monetarisierungsansatz, bei dem Kunden selbstständig entscheiden können, welchen Betrag sie dem Anbieter für ein Produkt oder einen Service zahlen möchten. Wir sprechen dabei auch von einem freien Preis. Der Preis kann zunächst null sein oder sich auf einem sehr niedrigen Niveau bewegen und dann wie gewünscht steigen. Manchmal wird eine Mindestschwelle oder ein empfohlener Preis angezeigt, um den Käufer zu lenken. In den folgenden Fällen sehen wir uns einige Variationen dieses Monetarisierungsmodells an.

Choose-what-you-pay (oder *Pay-what-you-want*)

Eine erweiterte Form der partizipativen Preisbildung ist das *Choose-what-you-want*-Modell, auch bekannt als »Pay-what-you-want«. Hierbei bezahlt der Kunde, was er möchte, manchmal sogar, ohne dass der Anbieter entscheiden kann, ob er diesen Preis akzeptiert oder nicht. Manchmal gibt es einen Mindestpreis.

Mit dieser Art der Preisgestaltung kann man Preise differenzieren und dabei die Diversität der Kunden berücksichtigen. Gleichzeitig bietet man dem Kunden die Möglichkeit, eine gewisse Kontrolle über den Endpreis der Transaktion zu haben, er partizipiert also an der Preisfestsetzung.

Partizipative Preisfestsetzung und die von den Kunden wahrgenommene größere Kontrolle führen zu einem bewussteren Kaufverhalten.

Dieses Modell wird immer interessanter für den Markt.

Der Betrag einer Transaktion hängt von den sozialen Vorlieben im Hinblick auf eine gerechte Aufteilung des Wertes zwischen

10 Partizipatives Pricing

Kunde und Anbieter ab. Darüber hinaus spielt die Vorstellung, den Anbieter langfristig im Markt halten zu können, eine wichtige Rolle.

Der *Allwetterzoo* in Münster hat einige Kampagnen mit dem Pay-what-you-want-Modell durchgeführt, was in weniger als einem Monat zu einem *fünffachen* Anstieg der Besucherzahlen auf 76 000 und einem 2,5-mal höheren Umsatz geführt hat.[12]

Obwohl jeder Besucher durchschnittlich nur 4,76 Euro bezahlt, verglichen mit 10,53 Euro im Jahr zuvor, kompensierte der enorme Anstieg der Besucherzahlen den niedrigeren Preis.

Es ist wohl eher unwahrscheinlich, mit diesem Preismodell einen Zoo langfristig zu unterhalten, dennoch wollte die Polizei in Münster – begeistert von dem Erfolg bei den Tieren – vorschlagen, ein ähnliches Modell für die Bezahlung von Verkehrsstrafen einzuführen.

Ein frühes Beispiel des Pay-what-you-want-Modells im Gastgewerbe bietet das Hotel OmHom, ein wunderbares kleines Hotel in den Hügeln der Cinque Terre in Italien, das von Luca Palmero geführt wird. Er bot eine komplette Preistransparenz, die den Gästen eine klare Vorstellung davon geben sollte, welche Kosten beim Betreiben eines Hotels entstehen. Bei einem Preis von 200 Euro pro Nacht fallen 39 Prozent Personalkosten an, 20 Prozent gehen an Lieferanten und Dienstleister, 19 Prozent an Dinge wie die Stromversorgung, 17 Prozent an die Betriebsführung und fünf Prozent an das Marketing.[13] Palmero bietet auch etwas, das er »aufgeschobener Aufenthalt«[14] nennt. Diese Idee hat er von dem neapolitanischen *caffè sospeso* (*»aufgeschobener Kaffee«*) übernommen. In der »unangefochtenen Espresso-Hauptstadt« ist ein Kaffee in einer Bar eine Sache der Würde und ein Grundrecht jedes Bürgers. Einen Extrakaffee für jemanden zu bezahlen, der es sich nicht leisten kann, ist eine übliche Praxis. Es hat eine beachtliche humane Komponente, wenn man entscheidet, wie viel man zahlt, findet Palmero.

Auch das IBIS-Hotel in Singapur, das zur französischen Hotelkette Accor gehört, nutzt diese Art der Preisbildung.[15]

Das Modell wurde ebenfalls in Münster getestet, für den Zugang zum Friedenssaal im historischen Rathaus. Hier gab es nicht mehr Besucher als üblich, aber »der bezahlte Eintrittspreis lag etwas über dem Normalpreis«. Üblicherweise kostet der Eintritt für den Saal zwei Euro für Erwachsene und 1,50 Euro für Kinder. Der unterschiedliche Ausgang der beiden Experimente in Münster kann den verschiedenen Preisniveaus zugeschrieben werden. Derselbe Test wurde auch in einem Kino in Münster durchgeführt, wo die Kunden deutlich weniger als die normalen Preise zahlten, wie im Zoo.

Der Manager des Schmidt Theaters auf der berühmten Hamburger Reeperbahn verfolgt einen ähnlichen Plan. Das Publikum bezahlt nur, was es als angemessen betrachtet.[16] Selbst diejenigen, die nur einen Euro bezahlen, bekommen ein Ticket. Dasselbe gilt auch für das Schauspielhaus in Zürich: Einmal im Monat gilt »Pay-what-you-want«, bis die Sitze vergeben und die Eintrittskarten ausverkauft sind.[17]

Weitere Anwendungsbeispiele dieses Modells finden sich im Bereich des Catering, der Weinbars, des Gastgewerbes oder ähnlicher Dienstleistungen. Nach dem Verzehr zahlt der Kunde einen selbstgewählten Preis. Der Anbieter begibt sich also in die Hände seiner Kunden. Eine gewisse Anzahl Kunden zahlt vielleicht den Preis, der die Kosten deckt, aber gleichzeitig nutzen andere die Situation aus.

Anders als im Zoo oder im Kino geht es hierbei um variable Kosten, was das Risiko des Anbieters erhöht. Hier sind einige Beispiele:[18]

Der Wiener Deewan, ein beliebtes pakistanisches Restaurant in Wien, bietet ein Buffett für jeden, der einmal pakistanisches Essen probieren möchte. Das Choose-what-to-pay-Buffett bietet

10 Partizipatives Pricing

fünf verschiedene Curry-Gerichte, drei vegetarische und zwei mit Fleisch. Zusätzlich gibt es an jedem ersten Montag im Monat eine Play-as-you-wish-Jam-Session.

In London begann der Trend »Choose-what-to-pay« 2009 im Little Bay Restaurant, dem es gelang, einen Aufschlag von 20 Prozent im Vergleich zum Festpreis-Menü zu berechnen. Weitere Restaurants wie das Galvin at Windows versuchten es ebenfalls: Der Preis lag im Ermessen des Gastes und variierte von 25 bis 65 Pfund pro Menü.[19]

Die *Weinerei*, eine Bar in Berlin, hat das Choose-what-you-pay-Modell für Wein eingeführt: Nach acht Uhr abends kostet ein Glas Wein zwei Euro. Indem man diesen »symbolischen« Preis bezahlt, ist darüber hinaus eine Art unlimitierter Zugang möglich, der es den Kunden ermöglicht, so viel Wein zu trinken, wie ihre Leber verarbeiten kann. Bevor sie die Bar verlassen, zahlen die Kunden den Preis, den der Wein ihrer Meinung nach wert war.

In den USA, in Jackson, Tennessee, bietet ComeUnity ein täglich wechselndes Menü. Das Unternehmen bietet nach dem Pay-what-you-want-Modell hauptsächlich Biogerichte aus lokalen, der Jahreszeit entsprechenden Produkten an. Die Mission von ComeUnity ist es, zu lieben, zu nähren und Würde zu verleihen. Wenn der Kunde nicht zahlen kann, bietet ComeUnity die Möglichkeit, für eine gesunde, warme Mahlzeit eine Stunde dort zu arbeiten.

In einigen Orten in den USA, Indien, Malaysia, Indonesien, Singapur, Großbritannien, Japan, Frankreich, Spanien und Dubai gibt es auch Ketten wie beispielsweise Karma Kitchen: Am Ende der Mahlzeit in jedem Karma-Kitchen-Restaurant bekommt man eine Quittung über null Dollar und folgende Botschaft: »Ihr Essen war ein Geschenk von jemandem, der vor Ihnen hier war. Um diese Kette am Leben zu erhalten, laden wir Sie ein, vorab zu bezahlen für die, die nach Ihnen kommen.« Gäste können bezahlen, wie sie möchten, mit Geld oder mit Zeit.

Burger King hat das Pay-what-you-want-Modell nur für einen Tag und nur für den Whopper genutzt, um die Einnahmen für wohltätige Zwecke zu spenden.[20]

Im Bereich Computerspiele gibt es das Modell *Name-your-own-Price*: Seit 2010 bietet Humble Bundle kleine Spielesammlungen, die zu einem selbstgewählten Preis erworben werden können.[21] Gleiches gilt für *bibisco*, eine von einem Italiener entwickelte Software zum Schreiben von Romanen.[22]

Einige Museen verfolgen denselben Weg: beispielsweise das Red Dot Design Museum in Essen, das einen Bereich von 4.000 Quadratmetern nutzt, um Produkte auszustellen, die internationale Designpreise gewonnen haben. Jeden Freitag können Museumsbesucher die Höhe des Eintrittspreises selbst bestimmen.[23]

Auch im Beratungsbereich finden wir derartige Ansätze: Das belgische Beratungsunternehmen Kalepa, Experte im Erfahrungsmanagement, lässt seine Kunden entscheiden, wie viel sie für die Sitzungen, die es als »inspirativ« bezeichnet, zahlen. Damit folgt es der Philosophie einer der Gründerinnen, die tatsächlich ihre Forschungsarbeit über Pay-what-you-want-Modelle geschrieben hat.[24]

2021, auf dem Höhepunkt der Pandemie, öffnete in Schottland der erste Buchladen, in dem man zahlen kann, was man möchte. Das Konzept war von einer speziellen Philosophie inspiriert, die sich an diejenigen wendet, die Verschwendung ablehnen, aber Bücher lieben und deswegen denken, dass sie für jeden leicht verfügbar sein sollten. Es geht hierbei eher darum, die Kosten zu decken, als Gewinne zu erzielen.[25]

Es gibt auch virtuelle Buchläden wie Open-Books, das bereits 2016 damit begonnen hat, Lesern zu ermöglichen, für E-Books selbstgewählte Preise zu bezahlen, solange sie zuerst das Buch lesen.[26] Hierbei verschiebt sich der Moment, den Preis wie üblich zu Beginn einer Transaktion und einer Kundenerfahrung zu benennen, auf eine Phase, die nach dem Erlebnis liegt.

Dieses System funktioniert als Qualitätsmerkmal, um Leser anzuziehen, die nicht riskieren möchten, etwas zu kaufen, das nicht ihren Erwartungen entspricht.

Selbst im Fußball gibt es bereits Choose-what-you-pay-Modelle.

Das kanadische Premier League-Team Atlético Ottawa nutzte diese Preisgestaltung 2021. Für das erste Spiel im TD Place Stadium in Ottawa bekamen 15 000 Fans die Möglichkeit, selbstgewählte Preise für die Tickets zu bezahlen. Die Preise starteten bei null Dollar und wurden in Fünf-Dollar-Schritten erhöht, wobei der Höchstpreis auf 50 Dollar pro Ticket festgesetzt wurde.

Die Verantwortlichen von Atlético Ottawa erklärten später, dass der Grund für dieses Anfangsangebot darin bestand, einige der Probleme, mit denen die Fans während der Covid-19-Pandemie konfrontiert waren, zu mildern und jedem, der wollte, die Möglichkeit zu bieten, den Club bei Heimspielen zu unterstützen.[27]

Manchmal sind ein paar Extradollar nötig, um bis zur nächsten Lohnauszahlung am Ende des Monats durchzukommen. Die einzigen Möglichkeiten für diejenigen, die nicht so einfach Bankkredite bekommen, sind, sich Geld von einem Freund oder der Familie zu leihen oder ein hochverzinstes Darlehen in Anspruch zu nehmen. Ein neuer Service, der sich *Activehours* nennt, bietet eine Alternative: Sie bekommen Zugang zu »Ihrem« Gehalt, während Sie es verdienen.

Und so funktioniert es: Der User kann einen Vorschuss auf das nächste Gehalt für die bereits geleisteten Arbeitsstunden bekommen, bis zu 100 Dollar pro Tag. Was sind die wichtigsten Neuerungen? Es werden keine Zinsen oder Provisionen erhoben, es sei denn, der Antragsteller möchte für den Service zahlen.

Activehours wird durch den sogenannten »freiwilligen Vorschlag« der Nutzer unterstützt: »Sie entscheiden, was Sie zahlen möchten oder was Sie als fair erachten. Sie können sich sogar entscheiden, nichts zu bezahlen«, erklärt der Gründer von Activehours,

Ram Palaniappan. »Es gibt einige, die uns immer unterstützen, und andere, die das nur bei jeder dritten, vierten oder fünften Transaktion tun. Wir erleben einige interessante Arten der Unterstützung.«[28]

Wenn Sie sich bei Activehours registrieren, geben Sie Ihre Kontonummer an. Wenn Sie dann Geld benötigen, müssen Sie nur einen Screenshot Ihres Stundenzettels einsenden: Sie entscheiden, wie viel auf Ihr Konto eingezahlt werden soll und welchen Beitrag Sie gegebenenfalls genehmigen. Es ist in gewisser Weise ein klassisches Wenn-dann-Beispiel.

Die App bietet fünf Beiträge, die für jede Transaktion vorgeschlagen werden: Null ist immer die erste Option. Für einen Vorschuss von 100 Dollar wären die Beiträge beispielsweise 0, 3,84, 5,68, 7,89 und 10,99 Dollar. Da diese Darlehen nur für eine kurze Zeit generiert werden (beispielsweise eine Woche), entspricht selbst ein Beitrag von einem Prozent einem sehr hohen Zinssatz. Außerdem wird der Kunde diesen Kreditservice wahrscheinlich wiederholt nutzen und deshalb den »Beitrag« bezahlen.

Eine Variante des Pay-what-you-want-Modells besteht aus Komponenten variabler Preise, die im Wesentlichen davon abhängen, wie zufrieden der Kunde ist.

Diese Methode wird manchmal in der Managementberatung eingesetzt. Man kann sich auf eine feste und eine variable Komponente einigen, deren Höhe vom Kunden festgelegt wird, der die Zufriedenheit auf einer vordefinierten Skala bewertet. Auch hierbei begibt sich der Anbieter in die Hände des Kunden. Wenn sich die Beratungsagentur vor die Alternative gestellt sieht, einen unverhältnismäßigen Nachlass zu gewähren oder einer Preiskomponente zuzustimmen, die auf Zufriedenheit basiert, ist Letzteres vorzuziehen.

Trinkgelder sind eine weitere Variante des Choose-how-much-to-pay-Modells. Normalerweise entscheidet der Kunde, welchen Betrag er zusätzlich zu dem angezeigten Preis zahlt. Das gilt in

Bereichen wie dem Catering, den Friseuren oder den Gepäckträgern. Dennoch gibt es Systeme, bei denen der Beitrag nicht wirklich freiwillig ist. In amerikanischen Restaurants »müssen« Sie beispielsweise mindestens zehn bis 20 Prozent Trinkgeld geben, wenn Sie keine negativen Reaktionen oder Fragen des Personals hervorrufen wollen. Diese Trinkgelder stellen häufig im Vergleich zum festen Gehalt die größte Entlohnung der Bedienung dar.

Schließlich können auch Spenden als eine dritte Variante des Pay-what-you-want-Modells betrachtet werden. In diesem Fall ist es jedoch genaugenommen nicht korrekt, von »Preisen« zu sprechen, weil es keinen fassbaren oder zu beanspruchenden Gegenwert gibt.

Name-your-own-Price

»Name-your-own-Price« ist eine Monetarisierungsstrategie, bei dem Verkäufer den Käufern ermöglichen, zu entscheiden, welchen Endpreis sie für ein Angebot zahlen möchten. Die Transaktion findet allerdings nur statt, wenn das Angebot dem Schwellenpreis entspricht oder sogar darüber liegt. Dieser wird vom Verkäufer allerdings nicht offengelegt.

Diese Transaktion funktioniert folgendermaßen: Verkäufer listen Produkte mit einem Schwellenpreis auf, jenseits von diesem wird das Angebot akzeptiert. Dieser Schwellenpreis ist für den Käufer nicht sichtbar. Sobald einem Kunden ein Produkt gefällt, unterbreitet er ein Anfangsgebot.

Die Perspektive des Verkäufers basiert auf der Erfahrung, dass der Kunde seine wirkliche Bereitschaft, einen bestimmten Preis zu zahlen, offenbaren wird. Das Gebot des Kunden ist außerdem bindend. Die Zahlung wird durch die Angabe der Kreditkartennummer oder Lastschrifteinzug gewährleistet.

Wenn der gebotene Preis dem Schwellenpreis entspricht oder darüber liegt, findet die Transaktion zu dem angezeigten Preis statt. Falls das Angebot unter dem Schwellenpreis aller Verkäufer liegt, hat der Kunde in der nächsten Runde die Möglichkeit, sein Gebot zu aktualisieren.

Hier findet also eine umgekehrte Auktion statt.

Bei einer traditionellen Auktion bietet ein Verkäufer ein Produkt oder einen Service an, für den mehrere Käufer bieten. Der Käufer, der bereit ist, den Preis zu zahlen, hat die Möglichkeit, sich das Produkt oder den Service zu sichern.

In einer umgekehrten Auktion, wie sie in diesem Konzept erfolgt, sind die Rollen von Verkäufer und Käufer umgekehrt, das heißt, dass der Verkäufer, der den Service zu dem vom Kunden bestimmten Preis bieten kann, die Auktion gewinnt.

Das amerikanische Unternehmen Priceline gilt als der Erfinder des Name-your-own-Price-Modells. Später wurde es von Firmen wie Hotware übernommen.

Ausgehend von der Überlegung, dass Fluggesellschaften regelmäßig mit nur zu zwei Drittel besetzten Plätzen flogen, also mit Millionen von leeren Sitzen, fragten sie sich: Was würde passieren, wenn wir das Internet benutzen würden, um die Nachfrage zu steuern oder Flugzeuge und Hotels zu belegen? Angenommen, der Kunde könnte ein Angebot machen – seinen eigenen Preis –, statt den vollen Preis zu zahlen?

Anfangs waren die Airlines skeptisch, da sie befürchteten, ihre Preise zu kannibalisieren.

Stattdessen beschlossen die Gründer von Hotwire ihrer Skepsis zuvorzukommen, indem sie das Wort »Priceline« benutzten, die Grenze oder den Preispunkt, unter dem sie nicht verkaufen wollten, der aber auf eine ausreichende Nachfrage stoßen würde, um die verfügbaren Kapazitäten zu füllen.

10 Partizipatives Pricing

In diesem Zusammenhang wird auch häufig von einer »opaken« (undurchsichtigen) Preisgestaltung gesprochen, da die Unternehmen ihre Produkte zu niedrigeren, verborgenen Preisen verkaufen.

Der Zielkunde ist derjenige, der seine Einkäufe hauptsächlich vom Preis abhängig macht: Kunden wählen die Strecke, die sie fliegen möchten, oder den Zielort und das Datum oder bei Hotels die Anzahl der Sterne.

Nachdem man bezahlt hat, zeigt die Website Flugpläne, Airlines und Zwischenstopps oder den Namen des Hotels. Aber es gibt keine Rückerstattung, Änderungen oder Stornierungsmöglichkeiten.

Auf der Website von Priceline wird erklärt: »Der *Name-your-own-Price*-Service nutzt die Flexibilität der Kunden, ermöglicht Verkäufern, einen niedrigeren Preis für die Oberkapazität zu akzeptieren, ohne ihre bestehenden Distributionskanäle oder Preisstrukturen zu beschädigen.«

Heute findet sich dieser Monetarisierungsansatz hauptsächlich im Musikbereich.

So hat Michael Stipe, der berühmte Frontman der Band R.E.M., die sich 2011 getrennt hat, begonnen, seinen Fans Tracks basierend auf diesem Preismodell anzubieten: Er bot beispielsweise ein Paket, das sich auf den Track *Drive to the Ocean* bezog. Acht Elemente wurden relauncht, darunter das offizielle Video, Fotos, Hintergrundbilder für PCs und Tablets sowie Texte und die Fans konnten bezahlen, was sie wollten, angefangen bei 0,77 Cents.[29]

Bandcamp, ein Webservice, bei dem Musiker und Gruppen ihre Musik an Fans verkaufen können, ermöglicht denjenigen, die Tracks herunterladen möchten, den Preis dafür selbst zu bestimmen. Die Band hat die Möglichkeit, einen Mindestpreis für die produzierte Musik festzulegen, Käufer können so viel zahlen, wie sie möchten.[30]

Bezahlbarkeit ist immer noch eines der Hauptprobleme der Bekleidungsindustrie. Deswegen hat sich Garmentory aufgemacht, diesen Bereich aufzumischen. Garmentory ist ein virtueller Markt, wo Designerprodukte und Stücke aus modernen Boutiquen verkauft werden. Auch hier haben Kunden die Möglichkeit, ihren eigenen Preis zu bestimmen.[31] Neue Designer können direkt mit Kunden interagieren und Kunden können ein neues Designer-Outfit zu einem Preis bekommen, mit dem sie sich wohlfühlen.

Die bekannte Modemarke Gap setzt dieses Modell sogar wortwörtlich ein. Die Promotionskampagne heißt Gap My Price.[32]

Bei eBay kann der Käufer mit dem »Best Offer« dem Verkäufer einen Preis nennen, den er bereit ist, für ein Objekt zu zahlen. Der Verkäufer kann akzeptieren, ablehnen oder antworten und einen anderen Preis vorschlagen.[33]

Allerdings hat das Name-your-own-Price-Modell hier nicht den anfangs erhofften Erfolg gebracht: Viele Kunden haben unrealistisch niedrige Angebote unterbreitet, ohne einen Umsatz zu generieren.

Priceline existiert immer noch, aber mit einem anderen Geschäftsmodell. Heute gehört das Unternehmen zum Marktführer für Online-Reisebuchungen, Booking Holiday, ein großer Player, der 2020 ungefähr sieben Milliarden Dollar Umsatz generiert hat (vor der Pandemie 2019 mehr als 15 Milliarden Dollar[34]), mit einem Börsenwert von 95 Milliarden Dollar.[35]

Den größten Beitrag leistet booking.com, das in den Niederlanden gegründet wurde. Das Name-your-own-Price-Modell macht nur einen kleinen Teil des Umsatzes aus und wurde durch Express Deals ersetzt[36], ein Angebot, bei dem Priceline den niedrigsten Marktpreis garantiert. Andernfalls bekommt der Kunde eine 200-prozentige Rückerstattung der Preisdifferenz. Im Wesentlichen wird dieses Modell genutzt, um unverkaufte Angebote an Kunden zu verkaufen, die sehr preissensibel und bereit sind,

Unbequemlichkeiten wie Flugplanänderungen für einen besonders niedrigen Preis in Kauf zu nehmen.

Trotz des großen Potenzials dieses Modells, was Erkenntnisse über die Zahlungsbereitschaft eines Kunden betrifft, hat das Name-your-own-Price-Modell die Erwartungen nicht erfüllt. Das bedeutet aber nicht, dass es in Zukunft nicht zurückkehren oder wieder vermarktet werden könnte.

Zusammenfassung

Partizipatives Pricing ist ein Monetarisierungsansatz, bei dem Käufer den Preis, den sie einem Anbieter zahlen möchten, selbstständig bestimmen können. Der Preis kann bei null beginnen oder von einem sehr niedrigen auf ein gewünschtes Level ansteigen.

Gelegentlich werden ein Mindestpreis oder ein empfohlener Preis festgelegt, um den Kunden zu steuern.

Im *Choose-what-you-pay*-Modell, auch bekannt als »Pay-what-you-want«, lassen Unternehmen die Kunden selbstständig den Preis festlegen und geben somit ein traditionelles zentrales Vorrecht des Managements für die Führung eines profitablen Unternehmens auf.

Non-Profit-Organisationen nutzen diese Option schon länger, um ihre Kundenbasis zu vergrößern. Kürzlich haben jedoch auch zahlreiche profitorientierte Unternehmen dieses Modell erfolgreich für viele Produkte und Services wie digitale Bücher, Headsets, Musikalben, Autorenrechte, Support nach dem Kauf, Restaurants oder sogar Unternehmensberatungen übernommen.

Der jüngste Popularitätsschub ist auf Vorteile zurückzuführen, die über die Marktdurchdringung hinausgehen, wie beispielsweise kurzfristige Sonderangebote, Preise, die Piraterie unattraktiv machen, oder Guthaben für Kunden.

Name-your-own-Price ist ein Vorgang, bei dem aus Sicht des Verkäufers Einblicke in die Zahlungsbereitschaft gegeben werden. Der vom Kunden gebotene Preis ist bindend. Die Zahlung wird durch die Angabe der Kreditkartennummer oder durch eine direkte Abbuchung gewährleistet. Sobald das Gebot des Kunden einen bestimmten Mindestpreis überschritten hat, den nur der Verkäufer kennt, gewinnt der Kunde den Abschluss und bezahlt den angebotenen Preis.

Es gibt einen grundlegenden Unterschied zwischen dem Pay-what-you-want- und dem Name-your-own-Price-Modell. Bei dem zweiten entscheidet der Verkäufer, ob er den gebotenen Preis akzeptiert oder ablehnt. Im ersten Fall kommen der Konsum und die Nutzung vor der Bezahlung. Oder der Kunde bezahlt vorab, was er möchte, beispielweise am Eingang.

Die große Frage, die diese Preismodelle beantworten, ist in der Praxis indirekt rhetorisch: Warum sollte ein Kunde mehr zahlen, wenn er nicht muss?

Nun, viele Fälle und Beispiele zeigen, dass Menschen bezahlen, selbst wenn sie nicht müssen.

Hinter dieser Argumentation stehen viele Überlegungen, ein inhärentes Bedürfnis, gerecht zu sein. Wenn man partizipatives Pricing im Unternehmen erfolgreich einführen möchte, ist es wichtig, diese Logik zu verstehen und anzuwenden.

Wenn man Kunden entscheiden lässt, was sie zahlen, kann es in Bezug auf die Einnahmen überraschend sein, wie im Fall von Radiohead, aber es kann auch aufdecken, wie sehr Kunden das angebotene Produkt wirklich schätzen.

Wenn der Kunde dann weniger zahlt als erhofft, ist diese, wenn auch negative, Botschaft genauso wichtig: Vielleicht ist es Zeit, die Marketingstrategie zu überdenken!

11 Neuropricing

> »Ihr Gehirn trifft Entscheidungen, zehn Sekunden,
> bevor Ihnen das überhaupt bewusst wird.«
> *John-Dylan Haynes*

Case History

Jeder Manager träumt davon: Preise erhöhen und die Kunden sind damit glücklicher, als wenn sie weniger zahlen müssten. Dank dem Einsatz von Neuropricing wurde dieser Traum im Ferienpark am Weissenhäuser Strand an der Ostsee Wirklichkeit. In diesem Dorf kann man in einer riesigen Freizeitanlage eine Unterkunft in einem Apartment oder Hotel buchen.

»Viele Unternehmen lassen sich Einnahmen und Gewinne entgehen, ohne dass es ihnen überhaupt bewusst ist.« Das ist die Philosophie von David Depenau, Chef des Resorts.[1] Das Feriendorf bot zu niedrige Preise an und die Gäste fühlten sich (offensichtlich) damit nicht wohl. Besonders in der Hochsaison im Sommer empfanden die Kunden die Preise als zu niedrig, obwohl der durchschnittliche Preis bei ungefähr 200 Euro pro Tag lag. Das ist dennoch zu niedrig für ein Publikum, das qualitativ hochwertige, entspannte Ferien möchte, wie Depenau jetzt weiß.

»Sich wohl fühlen«, diese Worte muss man sich merken.

Jetzt in diesem Moment verdient das Feriendorf eine zusätzliche Million an Umsatz und Gewinn im Vergleich zu den Vorjahren, als die Preise noch nicht angepasst worden waren.

Depenau vermietet insgesamt 1.200 Apartments. Der Anstieg führte sofort zu höheren Gewinnen, ohne Kunden zu verlieren oder sie unzufrieden zu machen. Der Manager empfindet das beinahe als »perverse« Haltung, ist aber bereit, offen darüber zu sprechen.

»Zum Schluss ist jeder zufrieden«, erklärt er. Er ist es ganz bestimmt, aber die Gäste sind es auch. Sogar mehr noch als in der Vergangenheit, wie Depenau herausfand. Eine Umfrage ergab, dass sie sich besser fühlen, seitdem die Preise erhöht wurden. Darüber hinaus ist das Resort im Sommer komplett ausgebucht.

Wie war es möglich, die Preise zu erhöhen und die Kunden trotzdem zufriedenzustellen?

Depenau erklärt, dass die Investitionen in die Modernisierung des Dorfes sicherlich den Preisanstieg gestützt haben, aber ohne Neuropricing hätte das alles keinen Sinn ergeben, erst recht nicht der Preisanstieg.

Was ist Neuropricing?

Aldous Huxley würde sagen, dass das Maß an Zufriedenheit daher kommt, dass es verschiedene Stufen der »Realitätswahrnehmung« gibt. Im Grunde genommen existiert die Welt gar nicht, sondern nur die Art, wie wir sie betrachten.

Dieses Preismodell sollten wir uns nun etwas genauer anschauen.

Für eine derartige Studie kann man Experten für Neuro-Marketing wie Kai-Markus Müller befragen: Müllers wichtigstes Instrument, um die echte Zahlungsbereitschaft eines Kunden herauszufinden, liegt im Regal in seinem Labor.

Es ist eine Art durchlöcherte Bademütze. Sobald sie auf dem Kopf sitzt, verbindet einer von Müllers Assistenten die Elektroden. Das Gel auf der Kopfhaut ermöglicht genauere Messungen.

Es sieht ein bisschen aus wie das Experiment eines verrückten Wissenschaftlers, beispielsweise aus *Zurück in die Zukunft*. Aber was ist Wissenschaft sonst, wenn nicht eine Fülle aus Experimenten und Tests, Versuch und Irrtum?

11 Neuropricing

Müller ist der Meinung, dass Menschen in jedem Fall nicht das tun oder das kaufen, was sie eigentlich behaupten zu wollen.

Was Kunden wirklich kaufen wollen und zu welchem Preis, wird durch die Gehirnströme enthüllt. Streng genommen sind die aber gar nicht das, was Müller mithilfe eines EEG misst, sondern die Spannungsschwankungen an der oberen Wand der Kopfhaut.

Auf einem Bildschirm kann man die Spannungsschwankungen erkennen. Jede Elektrode besitzt eine kodifizierte Bandbreite und eine Farbe. Jeder Emotion wird ein Farbton zugeordnet, ein chromatisches Lemma. Es geht darum, die Welt zu sehen, wie wir sind. Welche Farbe haben wir? In jedem sich (und uns) verändernden Moment.

Müller hat auch Starbucks-Produkte getestet, indem er Kunden einige einfache Fragen gestellt hat, beispielsweise: Wie viel würden Sie für einen schwarzen Kaffee in einem kleinen Pappbecher zahlen? In solchen Studien werden den Kunden in jeder Sekunde mögliche Preise gezeigt, die für das Produkt berechnet werden. Basierend auf Big Data und Machine-Learning-Algorithmen zeigt das EEG bei jedem Preis, ob er in Verbindung mit dem Produkt der optimale Preis ist. Das Gehirn der Testperson lügt nicht: Mittels des EEG war es möglich, optimale Preise für Starbucks zu bestimmen.

Die überraschende Entdeckung: Starbucks ist tatsächlich teuer, aber die Menschen sind sogar bereit, noch mehr zu bezahlen. Aufgrund der Studie entschied die Kette, den Preis für einen kleinen schwarzen Kaffee von 1,80 Euro auf 1,95 Euro zu erhöhen, ohne dass ein Umsatzeinbruch erkennbar gewesen wäre.

Was sind also Kosten und Zeit? Wie viel »kostet« ein Euro? Wie hoch ist der Wert einer Kaffeepause in der Bar, während der Ventilator sich über Ihnen dreht? Nur zehn Minuten Ruhe vor der Arbeit, Spaß mit Freunden, ein Glas Wasser vor einem Bewerbungsgespräch, Staubstrahlen fließen aus dem großen zentralen Fenster herab.

Ein weiteres Beispiel stammt von Pepsi. Das Unternehmen wollte wissen, wie sich die Umsätze ändern würden, wenn der Preis einer Tüte Chips in der Türkei um 0,25 türkische Lira erhöht würde.

Eine Marktforschungsstudie prognostizierte einen Umsatzeinbruch von 33 Prozent.

Die auf Neuropricing-Methoden basierende Umfrage, die parallel dazu durchgeführt wurde, sah hingegen nur einen neunprozentigen Umsatzverlust voraus.

Sobald der Preis erhöht worden war, betrug der tatsächliche Verlust nur sieben Prozent. In der Neuropricing-Studie beschäftigen sich Personen mit der Preisfunktion und Fragen wie: »Billig oder teuer?« »Je länger die Befragten für die Antwort brauchen, desto besser. Desto eher korrespondiert der angezeigte Preis mit ihrer Wahrnehmung«, erklärt Müller.[2] Auf Grundlage dieser Erkenntnisse entwickelte Müller ein skalierbares Instrument, das »Neuropricing Online« heißt. Es dient dazu, zahlreiche Produkte, Zielgruppen, Märkte oder Produktvarianten zu testen.

Gehirnscans führen zu der überraschenden Entdeckung, dass der Bestpreis häufig über dem von Herstellern oder Einzelhändlern empfohlenen liegt. »Die Besorgnis des Verkäufers im Hinblick auf den Preis ist häufig größer als die des Käufers«, folgert Müller. Das gilt auch für David Depenau. Beide wissen allerdings auch, dass man Preise nicht überreizen kann. Die Umsätze brechen sonst ein, ebenso wie Ihr Image (Kundenwahrnehmung, Ihr Ruf) und Ihre Gewinnmargen: »Es ist wie am Rande einer Klippe zu stehen und auf das Meer zu blicken«, fasst Depenau zusammen – die Vorstellung von Leichtsinn, die Gefahr der Schönheit: »Wenn Sie einen Schritt zu weit gehen, dann stürzen Sie ab.«

Kontextanalyse

Können Bauchentscheidungen wirklich getroffen werden und sich am Ende gar als »richtig« erweisen? Noch einmal. Kann Ihr

11 Neuropricing

Herz wirklich gebrochen werden oder können Sie wirklich Ihrem Instinkt folgen?

Aus Liebe zur Poesie mögen Menschen es, bestimmten Körperteilen bestimmte Emotionen, Vorstellungen oder Handlungen zuzuweisen.

Neurowissenschaften oder Hirnforschung zeigen das Gegenteil.

Alle Entscheidungen, Gedanken und der Inhalt unseres Gedächtnisses bestehen aus Aktivitätsmustern und Verbindungen, die sich durch mehr als 100 Milliarden Neuronen und Nervenzellen entwickeln, die sich alle innerhalb der Begrenzungen eines einzigen Organs befinden – dem Gehirn. Woher kommen Träume? Stellen Sie sich nur vor, das Gehirn wäre größer als der Himmel ...

Es war der bekannte Forscher Manfred Spitzer, der den Gedanken »Dein Gehirn bist Du« publik machte. Wenn das Gehirn eines potenziellen Käufers das entscheidende Organ ist, wird es für das Marketing in Bezug auf die Preisgestaltung wichtig, zu identifizieren, welche Produkte im Hirn des Kunden Begeisterung auslösen und bei welchem Preis das Gehirn das Signal bekommt, den Kauf dieser Produkte zuzulassen.

All das mag zu technisch erscheinen, doch Brian Knutson und seine Kollegen an der Stanford University in Kalifornien haben einige dieser Fragen tatsächlich mithilfe von fMRI(funktionelle Magnetresonanztomographie)-Hirnscans untersucht.

Diese Methode ermöglicht es zu bestimmen, welche Gehirnregionen aufgrund eines Inputs aktiviert werden.

Im Gehirnscanner wurden die Freiwilligen mit authentischen Kaufentscheidungen konfrontiert.

Für einen ersten Test projizierten Knutson und seine Kollegen mithilfe eines Spiegels das Bild eines Produktes in den Scanner. Je besser den Testpersonen das Produkt gefiel, desto mehr Blut floss in den Bereich des Gehirns, der sich *Nucleus accumbens* nennt.

Es ist interessant, da eine Aktivität im Nucleus accumbens normalerweise stattfindet, wenn das Gehirn eine Belohnung erwartet, weswegen dieser Bereich auch Teil des positiven Feedback-Systems des Gehirns ist.

Einige Sekunden später wurde kurz ein Preis unter dem Produkt eingeblendet.

Schließlich mussten die Teilnehmer entscheiden, ob sie das Produkt kaufen oder nicht.

Wenn der Preis niedriger als die maximale Zahlungsbereitschaft der Testperson war, fand eine erhöhte Aktivität in der Gehirnregion des medialen präfrontalen Cortex statt, der zum Entscheidungssystem des Gehirns zählt.

Wenn der Preis stattdessen über der maximalen Zahlungsbereitschaft lag, war der mediale präfrontale Cortex weniger aktiv. In diesem Fall konnten die Wissenschaftler eine höhere Aktivität in der Insula (Inselrinde) messen, einem Bereich des Gehirns, der normalerweise mit Schmerzempfinden und anderen grundlegenden Gefühlen zusammenhängt.

Forscher folgern daraus, dass Wunschprodukte eine Belohnung hervorrufen und dass hohe Preise Gefühle auslösen, die Schmerzen ähneln. Man spricht in diesem Fall von dem *Pain of Paying*.[3]

Was für das Marketing von einiger Bedeutung zu sein scheint, ist, dass Brian Knutson und seine Kollegen mittels der Ergebnisse der Gehirnscans eine tatsächliche Kaufentscheidung der Teilnehmer vorhersagen konnten.

Die Prognosefähigkeit der Scan-Daten war deutlich besser als die traditioneller Umfragen. Diese Entdeckung kann man auf die Praxis übertragen. Analytische Algorithmen von Gehirnscan-Analysen durch ein EEG ermöglichen es, die maximale Zahlungsbereitschaft direkt anhand der Gehirnaktivität zu messen.

11 Neuropricing

Der Vorteil der EEG und fMRI-Scans besteht darin, dass das Gehirn nicht lügt. Die üblichen Probleme klassischer Marktforschung anhand von Fragebögen wie unbewusste Vorurteile, die Schwierigkeit, Gefühle in Worte zu fassen, oder vorsätzliche Täuschung werden elegant umgangen, indem man direkt im Gehirn misst.

Wir schauen uns nun eine Reihe von Merkmalen an, die mit der Hirnfunktion im Hinblick auf Preise und deren Auswirkungen auf das Preismanagement verbunden sind.

Niedrige Preise allein ruinieren die Gewinnspanne nicht

Preisverfall schadet nicht allein der Gewinnspanne. Es ist ein mächtiger Untergrabungsprozess, der sehr wenig mit dem »simplen« Kauf zu tun hat, sondern viel mehr mit der »Sache«, die gekauft wird. Auf der Grundlage welcher Wahrnehmung wird welche Art von Vakuum/Trauma/Mangel oder Wunsch/Impuls/Glück befriedigt?

Wenn man traditionellen Umfragen Glauben schenken darf, verlangen die meisten Konsumenten niedrige Preise. Aber die menschliche Psychologie spielt uns hier einen bösen Streich (tatsächlich lautet der berühmte Kommentar von Albert Einstein gegenüber seinem Freund Niels Bohr »Gott würfelt nicht«) und sicher verstehen Marktkräfte nicht alles.

Verbraucherorganisationen, die sehr stark daran glauben, den Verbraucher vor Unternehmen zu schützen, die angeblich die Preise in die Höhe treiben, befinden sich nicht immer auf der Seite der Gerechtigkeit.

Die Beziehung zwischen Preis und Wohlbefinden ist äußerst komplex. Natürlich beeinflusst die Qualität den Preis. Aber überraschenderweise funktioniert dieser bekannte Effekt auch andersherum. Also der Preis beeinflusst auch die Qualität.

Zwei international renommierte Studien zeigen den Effekt von Preisen sehr deutlich: Der berühmte Verhaltensökonom Dan Ariely verteilte angebliche Schmerzmittel, meistens einfache Placebos, an die Teilnehmer seiner Studie. Die Hälfte der Personen bekam ein Schriftstück, aus dem hervorging, dass das fragliche Medikament ein kürzlich freigegebenes Schmerzmittel sei, das 2,50 Dollar pro Dosis koste. Die andere Hälfte der Teilnehmer bekam die Information, dass es nur zehn Cent kostet.

Die Teilnehmer bekamen dann einen leichten Elektroschock und ihre Reaktionen auf das verabreichte Medikament wurden aufgenommen: Der Effekt des teureren wurde deutlich besser beurteilt als der des preiswerteren, obwohl zwischen ihnen kein Unterschied bestand.

Die Neuroökonomin Hilke Plassmann ging in einer anderen Studie sogar noch weiter: Die Teilnehmer ihrer Forschung sollten eine Weinprobe durchführen und sie wollte die Reaktionen mittels eines Hirnscanners analysieren.

In Plassmanns Test wurde derselbe Wein einmal in einer Flasche für zehn Euro und einmal für 90 Euro präsentiert.

Die Teilnehmer meinten, der teure Wein schmecke doppelt so gut wie der preisgünstige. Nicht nur das: Der Hirnscan zeigte, dass die Gehirnregionen, die mit positiven Gefühlen verbunden sind, bei dem teureren Wein stärker aktiviert wurden als bei dem preisgünstigen.

Eine Frage der Prädisposition? Oder der Erwartungen? Oder ein unbewusstes Vorurteil gegenüber einem Objekt?

Wie immer gelten Volksweisheiten wie »Billig ist billig« oder »Was nichts kostet, nützt nichts«.

Niedrige Preise wirken sich nicht nur negativ auf die Rentabilität eines Unternehmens aus, wie die Ergebnisse von Ariely und Plassmann zeigen, sondern beeinträchtigen auch die wahrgenommene Qualität bei den Kunden.

Höhere Preise führen zu einem höheren Gewinn, aber auch zu größerer Zufriedenheit und letzten Endes zu einer höheren Lebensqualität. Diese Erkenntnis sollten Unternehmen berücksichtigen bei der Abwägung, ob und wie sie ihre Preise modifizieren sollen.

Zeit und Preis

Das Gehirn ist ungeduldig.

Theoretisch erwarten wir, dass Menschen rationale Entscheidungen treffen, wenn sie beispielsweise gefragt werden, ob sie lieber den Spatz in der Hand oder die Taube auf dem Dach hätten.

Auf einer rationalen, abstrakten Ebene ist es sinnvoll, sich für das zu entscheiden, was den größten Wert hat.

Genauso würden wir erwarten, dass ein Arbeiter es vorzieht, Geld in einen Rentenfonds zu investieren, um ein würdevolles Leben im Alter zu gewährleisten, statt das Geld für Konsumprodukte und Urlaub auszugeben und so ohne Ersparnisse im Rentenalter zu sein; oder dass ein Student lieber zwei freie Mahlzeiten in zwei Wochen wählt als eine heute.

In einer empirischen Forschung bekamen die Teilnehmer die Wahl zwischen drei Arten von Belohnung: eine limitiertere, dafür sofort, oder eine größere zu einem späteren Zeitpunkt.

Die große Mehrheit entschied sich für einen sofort gültigen Zehn-Dollar-Gutschein statt für einen Hundert-Dollar-Gutschein, der aber erst in zwei Monaten gilt.

Selbst bei der Auswahl eines sofortigen Gewinns von 100 Dollar oder 200 Dollar in drei Jahren entschieden sich die meisten Teilnehmer für die sofortige Gelegenheit.

Eine kurzfristige Belohnung ruft offenbar eine Vorstellung von etwas hervor, das sofort gekauft werden kann, was die Option (geringerer Wert, aber früher verfügbar) deutlich attraktiver macht.

Deswegen konsumieren viele Menschen lieber heute, statt für das Alter vorzusorgen. Aus psychologischer Sicht hängt das mit der Angst vor dem Tod, vor Krankheiten zusammen und unserer natürlichen Neigung, die tödlichen Konsequenzen des Lebens zu vermeiden oder ihnen zu entfliehen.

Wahrscheinlich ist das auch einer der Gründe, aus denen viele Versicherungen gekündigt werden, bevor sich die langfristigen Vorteile materialisieren oder es möglich wird, die Prämie zu beanspruchen.

Aus Sicht des Neuropricing beinhaltet das, dass ein Sonderangebot, das mit sofortigen Vorteilen für den Kunden verbunden ist, wahrscheinlich in Bezug auf den geforderten Preis eher akzeptiert wird, als beispielsweise Punkte zu sammeln, die dann in Rabatte umgewandelt werden können oder in kostenfreie Produkte, sobald eine ausreichende Anzahl Punkte erreicht wurde.

Wenn das Bezahlen wehtut

Es ist bewiesen, dass der Preis eines Produktes in der Gehirnregion bewertet wird, die Schmerzen wahrnimmt. Preis und Bezahlung können daher beide im Gehirn mit einem negativen Hirnimpuls verarbeitet werden. Einer der interessantesten Aspekte dieser Funktion ist, dass die Intensität des negativen Gefühls nicht so sehr von der absoluten Summe abhängt, sondern von dem Nutzen, der mit dem Kauf verbunden wird.

Angenommen, wir haben 200 000 Euro veranschlagt für den Kauf einer sich im Bau befindlichen Wohnung, die natürlich jetzt ausgestattet werden muss.

Eine höhere Individualität bedeutet höhere Kosten, erklärt der Bauunternehmer, die müssten wir selbst tragen.

Wenn also der Preis, bevor wir noch die Schlüssel bekommen, aufgrund der ganzen zusätzlichen Kosten für die Kücheneinrichtung, das Wohnzimmer, das Badezimmer und das Schlafzimmer um 25 Prozent gestiegen ist, wird der Schmerz sich in Grenzen halten, wenn die Wohnung unseren Erwartungen entspricht.

Stellen wir uns jetzt umgekehrt vor, dass wir in einer Sandwich-Bar einen Hamburger für nur fünf Euro bestellen. Aber nach einer ewigen Warterei und wachsendem Hunger macht sich beim ersten Bissen eine Enttäuschung breit, also der Hamburger stellt uns überhaupt nicht zufrieden. Die unmittelbare Auswirkung ist wie folgt: Der Schmerz durch diese (geringe) Ausgabe ist weitaus größer als der, den wir bei den Extrakosten von 50 000 Euro für die Ausstattung der Wohnung bezahlt haben. Die waren zwar in der Kalkulation nicht enthalten, sind aber mit unserer umfassenden Zufriedenheit verbunden, wenn wir uns mit einem kalten Bier und cooler Jazzmusik hinsetzen und uns in unserer schönen Wohnung umblicken, die wir so schön hergerichtet haben, eingehüllt in Stille, die Lichter der Stadt tief unter uns. Wir freuen uns – und prosten uns zu!

Der Schmerz entsteht also eher aus dem Gefühl des Verlusts als aus der Summe der involvierten Faktoren.

Der Grund dafür ist, dass die Hirnmechanismen positive und negative Emotionen ausbalancieren. Die Freude über ein von uns eingerichtetes Apartment dominiert über andere Emotionen: Alles erscheint »positiv«, das Glas ist halbvoll. Dank der Rabatte, die über den Bauunternehmer zu bekommen waren, konnten wir beispielsweise im Badezimmer und in der Küche die Möbel günstiger bekommen.

Bei dem Hamburger hingegen waren unsere Erwartungen wegen unseres Hungers groß und darüber hinaus mit einem Grundbedürfnis verbunden: Wir fühlten schon den Geschmack eines saftigen Burgers und die Wartezeit erhöhte unsere Erwartungen auf diesen Gaumenschmaus. Der Preis von fünf Euro schien einigermaßen gerechtfertigt. Nach dem ersten Bissen fällt die Erwartung stattdessen in sich zusammen und die Enttäuschung verkehrt die positive Emotion ins exakte, entschieden negative

Gegenteil, da die Schmerzregion im Hirn aktiviert wurde und noch unterstützt wird durch Gedanken wie »Habe ich für diesen Müll wirklich Geld ausgegeben?«. Keine existenzielle Frage, aber eine offensichtlich alltägliche.

Außerdem vergisst das Gedächtnis schlechte Erfahrungen nicht so schnell und so werden wir in die Sandwich-Bar keinen Fuß mehr setzen.

Die »Schmerzen« einer Bezahlung sind also höher, wenn der Preis als ungerechtfertigt betrachtet wird.

Kehren wir noch einmal zu der neuen Wohnung zurück. Einen Monat nach dem Einzug haben wir uns an die neue Küche gewöhnt, genauso an das tolle Badezimmer und die schönen Möbel und alles wird zunehmend zu einer normalen, erfreulichen Behausung, wo wir leben, essen (keine Hamburger), lieben, lachen und unsere liebsten Freunde einladen. Die anfängliche Begeisterung ist vorbei, das stimmt wohl, aber genauso die Erinnerung an die Extraausgaben.

Der Kellner in der Sandwich-Bar hat vielleicht den angewiderten Ausdruck des Kunden bemerkt, es sei denn, das Essen wurde nach Hause geliefert. Nach dem ersten Bissen hätte er also handeln und die negative und infolgedessen länger anhaltende Wahrnehmung umkehren können.

Wenn der Kellner sofort einen kostenlosen Hamburger angeboten hätte oder ein anderes Gericht, hätte er die Schmerzen des Kunden erheblich gemildert. Der Kunde hätte den ausgezeichneten Service wahrgenommen und wäre dem Restaurant wahrscheinlich treu geblieben. Das ist alles Spekulation, und wenn man genau darüber nachdenkt, sind doch alle unsere Tage so: das Ergebnis der Kreuzungen, rechts oder links. Ich bemerke die Enttäuschung, ergreife Maßnahmen und korrigiere sie. Ich bemerke sie nicht und diese Wahrnehmung wird für immer im Gedächtnis bleiben. Gedanken im Unterbewusstsein, Bedeutung von Wörtern, sich öffnende und schließende Türen. Der Geist ist eine innere Welt, die die Umgebung bewohnt.

Es liegt an uns, diese Umgebung zu definieren, Notwendigkeiten entstehen zu lassen und dann entsprechend zu handeln, das wundervolle und einzigartige Grenzgebiet, das uns mit der Welt verbindet.

Ein zu breites Angebot verhindert Käufe

Zwischen den (zu vielen) konkurrierenden Alternativen herrscht die *Nicht-Wahl* vor: Unser Gehirn verhindert den Kaufinstinkt, wenn die Auswahl zu groß ist.

Das wurde in einem Experiment in einem kalifornischen Supermarkt gezeigt, in dem den Kunden 24 verschiedene Sorten Marmelade von Wilkin & Sons präsentiert wurden.[4]

Das Ziel war, das Kundenverhalten zu beobachten und zu sehen, ob die Kunden, nachdem sie einige Marmeladen probiert hatten, diejenige, die sie am leckersten fanden, auch kauften.

Schon bald gab es einige Menschen, die in einer extra eingerichteten Ecke im Supermarkt die Marmeladen probieren wollten. Dennoch entschieden sich von allen Testern nur drei Prozent für einen Kauf.

Als dasselbe Experiment mit nur sechs verschiedenen Sorten durchgeführt wurde, war das Ergebnis eindeutig: Obwohl die präsentierten Waren weniger attraktiv waren, entschied sich ein Drittel der Tester, etwas zu kaufen. Ein beachtlicher Anstieg von drei auf 33 Prozent!

Eine Erklärung bietet das Unterbewusstsein der Kunden. Wenn man mit einer großen Auswahl konfrontiert ist, erlebt man eine Komplexität, die das Risikoempfinden steigert, die falsche Wahl zu treffen, sodass man lieber nichts kauft.

Wenn die Auswahl stattdessen reduziert wird, erscheint die Entscheidung weniger komplex. Die Gefahr, sich falsch zu entscheiden, wird verringert, sodass der Widerstand der Kunden gegenüber einem Kauf sinkt.

Der Kontext beeinflusst die Preiswahrnehmung

Der Kontext hat einen erheblichen Einfluss auf die Preiswahrnehmung und die Zahlungsbereitschaft. Man kann leicht beobachten, dass im Urlaub oder beim Wochenendshoppen das Geld (bei den meisten Leuten) lockerer sitzt als bei den wöchentlichen Einkäufen des täglichen Bedarfs.

Wir passen uns dem »außergewöhnlichen« Kontext an, in dem wir uns befinden, und kaufen, ohne sonderlich auf die Preise zu achten. Wir sehen also Kunden, die bei ihrem wöchentlichen Supermarkt-Einkauf die Preise verschiedener Nudeln vergleichen, vielleicht die Eigenmarke des Ladens wählen, um zehn oder zwanzig Cent zu sparen, während dieselben umsichtigen Käufer im Urlaub oder im Restaurant mit ihrer »anderen Hälfte« einen besonderen und ziemlich teuren Wein bestellen, ohne auf den Preis zu achten.

Die Aufgabe von erfahrenem Verkaufspersonal besteht also darin, einen Kontext für den Kaufvorgang zu schaffen, um die potenzielle Zahlungsbereitschaft des Kunden zu steigern und die Wahrnehmung des Preises in den Hintergrund zu rücken, unabhängig davon, was wo verkauft wird.

Bauchentscheidungen finden im Kopf statt

Mit der Verbreitung von Tablets und »intelligenten« Telefonen – den Smartphones – stehen immer mehr Informationen zur Verfügung. In unserem Fall verkompliziert es aber die Entscheidung. Um Preise zu evaluieren, sowohl im professionellen Kontext als auch privat, gibt es einige heuristische Regeln, die man anwenden kann, also Methoden zur Erleichterung der Entscheidungsfindung, was uns Zeit sparen kann.

Man kann zwei wichtige Methoden unterscheiden.

Die erste ist die *Rekognitionsheuristik*: Bei der Auswahl zwischen zwei Elementen, sei es ein Produkt oder ein Service, orientiert sich die Entscheidung immer daran, was man wiedererkennt und was ähnlich zu etwas Vertrautem erscheint.

Die zweite ist die *Verfügbarkeitsheuristik*: Sie basiert stattdessen darauf, wie häufig sich eigene Erfahrungen ins Gedächtnis rufen lassen. Sie ist das Äquivalent einer intuitiven statistischen Schlussfolgerung, die aber als Proben die Erinnerungen an unsere Erfahrungen nutzt.

Das Wesen der Rekognitionsheuristik ist, etwas Vertrautes zu finden, eine Art Proust'sche *Madeleine*. Es nützt nichts, sich über bestimmte Eigenschaften der neuen Produkte Gedanken zu machen oder sie zu kennen. Aber es genügt, mit einem anderen Produkt der Marke vertraut zu sein, um sich für einen Kauf zu entscheiden. Wenn der Kunde beispielsweise Ferrero-Schokolade kennt, dann wird er dazu tendieren, ein neues Produkt eher von dieser Marke zu kaufen als vom Wettbewerber Lindt.

Bei der Verfügbarkeitsheuristik hingegen werden Käufe durch Hinweise beeinflusst. Wenn man schaut, was andere Kunden kaufen, gibt es bereits eine Leitlinie, die in gewisser Weise als Vorschlag verstanden wird, an dem der Käufer sich orientieren kann. Manchmal reicht es, zu schauen, was jemand, der besonders klug oder kompetent erscheint, in seinen Einkaufswagen legt, und dasselbe Produkt auszuwählen. Oder Sie tendieren zu einem Produkt, das ein Freund, ein Verwandter, eine Autoritätsperson oder auch ein Influencer vielleicht gekauft haben.

Unternehmen, die von einer maximalen Zahlungsbereitschaft profitieren wollen, haben einen Vorteil, wenn sie die heuristischen Entscheidungen der Kunden berücksichtigen: Dadurch können sie Informationen und Angebote so steuern, dass sie den Kauf des Produktes fördern.

Zusammenfassung

Die Neurowissenschaften – besonders das Neuropricing – helfen, neue und zukünftige menschliche Kaufmuster zu verstehen, egal ob bewusste oder unbewusste.

Neuropricing hilft Unternehmen, unterbewusste Gründe zu entschlüsseln, die zu den Kaufentscheidungen des Kunden führen.

Die entsprechenden Preisstrategien werden optimiert, um Umsätze zu steigern, Akzeptanz zu verbessern oder die Qualität eines Produktes zu kommunizieren.

Analysealgorithmen von Hirnscans mittels EEG ermöglichen, die maximale Zahlungsbereitschaft eines Kunden direkt aus seiner Hirnaktivität zu messen. Der Vorteil gewisser Techniken wie EEG und fMRI besteht darin, dass das Gehirn nicht lügen kann.

Typische Probleme klassischer Marktforschung durch Fragebögen – wie unbewusste Vorurteile, Schwierigkeiten, Gefühle in Worte zu fassen, Selbstbetrug oder eher Selbst-Missverständnis oder Referenzen aufgrund von Informationen aufbauen – können durch direkte Messung der Hirnaktivität umgangen werden. Wenn man einige Merkmale, die mit der Art, wie das Gehirn in Bezug auf Preise funktioniert, zusammenhängen, und die Auswirkungen auf das Preismanagement berücksichtigt, können Unternehmen so die Preise optimieren und Entscheidungen heutiger und zukünftiger Kunden steuern.

Teil III
WIE UNTERNEHMEN GEWINNEN

12 Erfolg mit neuen Preismodellen

»Menschen kaufen keine Produkte,
sondern den wahrgenommenen Wert.«
Peter Drucker

Case History

Sie sind Teil eines gesunden Unternehmens, das seit 30 Jahren wächst. Umsatz: vier Milliarden Dollar. Umsatzrendite: fast 20 Prozent. Sie bieten eine international geschätzte Produktpalette. Also genau genommen das Ziel der meisten Unternehmer und Manager. Ein Traum.

Dann, eines Tages, wachen Sie auf und fühlen sich wie in einem Alptraum gefangen: Das Topmanagement kündigt an, dass das Erlösmodell komplett umgekrempelt wird. Von morgen an werden die Produkte nicht mehr wie gewohnt verkauft, denn es wird ein bis dahin für die meisten Menschen unbekanntes Monetarisierungsmodell eingeführt. Alle hart erarbeiteten und mit vielen Opfern errungenen Sicherheiten der letzten 30 Jahre stehen auf dem Spiel.

Aber – *Leben ist das, was passiert, während du eifrig dabei bist, andere Pläne zu schmieden* – das Unerwartete passiert: Sobald das Erlösmodell umgekrempelt wurde, startet das Unternehmen neu durch und wächst sogar noch mehr und profitabler als zuvor!

All das passierte tatsächlich bei Adobe in San Jose, Kalifornien. Wenn man an Erfolgsgeschichten im Abo-Bereich denkt, dem sogenannten »Software-as-a-Service(SaaS)-System«, dann fallen einem zuerst Unternehmen wie LinkedIn, Salesforce oder Zendesk ein. Aber nicht Adobe. Ein Fehler, denn: Tatsächlich ist dieses Unternehmen, bekannt für Produkte wie Photoshop, PostScript und Acrobat, einer der erfolgreichsten Pioniere auf diesem Gebiet.

Im Jahr 2013 erfolgte der Übergang von einem Umsatzmodell, das auf einem Produkt basierte, zu einem Abomodell.

Adobe verkaufte traditionell seine Design- und Publikationsprodukte in physischer Form, verpackt und verbreitet mit einer unbefristeten Lizenz, bei der Kunden nur einmal bezahlten und dann die Software für eine unbestimmte Zeit nutzten. Das Modell war profitabel und Adobe erreichte eine Nettoumsatzrendite von 19 Prozent. Aber dieses unflexible Geschäftsmodell bot auch einige Nachteile.

Das Unternehmen war nicht in der Lage, dauerhafte Kundenbeziehungen aufzubauen oder ein Update der Software zu ermöglichen. Deswegen stoppte Adobe den ständigen Fluss von Innovationen und Verbesserungen und damit aber auch die Möglichkeit, einen konstanten Einnahmenfluss zu generieren.

Die Lösung lag in einem radikalen Übergang zur *Adobe Creative Cloud*, einem Abomodell, das auf »Cloud«-Services basiert und das alte System der CDs und Lizenzen ersetzte. Indem sie die Cloud benutzen, erhalten Kunden häufige Software-Updates und eine Reihe von neuen Services. Der Monetarisierungsansatz wechselt von einem einmaligen Kauf für 1.800 Euro zu 50 Dollar im Monat für die gesamte Creative Cloud (oder 19 Dollar monatlich für eine einzelne App).

Unterstützt von einer massiven Kommunikationskampagne, war der Wechsel ein enormer Erfolg. Adobes Börsenwert betrug 22,5 Milliarden Dollar, als sie das neue Modell 2013 einführten. Bis 2021 war er auf mehr als 269 Milliarden Dollar angestiegen bei einem jährlichen Umsatz von 16 Milliarden Dollar.

Erfolg mit neuen Erlösmodellen

Bei Veränderungen muss das Timing antizipiert werden und wir selbst müssen Teil des Wechsels werden. Der rote Faden dieses

12 Erfolg mit neuen Preismodellen

Buches, die Frage, die wir beantworten möchten, lautet: Wie können unser Erlösmodell und unser Unternehmen transformiert werden, um einen Vorteil zu erlangen (und das in einer Zeit, die sich bereits in einem radikalen sozialen und wirtschaftlichen Wandel befindet)?

Versuchen wir etwas Ordnung in die Dinge zu bringen und zusammenzufassen, was wir bislang betrachtet haben. Konzentrieren wir uns auf nur ein paar eindeutige Wege, die die kommende *Preismodell-Revolution* erklären.

Wenn man mit neuen Monetarisierungsmodellen Erfolg haben möchte, muss man drei wesentliche Fragen klar beantworten:

- *Welchen Wert nimmt mein Kunde wahr?*
  Sobald die Kundenbedürfnisse identifiziert sind – und das ist immer der beste Ausgangspunkt –, hilft es, die Ursachen für den Wert zu verstehen, um daraus zu schließen, was hinsichtlich eines Erlösmodells monetarisiert werden kann.
- *Wie sollte der Monetarisierungsansatz aussehen?*
  Die neue Monetarisierung muss definiert werden (man kann praktische Beispiele untersuchen, um ähnliche Stärken und Schwächen auszumachen, genauso wie bestimmte Merkmale im eigenen Unternehmen) mit dem Ziel, den wahrgenommenen Wert vollständig zu erfassen.
- *Wie führt man das neue Erlösmodell im Unternehmen ein?*
  Von Konzepten zu Fakten: Zweifel und Widerstände müssen überwunden werden und »Das haben wir immer so gemacht« muss sich in einen Antrieb für den Wandel verwandeln.
  Betrachten wir nun eine spezifische Analyse der einzelnen Motoren eines Wandels.

1. Den wahrgenommenen Wert identifizieren

Welchen *Wert* nimmt mein Kunde wahr? Diese Frage sollte immer der Ausgangspunkt sein für jedes Nachdenken über Monetarisierung.

Wir nehmen es als selbstverständlich hin, dass jedes Unternehmen, das prosperieren möchte, in der Lage ist, einen Wert anzubieten. Wenn die Kunden keinen Wert erkennen könnten, würden sie nicht zahlen wollen. Andererseits muss das Unternehmen diesen »Wert« durch innovative Preismodelle abschöpfen können.

Wie wir gesehen haben, gehört in vielen Kontexten das klassische Bezahlen für Waschmaschinen, Motoren, Medizin, Musikalben oder Theateraufführungen der Vergangenheit an.

Das Modell, das auf einem Austausch von Eigentum basiert, ist alles andere als optimal und verhindert es, den Kunden den vollständigen Wert zu liefern.

Heute wissen wir, dass das »echte« Bedürfnis sauberes Geschirr ist und nicht der Besitz des Gerätes, welches das ermöglicht. Genauso wie das Bedürfnis nach Flugstunden, die mich an einen bestimmten Ort bringen, und nicht der Besitz des Flugzeugmotors des Flugzeugs, das mich dorthin bringt!

Der technologische Prozess, den wir im ersten Kapitel beschrieben haben, hat einen radikalen Wandel in Bezug auf die Monetarisierung ausgelöst. Für Unternehmen bieten sich verschiedene Wege für neue strategische Prioritäten: verstehen, wie der Kunde unsere Produkte nutzt, und die wirkliche Leistung verifizieren.

Dank moderner Technologie ist es möglich, die Nutzung des Produktes aufzuzeichnen, den Kontext und die Anwendung zu erkennen und somit die Basis zu legen für eine Quantifizierung der angebotenen Lösung und dem damit verbundenen Wert.

2. Die neue Monetarisierung festlegen

Wie sollte die neue Monetarisierung aussehen?

Sobald der wahrgenommene Wert identifiziert ist und Erkenntnisse darüber vorliegen, wie und wann der Kunde das Produkt benutzt, gehen wir über zu der Definition des neuen

Monetarisierungsmodells, um den wahrgenommenen Wert vollständig zu realisieren.

Das Ziel muss sein, Kunden zu akquirieren und alle Kaufhindernisse loszuwerden. Heute wird der Besitz – das Wesen vergangener Erlösmodelle – von vielen Kunden als Haupthindernis für einen Kauf betrachtet: Die Kosten, um ein Produkt zu besitzen, sind zu hoch oder es besteht die Befürchtung, dass sie nicht mit der Nutzung in einem vernünftigen Verhältnis stehen.

Aber Unternehmen können viele Optionen nutzen, um diese Hindernisse zu überwinden und Kunden zu ermuntern, etwas zu kaufen. In den vorherigen Kapiteln haben wir zehn Hauptoptionen für innovative Preismodelle betrachtet. Unter diesen Monetarisierungsansätzen haben wir einige Modelle gesehen, die auf einer Aufteilung des Preises basieren, auf dem Entpacken oder der Nutzung einer Dienstleistung. So kann der Kundenstamm, der unser Produkt oder unseren Service nutzt (in dem Bewusstsein, dass Kunden es auf die herkömmliche Weise nicht genutzt hätten), erweitert werden.

Indem man die Nutzung nachverfolgt, brechen Unternehmen die Produkte auf ihre Werteelemente herunter und machen das Produkt gleichzeitig für den Kunden leichter verdaulich (und erschwinglicher). Das geschieht beispielsweise, indem man Kunden Zugang zu einer Plattform bietet oder wenn der Verkäufer dem Kunden das gesamte Produkt zur Verfügung stellt, er aber nur für die Nutzung bezahlen muss.

3. Das Erlösmodell ändern

Wie gehen wir vor, wenn wir das Erlösmodell in einem Unternehmen ändern möchten? Um im heutigen Wettbewerb erfolgreich zu sein, muss man eine grundlegende Frage stellen: Ist mein Monetarisierungsmodell immer noch angebracht, um Gewinne und Wachstum zu gewährleisten, oder brauche ich in meinem Unternehmen ein neues Erlösmodell?

Der Ausgangspunkt für die Beantwortung dieser Frage ist eine Analyse des bestehenden Erlösmodells, um sicherzustellen, dass es das Beste aus der Zahlungsbereitschaft der Kunden herausholt.

Erfolgreiche Unternehmen analysieren verschiedene Optionen für Erlösmodelle, manchmal probieren sie auch verschiedene Arten der Monetarisierung, um festzustellen, ob und in welcher Weise die eingesetzte Preisgestaltung und die Produkte oder Dienstleistungen des Unternehmens sich weiterentwickeln müssen.

Manchmal führen diese Bewertungen zu einer Koexistenz verschiedener Modelle, was innerhalb des Unternehmens kurzfristig zu Konflikten führen kann, während es mittelfristig eine bessere Steuerung der Kundensegmente ermöglicht und Wettbewerbsvorteile bietet.

Das geschah bei HP, wo sich das Erlösmodell durch die Einführung eines neuen Abomodells namens Instant Ink weiterentwickelte.[1] In der Vergangenheit bekam man Druckertinte nur durch ein Transaktionsmodell, das einen Besitz voraussetzte, indem das Produkt von HP an den Kunden geliefert wurde, inklusive aller Probleme, wie rechtzeitig vorherzusehen, wann die Tinte alle ist, und eine neue Kartusche zu suchen. Mit Instant Ink hat man stattdessen Zugang zu einem automatischen Lieferservice, der die Kartusche direkt an Ihre Adresse liefert.

HP überwacht den Tintenstand, wenn der Drucker benutzt wird und mit dem Internet verbunden ist: Der »intelligente« Drucker identifiziert so den Tintenstand und bestellt automatisch neue Patronen von HP, bevor die Tinte komplett ausgeht. Das Risiko, plötzlich ohne Tinte dazustehen, mit allen damit verbundenen Problemen, gehört der Vergangenheit an. Sobald man sich registriert hat, muss man die Kartuschen nicht mehr im Einzelhandel kaufen.

Das sind kleine, alltägliche Dinge, doch wichtig hinsichtlich unseres kostbarsten Besitzes – Zeit!

12 Erfolg mit neuen Preismodellen

Das ist der Wert für den Kunden, ermöglicht durch ein Erlösmodell, das nicht länger an den Verkauf der Druckerpatrone gebunden ist, sondern an die in einem bestimmten Zeitraum gedruckten Seiten.

Nach der Einführung 2013 ist die Zahl der Abonnenten bis 2022 auf mehr als zehn Millionen Nutzer angestiegen: ein deutlicher Erfolg für das neue Erlösmodell, das parallel zu dem traditionellen, bei dem Kartuschen gekauft werden, läuft.

Einerseits hat es HP geschafft, den Kunden mehr Möglichkeiten zu bieten, und durch das neue Erlösmodell einen größeren Marktanteil erobert, indem eine latente Nachfrage befriedigt wurde. Andererseits hat HP möglicherweise kurzfristig Teile seiner Umsätze mit Druckerpatronen kannibalisiert und neue Spannungen zwischen der eigenen Verkaufsabteilung und den Einzelhändlern, die nicht länger bei den Verkäufen dazwischengeschaltet sind, hervorgerufen.

Entscheidungen über die Form eines Erlösmodells hängen von dem geschaffenen Wert für den Kunden ab, von der Wettbewerbsumgebung und von der Geschwindigkeit, mit der ein Unternehmen es schafft, einen neuen Weg zu entwickeln, um Gewinne zu generieren. Der wesentliche Schlüssel für den Erfolg ist jedoch, wie es ein Unternehmen schafft, Widerstände zu überwinden.

Lektionen für eine neue Monetarisierung

Von Adobe kann man einiges darüber lernen, wie man erfolgreich ein neues Erlösmodell einführt und das Angebot eines Unternehmens revolutioniert.

Dennoch erfolgte dieser Übergang nicht von einem Tag auf den anderen: Adobe besaß eine fast 30-jährige Erfahrung, Kunden zufriedenzustellen und Nutzer zu überzeugen. Daher wurde die Revolution sorgfältig vorbereitet, indem man das Geschäftsmodell genau überdacht hat. Das Unternehmen führte dann einen Prozess ein, der es ihm schließlich ermöglichte, ein klarer Leader in der Abo-Wirtschaft zu werden.

Hier sind sechs Lektionen, die man daraus lernen kann.

1. Eine klare Vision mit greifbaren Zielen formulieren

Das Topmanagement von Adobe hatte eine klare Vision: Das traditionelle, auf Besitz basierende Modell würde eine Belastung für das Wachstum werden. In der Zukunft würden Kunden eher einen direkten Zugang zu den Produktinnovationen bevorzugen. Daher entwickelte Adobe eine Reihe von Kennzahlen für den Aboservice, bot Anleitung für Interessenten und hielt sein Versprechen. Ihr Ziel umfasste vier Millionen Abonnenten bis 2015 und einen Anstieg des wiederkehrenden Jahreseinkommens. Finanzdirektor Mark Garrett erklärt, dass diese Meilensteine das Interesse der Investoren weckten hinsichtlich der langfristigen Ziele des Unternehmens.[2] Im Gegenzug betonte das Unternehmen, dass SaaS die Zukunft von Adobe sei.

2. Nicht aufgeben

Adobes Übergang zu einem neuen Erlösmodell wurde nicht unbedingt begeistert aufgenommen. Im Gegenteil: 30 000 Adobe-Kunden unterschrieben eine Petition auf Change.org und baten Adobe, diesen Übergang zu SaaS aufzugeben. Das war eine extreme Reaktion, wenn man bedenkt, dass Change.org eine Petitions-Plattform für soziale Belange ist. Das Management blieb jedoch bei seiner Haltung, dass der Wandel ihnen ermöglichte, bessere Produkte anzubieten, die leichter aktualisiert werden könnten, schneller und sicherer seien und regelmäßig verbessert werden könnten. Das SaaS-Modell wurde also eingeführt als Weg, den Kundenstamm zu erweitern und infolgedessen den Cashflow. Also traf Adobe die Entscheidung und blieb bis zum Ende dabei. Sie ließen sich von Widerständen nicht beirren. Ein deutliches Beispiel für die Kraft ihrer eigenen Überzeugungen.

3. Den Übergang nicht erzwingen oder Kunden überraschen

Die SaaS *Adobe Creative Cloud* wurde ursprünglich im April eingeführt. Die erste Abo-Version gab es gemeinsam mit der traditionellen Kauf-Software, eine Option, die erst 2017 abgeschafft wurde.

In der Zeit, in der die Angebote parallel existierten, war der Abo-Service fünf Jahre lang in verschiedenen Versionen verfügbar, bevor er die einzige Option für die User wurde. Das Unternehmen wählte diesen Weg, damit der Übergang nicht zu einer Überraschung wurde. Bereits im November 2011 kündigten sie den Stakeholdern ihre Absichten an. Dann begann Adobe, die Nutzer zu informieren, dass die alte Creative Suite in Kürze eingestellt würde. Im Mai 2013 wurde offiziell verkündet, dass sie keine Creative-Suite-Produkte mehr anbieten würden (obwohl sie den Support fortführen wollten).

4. Proaktiv mit Shareholdern und Nutzern kommunizieren

Zu Beginn des Übergangs zum Abomodell veröffentlichte Adobe einen offenen Brief an die User und ermöglichte so einen Dialog über die anstehenden Veränderungen. Die Geschäftsführung wusste, dass ohne die Zustimmung der bestehenden, loyalen Kunden kein effizienter Übergang möglich sein würde. Als börsennotiertes Unternehmen erkannten sie ebenfalls an, dass sie auch ihren Stakeholdern eine umfassende Erklärung und ständige Kommunikation während des Prozesses schuldig waren.

5. Jeden Aspekt des Wandels berücksichtigen und sich darauf vorbereiten, sich ständig anzupassen

Adobe betrachtete den neuen Service als vollständig innovatives Produkt oder, mit anderen Worten, als die authentische »digitale Erfahrung« ihrer Produkte.

Garrett erklärt:»In die Cloud zu gehen, beeinflusste die Art und Weise, wie wir Produkte designten, den Betrieb, die Go-to-Market-

Strategie und Geschäftsmodelle.«[3] Adobe betrachtete seine Produkte und damit verbundene Funktionen als einen echten Lebenszyklus (inklusive Marketingprozesse, Analysen, Werbung und Handel). Mit anderen Worten, Adobe verabschiedete sich vom Status quo, so wenig zu verändern wie möglich. Im Gegenteil, sie betrachteten den Übergang zu SaaS als Möglichkeit, Produkte und Angebote neu zu erfinden und einzuführen.

Als die Creative Cloud bereit war, Service für eine Reihe von Kunden, Einzelpersonen und große Unternehmen zu liefern, waren zu Beginn besonders Freelancer und Amateure unzufrieden mit der Preisstruktur: »Adobe zockt kleine Unternehmen, Freelancer und den durchschnittlichen Kunden ab. Sie scheinen nicht zu erkennen, dass nicht jedes Unternehmen international und millionenschwer ist und unendliche Ressourcen hat«, hieß es in der Petition.

Die Reaktion blieb nicht unbemerkt. Das Unternehmen hörte sich die Beschwerden an und führte dann eine ökonomischere Version nur für den Bereich Fotografie ein, die Variationen von Photoshop und Lightroom enthielt. Auch in diesem Fall erwies sich diese Aktion als erfolgreich, da das Unternehmen zugehört und sich mit den Usern verbunden hatte. Insgesamt betrachtete Adobe seinen Übergang zu SaaS als eine umfangreiche Transformation des Unternehmens. Wie bei den meisten erfolgreichen Unternehmensveränderungen brauchte es seine Zeit, berücksichtigte Feedback von den Stakeholdern und wurde erreicht durch einen konstanten Fortschritt in Richtung der neuen Ziele.

6. Weiterhin einen Wert schaffen

Adobe akzeptierte die Probleme der Kunden und wandelte sie in Möglichkeiten für einen Mehrwert. Garrett erklärt: »Jedes Unternehmen, das ein neues Erlösmodell anstrebt, muss kontinuierlich einen Wert an die Kunden liefern und neue, vorher nicht existierende Quellen für einen Wert schaffen. Sie können nicht das alte

Modell auf eine neue Art verkaufen.«[4] Die Cloud-Produkte von Adobe konnten neue Kunden anziehen und viele der bestehenden Kunden halten.

Abschließende Zusammenfassung

Ein passendes Preismodell ist eines der wichtigsten Elemente für einen Geschäftserfolg. Wenn es zufriedenstellend eingerichtet wurde, wird das Unternehmen prosperieren können. Wenn es stattdessen nicht gut gemanagt wird, kann es das Unternehmen sogar in den Bankrott treiben.

Bei der Monetarisierung geht eine Spitzenleistung weit über ein optimales Management einzelner Preise in einem Produktportfolio hinaus. Eine geeignete Monetarisierung umfasst die Ausrichtung der Strategie, der Ziele, der Positionierung und auch der Regulierung, Tools und alle Prozesse, die die Unternehmenskultur betreffen (am Ende im Erlösmodell erkennbar, das sich wiederum in den Preisen widerspiegelt).

Um mit Erlösmodellen erfolgreich zu sein, ist es deswegen essenziell, folgende drei Fragen zu beantworten:

1. Welchen Wert nimmt mein Kunde wahr?
2. Wie sollte der Monetarisierungsansatz aussehen?
3. Wie sollte das geänderte Erlösmodell im Unternehmen eingeführt werden?

Um das Monetarisierungsmodell erfolgreich zu ändern, sollte ein Unternehmen sechs Lektionen hinsichtlich eines neuen Erlösmodells berücksichtigen:

1. eine klare Vision mit greifbaren Zielen formulieren,
2. nicht aufgeben,
3. den Übergang nicht erzwingen oder die Kunden überraschen,

4. proaktiv mit Stakeholdern und Usern kommunizieren,

5. jeden Aspekt der Veränderung berücksichtigen und sich darauf vorbereiten, sich kontinuierlich anzupassen,

6. weiterhin einen Wert schaffen.

Die Entwicklung eines innovativen Erlösmodells, das wir als *Preismodell-Revolution* definiert haben, stellt die neue Quelle des Wettbewerbsvorteils dar und ist eine der wichtigsten Herausforderungen der nahen Zukunft. Was ist mit Ihnen? Sind Sie bereit für eine Veränderung?

Anmerkungen

Kapitel 1
1. Quelle: Horváth (2022). https://www.horvath-partners.com/en/?hcc=en-us
2. Quelle: Horváth (2022). https://www.horvath-partners.com/en/?hcc=en-us
3. Quelle: Horváth (2022). https://www.horvath-partners.com/en/?hcc=en-us

Kapitel 2
1. Pay per wash von Winterhalter (2022). https://www.pay-per-wash.biz/uk_en/ (aufgerufen am 3. Januar 2022).
2. https://www.kaercher.com/de/professional/digitale-loesungen.html (aufgerufen am 11. Februar 2022).
3. Constine, J. (2017). Gym-as-you-go. https://techcrunch.com/2017/12/03/gym-as-you-go/ (aufgerufen am 10. Oktober 2021).
4. O'Malley, K. (2020). 16 of the best pay-as-you-go gyms, perfect for exercise commitment-phobes. *Elle*, 30. September. https://www.elle.com/uk/life-and-culture/culture/a31007/best-pay-as-you-go-gym/
5. Metromile-Website (2022): »Bei Metromile basiert Ihr Tarif auf Ihren tatsächlichen Fahrgewohnheiten. Unsere Kunden sparen durchschnittlich 47 Prozent verglichen mit dem, was sie bei ihrem vorherigen Autoversicherer gezahlt haben.« https://www.metromile.com/ (aufgerufen am 3. Januar 2022).
6. Michelin-Website (2022). https://business.michelinman.com/freight-transportation/freight-transportation-services/michelin-fleet-solutions (aufgerufen am 3. Januar 2022).
7. Michelin-Website (2022): »Schon lange verkauft Michelin Kilometer, Landungen und transportierte Tonnen statt Reifen. Diese Lösungen basieren auf integrierten Drucküberwachungssystemen, die genutzt werden, um die Wartung zu optimieren und Ausfallzeiten der Fahrzeuge zu minimieren. Der Vorteil dieses Geschäftsmodells besteht darin, dass Kunden nur für das bezahlen, was sie nutzen. So wird Mobilität zugänglicher und effizienter.« https://www.michelin.com/en/sustainable-development-mobility/working-towards-sustainable-mobility/more-accessible-mobility/ (aufgerufen am 3. Januar 2022).
8. Rolls-Royce-Website (2022). https://rolls-royce.com/media/our-stories/discover/2017/totalcare.aspx (aufgerufen am 11. Februar 2022).
9. Zipcar-Website (2022). https://www.zipcar.com/en-gb/daily-hourly-car-hire (aufgerufen am 11. Februar 2022).
10. Atlas-Copco-Website (2022). https://www.atlascopco.com/content/dam/atlas-copco/compressor-technique/compressor-technique-service/documents/2935%200173%2020_airplan_leaflet_en_lr.pdf (aufgerufen am 11. Februar 2022).
11. Visnjic, I. und Leten, R. (2021). Atlas Copco: From selling compressors to providing compressed air as a service. ESADE working paper 275, 16. Februar.
12. https://samoa.un.org/en/130272-food-aplenty-poor-nutrition-undermines-good-health-samoans

Kapitel 3

1. Heidelberg-Website (2022). https://www.heidelberg.com/global/en/services_and_consumables/print_site_contracts_1/subscription_agreements/subscription_1.jsp (aufgerufen am 1. Januar 2022).
2. Müller, E. (2019). Die Netflix-Industrie, *manager magazin*, Juli, S. 94–97.
3. Gartner-Website (2022). https://www.gartner.com/en/newsroom/press-releases/2021-04-21-gartner-forecasts-worldwide-publiccloud-end-user-spending-to-grow-23-percent-in-2021 (aufgerufen am 3. Januar 2022).
4. Justfab-Website (2022). https://www.justfab.com/how-it-works (aufgerufen am 2. Januar 2022).
5. Für einen Überblick über Abos für Haustierzubehör, siehe https://hellosubscription.com/best-fresh-dog-food-subscription-boxes/
6. Interview des Autors mit dem CEO von Zenises, Haarjeev Kandhari, im Januar 2022.
7. Horváth-Studie, Januar 2022.
8. Horváth-Studie, Januar 2022.
9. Barilla-Website (2022). https://smart.cucinabarilla.it/pages/comefunziona (aufgerufen am 1. Januar 2022).
10. Heute heißt das Programm *Porsche Drive* und das Konzept ist ebenfalls geändert worden. https://customer.drive.porsche.com/germany/en
11. Horváth-Studie, Januar 2022.
12. BMW-Website (2022). https://www.bmwnews.it/bmw-intelligent-personal-assistant-hey-bmw (aufgerufen am 4. Januar 2022).
13. https://www.bloomberg.com/press-releases/2019-01-22/mann-hummel-partners-with-sierra-wireless-to-provide-predictive-maintenance-in-industrial-and-agricultural-vehicle-fleets
14. Viessmann-Website (2022). https://www.viessmann.de/de/wohngebaeude/viessmann-waerme.html (aufgerufen am 4. Januar 2022).

Kapitel 4

1. Christensen, M. C. (2006). What customers want from your products. *Harvard Business Review*, 16. Januar.
2. Logan, B. (2014). Pay-per-laugh: The comedy club that charges punters having fun. *The Guardian*, 14. Oktober.
3. Google Ads (2022). https://ads.google.com/home/#:~:text=Grow%20your%20business%20with%20Google,or%20calls%20to%20your%20business (aufgerufen am 20. Februar 2022).
4. Google Ads (2022). https://support.google.com/google-ads/answer/7528254?hl=en
5. Alphabet Inc. (2020). *Annual Report*, S. 33–34, 66.
6. Enercon (2021). www.enercon.de/en/home (aufgerufen am 20. Oktober 2021).
7. Atlas of the Future (2022). https://atlasofthefuture.org/project/pay-per-lux/ (aufgerufen am 2. Januar 2022).

Anmerkungen

8. Roche (2022). https://www.roche.com/dam/jcr:58422653-e73947c19ba8e5a29c31de51/en/innovative_pricing_solutions.pdf (aufgerufen am 3. Januar 2022).
9. Bryant, M. (2018). GE, Medtronic among those linking with hospitals for value-based care, *Healthcare Dive*, 29. März.
10. Bryant, M. (2018). GE, Medtronic among those linking with hospitals for value-based care, *Healthcare Dive*, 29. März.

Kapitel 5

1. Frei übersetzt aus dem *Treccani* Wörterbuch.
2. Thaler, Richard (1983). Transaction utility theory. In: *Advances in Consumer Research*, Vol. 10 (Hrsg. Richard P. Bagozzi und Alice M. Tybout), S. 229–232. Ann Arbor, MI: Association for Consumer Research. Kahneman, Daniel und Tversky, Amos (1979). Prospect theory: An analysis of decision under risk. *Econometrica* 47, S. 263–291. Thaler, Richard (1982). Using mental accounting in a theory of purchasing behavior. Cornell University, Graduate School of Business and Public Administration working paper.
3. Ariely, Dan (2010). *Predictably Irrational*. New York, Harper Collins.
4. Ariely, Dan (2010). *Predictably Irrational*. New York, Harper Collins. Mit freundlicher Genehmigung von Horváth.
5. Preise, die auf 99 enden, werden normalerweise mit Schnäppchenprodukten verbunden. Exklusivere oder Premiumprodukte würden einen anderen Ansatz verfolgen, der nicht so sehr an einen Discounter erinnert.
6. Waber, Rebecca L., Shiv, Baba, Carmon, Ziv und Ariely, Dan (2008). Commercial features of placebo and therapeutical efficacy. *Journal of the American Medical Association* 299: S. 1016–1017.
7. Gabler, Colin B. und Reynolds, Kristy E. (2013). Buy now or buy later: The effect of scarcity and discounts on purchase decisions. *Journal of Marketing Theory & Practice* 21 (4): S. 441–456.
8. Lowry, James R., Charles, Thomas A. und Lane, Judy A. (2005). A comparison of perceived value between a percentage markdown and a monetary markdown. *Marketing Management* 15 (1): S. 140–148.
9. Tversky, Amos und Kahneman, Daniel (1981). The framing of decisions and the psychology of choice. *Science* 211 (4481): S. 453.
10. Wathieu, Luc, Muthukrishnan, A. V. und Bronnenberg, Bart J. (2004). The asymmetric effect of discount retraction on subsequent choice. *Journal of Consumer Research* 31 (3): S 652–657.
11. Monroe, K. und Lee, A. Y. (1999). Remembering versus knowing: Issues in buyers' processing of price information. *Journal of the Academy of Marketing Science* 27 (2): S. 207–225.
12. Coulter, K. S. und Coulter, R. A. (2005). Size does matter: The effects of magnitude representation congruency on price perceptions and purchase likelihood. *Journal of Consumer Psychology* 15 (1): S. 64–76.
13. Chaiken, S. (1980). Heuristic versus systematic information processing and the use of source versus message cues in persuasion. *Journal of Personality and Social Psychology* 39 (5): S. 752–766.

14. Puccinelli, N. M., Chandrashekaran, R., Grewal, D. und Suri, R. (2013). Are men seduced by red? The effect of red versus black prices on price perceptions. *Journal of Retailing* 89 (2): S. 115–125.
15. Meyers-Levy, J. und Maheswaran, D. (1991). Exploring differences in males' and females' processing strategies. *Journal of Consumer Research* 18 (1): S. 63–70.
16. Anderson, E. T. und Simester, D. I. (2003). Effects of $9 price endings on retail sales: Evidence from field experiments. *Quantitative Marketing and Economics* 1(1): S. 93–110.
17. Inman, J.J., McAlister, L. und Hoyer, W. D. (1990). Promotion signal: Proxy for a price cut? *Journal of Consumer Research* 17(1): 74–81.

Kapitel 6

1. Dahlenberg, A. (2014). Travis Kalanick's take-no-prisoners startup strategy in 9 quotes. *The Business Journals*, 5. November. https://www.bizjournals.com/bizjournals/news/2014/11/05/travis-kalanicks-take-no-prisoners-startup.html
2. Shoemaker, S. (2010). Price customization. In: *International Encyclopedia of Hospitality Management* (Hrsg. A. Pizam), 2. Ausg., S. 511. Oxford: Elsevier.
3. Metha, N., Detroja, P., und Agashe, A. (2018). Amazon changes prices on its products about every 10 minutes – here's how and why they do it. *Business Insider*, 10. August. https://www.businessinsider.com/amazon-price-changes-2018-8
4. https://www.focus.de/finanzen/news/studie-zeigt-preisschwankungen-bei-amazon-um-bis-zu-240-prozent_id_4503019.html
5. https://www.finanzen.net/nachricht/geld-karriere-lifestyle/dynamic-pricing-gleiches-produkt-unterschiedliche-preise-bei-amazon-co-von-dynamic-pricing-profitieren-915375
6. https://www.businessinsider.com/amazon-price-changes-2018-8
7. Uber selbst erklärt sehr offen: »Dynamic Pricing hilft uns, sicherzustellen, dass immer genügend Fahrer zur Verfügung stehen, um alle unsere Anfragen zu bewältigen und schnell und einfach eine Fahrt anbieten zu können. Ob Sie mit Ihren Freunden fahren oder die Flutwelle aussitzen, bleibt Ihnen überlassen.« https://help.uber.com/riders/article/why-are-prices-higher-than-normal---?nodeId=34212e8b-d69a-4d8a-a923-095d3075b487
8. Bhuiyan, J. (2015). Uber is laying the groundwork for perpetual rides in San Francisco. *BuzzFeed News*, 24. August. https://www.buzzfeednews.com/article/johanabhuiyan/uber-is-laying-the-groundwork-for-perpetual-rides-in-san-fra
9. Uber Pool: https://www.uber.com/gb/en/ride/uberpool/
10. Uber Cities: https://www.uber.com/global/en/cities/
11. Cross, R. G. (1997). *Revenue Management: Hardcore Tactics for Market Domination*. New York: Broadway Books.
12. Dütschke, Elisabeth und Paetz, Alexandra-Gwyn (2013). Dynamic electricity pricing – which programs do consumers prefer? *Energy Policy* 59: S. 226–234.
13. https://www.businessinsider.com/amazon-price-changes-2018-8
14. Horváth Untersuchung (2022).

Anmerkungen

15. Richards, Timothy J., Liaukonyte, Jura und Streletskaya, Nadia A. (2016). Personalized pricing and price fairness. *International Journal of Industrial Organization* 44: S. 138–153.
16. Amaldoss, Wilfred und Chuan He (2019). The charm of behavior-based pricing: Effects of product valuation, reference dependence, and switching cost. *Journal of Marketing Research* 56 (5): S. 767–790.
17. Chen, Yuxin und Zhang, Z.J. (2009). Dynamic targeted pricing with strategic consumers. *International Journal of Industrial Organization* 27 (1): S. 43–50.
18. Feinberg, Fred M., Krishna, Aradhna und Zhang, Z.J. (2002). Do we care what others get? A behaviorist approach to targeted promotions. *Journal of Marketing Research* 39 (3): S. 277–291.
19. Bradlow, Eric T., Gangwar, Manish, Kopalle, Praveen K. und Voleti, Sudhir (2017). The role of big data and predictive analytics in retailing. *Journal of Retailing* 93 (1): S. 79–95.
20. Amaldoss, Wilfred und Chuan He (2019). The charm of behavior-based pricing: Effects of product valuation, reference dependence, and switching cost. *Journal of Marketing Research* 56 (5): S. 767–790.
21. Cheng, Hsing K. und Dogan, Kutsal (2008). Customer-centric marketing with Internet coupons. *Decision Support Systems* 44 (3): S. 606–620.
22. Liu, Yunchuan und Zhang, Z. J. (2006). The benefits of personalized pricing in a channel. *Marketing Science* 25 (1): S. 97–105.
23. Cheng, Hsing K. und Dogan, Kutsal (2008). Customer-centric marketing with Internet coupons. *Decision Support Systems* 44 (3): S. 606–620.
24. Conrad-Unternehmenswebsite (2022). https://www.conrad.de/de/p/lenovo-think centre-m93p-10a8-desktop-pc-refurbished-sehr-gut-intel-core-i5-4570-8-gb-500-gb-hdd-intel-hd-graphics-1889505.html (aufgerufen am 1. Januar 2022).
25. Sahay, Arvind (2007). How to reap higher profits with dynamic pricing. *MIT Sloan Management Review* 48 (4): S. 53–60.
26. https://sloanreview.mit.edu/article/how-to-reap-higher-profits-with-dynamic-pricing/.
27. Zatta, Danilo (2016). *Revenue Management in Manufacturing.* Springer.
28. https://www.michaeleisen.org/blog/?p=358

Kapitel 7

1. Orsay-Website: https://world.orsay.com/de-de/company-information/ aboutUs/about-us-company-main/
2. https://blueyonder.com/knowledge-center/collateral/orsay-case-study
3. Die Preismaschine: Künstliche Intelligenz gegen menschliches Bauchgefühl: Wie Daten helfen, höhere Margen zu erzielen, Penner abzuschleusen oder auf den Jogginghosen-Boom zu reagieren [The Pricing Machine; Artificial Intelligence vs. Human Gut Feeling: How Data Helps Drive Higher Margins, Wean Off Bums, or Respond to the Sweatpants Boom]. *Textilwirtschaft*, 25. März 2021.
4. Quelle: Horváth (2022).
5. Quelle: Horváth (2022).

Kapitel 8

1. Farouky, J. (2008). Why Prince's free CD ploy worked. *Time*, 18. Juli. http://content.time.com/time/arts/article/0,8599,1644427,00.html
2. O'Reilly, Terry (2013). Loss leaders: How companies profit by losing money. *CBC Radio: Under the Influence*, 20. April. https://www.cbc.ca/player/play/1616745539711 (aufgerufen am 13. September 2021).
3. https://fortune.com/company/alphabet/fortune500/
4. *The Guardian*, Many Ryanair flights could be free in a decade, says its chief. https://www.theguardian.com/business/2016/nov/22/ryanair-flights-free-michael-oleary-airports
5. Trony Leaflet: Buy 3, pay 2, Juli 2021. https://www.mondovolantino.it/cataloghi/trony/volantini/1723
6. Liu, C. Z. Yoris, A. A. und Hoon, C. S. (2015). Effects of freemium strategy in the mobile app market: An empirical study of Google Play. *Journal of Management Information Systems* 31 (3): S. 326–354.
7. Microsoft-Website (2022). Earn rewards just for searching in Bing. https://www.microsoft.com/en-us/bing/defaults-rewards (aufgerufen am 1. Januar 2022).
8. Miles & More-Website (2022). https://www.miles-and-more.com/de/de/program/daily-benefits/milespay.html (aufgerufen am 1. Januar 2022).
9. *Outside* Business Journal (2008). Danish gym offers free membership – unless you don't show up. 29. September. https://www.outsidebusinessjournal.com/brands/danish-gym-offers-free-membership-unless-you-dont-show-up/
10. Herstand, A. (2014). Should you pay to play? Here are the worst to best club deals in the world. *Digital Music News*, 16. April. https://www.digitalmusicnews.com/2014/04/16/should-you-pay-to-play/
11. Free Conference Call.com-Website https://www.freeconferencecall.com/international/de/en/?marketing_tag=FCCIN_PPC_GB_DE_EN_0044&gclid=CjwKCAjw7fuJBhBdEiwA2lLMYf35-4XY3zxKDPzMh5q41D8nP742QnanVDPV5lYV6p_wFz4wAQ1emxoCpxUQAvD_BwE
12. Bevor das Preismodell geändert wurde.
13. Pietschmann, C. (2020). Microsoft for startups: Free Azure and other benefits. *Build5Nines*, 14. Januar. https://build5nines.com/microsoft-for-startups-free-azure-and-other-benefits/

Kapitel 9

1. Balch, Oliver (2015). Is sympathetic pricing anything more than a novelty? *The Guardian*, 9. April.
2. Global trend briefing (2014). Sympathetic pricing. trendwatching.com, Juni. https://www.trendwatching.com/trends/sympathetic-pricing
3. Lies, Elaine (2014). Japanese men baldly go into new Tokyo restaurant, with pride. *Reuters*, 9. Mai.
4. Walsh, Michael (2013). Petite Syrah cafe in Nice, France, bases coffee prices on patrons' manners. *New York Daily News*, 11. Dezember.

Anmerkungen

Kapitel 10

1. Everlane, The annual *Choose What You Pay* event. https://www.everlane.com/choose-what-you-pay
2. *Business Insider* (2020). Everlane's big »Goodbye 2020« sale includes its ultracomfy knit ballet flats, cashmere sweaters, and sneakers. https://www.businessinsider.com/everlane-sale-choose-what-you-pay?r=US&IR=T
3. *People* (2020). This Meghan Markle-loved brand is letting you choose what you pay today. https://people.com/style/shop-everlane-choose-what-you-pay-sale/
4. Baldwin, C. (2020). Everlane's »Choose What You Pay« sale is full of things you want right now. *Forbes*, 13. Mai. https://www.forbes.com/sites/forbes-personal-shopper/2020/05/13/everlane-choose-what-you-pay-sale-is-full-of-perfect-summer-basics/?sh=3ddf8ace5cb0
5. Townsend, T. (2015). Everlane is letting customers choose prices through New Year's Eve. Inc.com, 29. Dezember. https://www.inc.com/tess-townsend/everlane-tells-customers-pay-what-you-want.html
6. https://www.breadpayments.com/blog/these-3-brands-succeed-by-letting-customers-pay-what-they-want/
7. https://www.breadpayments.com/blog/these-3-brands-succeed-by-letting-customers-pay-what-they-want/
8. Kim, Ju-Young, Natter, Martin und Spann, Martin (2009). Pay what you want: A new participative pricing mechanism. *Journal of Marketing* 73: S. 44–58. https://www.ecm.bwl.uni-muenchen.de/publikationen/pdf/pwyw_jm.pdf
9. https://londoncashmerecompany.com/pages/what-is-choose-what-you-pay
10. 7-Eleven: Name Your Own Price Slurpees on Saturday 11/7. Fortune (2013) Pay any price you want (even 1¢) for Slurpee at 7-Eleven on 11/7. *Fortune*, 3. November. https://fortune.com/2015/11/03/free-slurpee-7-eleven-name-your-own-price/
11. Auch bekannt als kundenorientiertes, interaktives oder subjektives Pricing.
12. Allwetterzoo Münster (2013). Fünf Mal so viele Besucher dank »Pay what you want«. 13. Januar. https://www.welt.de/regionales/duesseldorf/article113280670/Fuenf-Mal-so-viele-Besucher-dank-Pay-what-you-want.html
13. Abel, A. (2021). At this adorable Italian Hotel, the new idea is pay what you want and pay it forward. *Forbes*, 24. Mai. https://www.forbes.com/sites/annabel/2021/03/24/at-this-adorable-italian-hotel-the-new-idea-is-pay-what-%09you-want-and-pay-it-forward/?sh=72b182566c14
14. Sosta sospesa – OmHom: https://www.forbes.com/sites/annabel/2021/03/24/at-this-adorable-italian-hotel-the-new-idea-is-pay-what-you-want-and-pay-it-forward/?sh=72b182566c14
15. Traveller.com (2009). New Singapore hotel offers »pay what you want« rates. https://www.traveller.com.au/new-singapore-hotel-offers-pay-what-you-want-rates-7zbt
16. Zahlt doch, was ihr wollt! Schmidtchen Theater, Reeperbahn: https://www.tivoli.de/service-kontakt/unsere-theater/schmidtchen/unbedingt/zahlt-doch-was-ihr-wollt/
17. Schauspielhaus Zürich (2022). Pay as much as you want. https://www.schauspielhaus.ch/en/1757/pay-as-much-as-you-want

18. Jazzy (2021). 13 pay-what-you-want-restaurants around the world. *Road Affair*, 8. Dezember. https://www.roadaffair.com/pay-what-you-want-restaurants/
19. *Evening Standard* (2015). https://www.standard.co.uk/go/london/the-london-restaurants-that-are-letting-you-pay-what-you-want-a2324096.html
20. Salaky, K. (2020). Burger King is offering you pay, what you want' on whoppers today. delish.com, 5. September. https://www.delish.com/food-news/a34163110/burger-king-whopper-pay-what-you-want/
21. https://support.humblebundle.com/hc/en-us/articles/204387088-Pay-What-You-Want-and-Contribution-Sliders
22. Feccomandi, A. (2020). The amazing success of the »pay what you want« model. *Bibsco blog*, 20. Dezember. https://bibisco.com/blog/the-amazing-success-of-the-pay-what-you-want-model/
23. Red Dot Design Museum (2022). How much would you like to pay for your admission? https://www.red-dot-design-museum-org/essen/visit/admission/pay-what-you-want
24. Kalepa-Website: https://www.thekalepagroup.com/customer-experience-inspiration-sessions/
25. https://theedinburghreporter.co.uk/2021/08/leiths-pay-what-you-want-bookshop/
26. About Us – OpenBooks.com (aufgerufen am 28. August 2021).
27. Canadian Premier League (2021). Atlético Ottawa unveils »pay what you want« ticket offer for first-ever home match. *Canpl.ca*, 18. Juli. https://canpl.ca/article/atletico-ottawa-unveils-pay-what-you-want-ticket-offer-for-first-ever-home-match
28. https://www.nbcnews.com/business/consumer/new-activehours-app-lets-you-pick-pay-your-paycheck-n170791
29. https://michaelstipe.com
30. Bandcamp-Website: https://bandcamp.com/tag/name-your-price (aufgerufen am 22. August 2021).
31. https://www.garmentory.com/static/garmentory
32. Conlan, E. (2011). Is Gap «My Price« the new priceline for clothing? *SHEFinds*, 12. Mai. https://www.shefinds.com/is-gap-my-price-the-new-priceline-for-clothing/
33. eBay (2022). Making a best offer. https://www.ebay.com/help/buying/buy-now/making-best-offer?id=4019
34. Booking Holdings Inc. *(BKNG)*: https://finance.yahoo.com/quote/BKNG?p=BKNG&.tsrc=fin-srch
35. https://www.statista.com/statistics/225455/booking-holdings-total-revenue/
36. 2021 https://www.priceline.com/static-pages/best-price-guarantee.html

Kapitel 11

1. Was darf Kaffee kosten? *Süddeutsche Zeitung*, 23. Dezember 2016.
2. Interview zwischen Kai-Markus Müller und Danilo Zatta, Februar 2022.

3. Prelec, D. und Loewenstein, G. (1998) The red and the black: Mental accounting of savings and debt. *Marketing Science* 17 (1): S. 4–28.
4. https://faculty.washington.edu/jdb/345/345%20Articles/Iyengar%20%26%20Lepper%20(2000).pdf

Kapitel 12

1. HP Website (2022). https://instantink.hpconnected.com/uk/en/1/v2 (aufgerufen am 3. Januar 2022)
2. McKinsey Digital (2015). Reborn in the Cloud. https://www.mckinsey.com/business-functions/mckinsey-digital/our-insights/reborn-in-the-cloud
3. McKinsey Digital (2015). Reborn in the Cloud. https://www.mckinsey.com/business-functions/mckinsey-digital/our-insights/reborn-in-the-cloud
4. McKinsey Digital (2015). Reborn in the Cloud. https://www.mckinsey.com/business-functions/mckinsey-digital/our-insights/reborn-in-the-cloud

Danksagung

Ich bin sehr glücklich, mich mit Pricing und Monetarisierung beschäftigen zu dürfen – Themen, die innovativ und von strategischer Bedeutung sind. Ebenso fühle ich mich privilegiert, dass ich mit Unternehmen und Investoren aus allen Branchen und Ländern zusammenarbeiten und ihnen dabei helfen kann, sich auf die Zukunft vorzubereiten und Strategien für ein profitables Wachstum zu entwickeln. Diese Beratungstätigkeit ermöglicht mir tägliches Lernen, ohne das dieses Buch nicht möglich gewesen wäre.

Ich möchte den vielen Managern danken, die geholfen haben, mich dorthin zu bringen, wo ich heute stehe – all die großartigen Menschen in den Unternehmen, mit denen ich gearbeitet habe, die auf meine Hilfe vertraut und mir dafür so viel von ihrem Wissen und ihrer Erfahrung zurückgegeben haben. Ich muss auch all jenen danken, die ihre Gedanken mit mir geteilt und mir erlaubt haben, Case Studies und Beispiele für erfolgreiche Innovationen im Bereich Monetarisierung zusammenzutragen und zu zitieren. Ich möchte ihnen meine aufrichtige Dankbarkeit ausdrücken. Ich bin auch glücklich darüber, viele der Vordenker und Pricing-Experten persönlich zu kennen, und ich hoffe, Sie wissen alle, wie sehr ich Ihre Beiträge und unseren Austausch schätze.

Ebenfalls möchte ich denjenigen danken, die sich leidenschaftlich für Monetarisierung einsetzen, Fachleute, CEOs, Berater und Sparringspartner in bereichernden Diskussionen und gründlichen Analysen aller Aspekte der Preisgestaltung (in der Reihenfolge ihrer Mitwirkung waren das): Kilian Fleisch, Philip Kotler, Silvia Cifre-Wibrow, Thorsten Lips, Ineke Wessendorf, Francesco Quartuccio, Gábor Ádám, Haarjeev Kandhari, Benjamin Schwarzer, Kai-Markus Müller, Benjamin Grether, Mátyás Markovics, Mauro Garofalo, Patricia Hampton, Markus Czauderna, Anna van Keßel, Helmut Ahr, Axel Borcherding, Ralf Gaydoul, Ueli

Teuscher, Giovanni Battista Vacchi, Thomas Ingelfinger, Vittorio Bertazzoni, Christoph Berens von Rautenfeld, Alessandro Piccinini, Frank Göller, Alf Neugebauer, Luigi Colavolpe, Dietmar Voggenreiter, Paolo De Angeli und Simone Dominici.

Ich möchte meinem Redaktions- und Verlagsteam für die Hilfe und Unterstützung danken. Ein Buch von der Idee zur Veröffentlichung zu bringen, ist eine Teamleistung und ich schätze Ihre Beiträge und Hilfe – danke, Annie Knight, Debbie Schindlar, Corissa Hollenbeck und Laura Cooksley, die dieses Projekt enthusiastisch von Anfang an unterstützt haben.

Mein größter Dank geht an meine Frau Babette und unsere drei Kinder Natalie, Sebastian und Marilena. Ihr gebt mir Inspiration, Motivation und Raum, das zu tun, was ich liebe: Lernen und Ideen teilen, die Unternehmen helfen, zu wachsen und Erfolg zu haben.

Über den Autor

Danilo Zatta ist einer der weltweit führenden Berater und Vordenker für Pricing und TopLine Excellence. Seit mehr als 25 Jahren ist er als Unternehmensberater für zahlreiche der bekanntesten Unternehmen weltweit tätig. Er hat sowohl national als auch international Hunderte von Projekten für multinationale, kleine und mittlere Unternehmen, aber auch für Investmentfonds zahlreicher Branchen geleitet und dabei erhebliche Gewinnsteigerungen generiert. Seine Beratungstätigkeit konzentriert sich auf Exzellenz-Programme zur Preisgestaltung und zum Vertrieb, Unternehmens- und Wachstumsstrategien, Umsatzsteigerungen und Umgestaltung von Business- und Erlösmodellen.

Er war als CEO, Partner und Managing Director in einigen der weltweit führenden Beratungsunternehmen tätig und hat internationale Niederlassungen sowie die gesamte Preis- und Vertriebspraxis aufgebaut und das Wachstum gefördert. Danilo Zatta hat bereits 20 Bücher veröffentlicht, darunter *Revenue Management in Manufacturing* (Springer, 2016). Darüber hinaus hat er Hunderte von Artikeln in verschiedenen Sprachen veröffentlicht und tritt regelmäßig als Keynote Speaker auf Konferenzen, Veranstaltungen, bei Verbänden und an führenden Universitäten auf. Er unterstützt als Personal-Topline-Coach einige CEOs führender Unternehmen.

Er hat einen Abschluss mit Auszeichnung in Wirtschaftswissenschaften und Handel der Universität Luiss in Rom und dem University College Dublin. Er absolvierte ein MBA-Studium am INSEAD in Fontainebleau, Frankreich und in Singapur. Darüber hinaus promovierte er in Ertragsmanagement und Pricing an der Technischen Universität München.

Vernetzen Sie sich mit Danilo Zatta auf LinkedIn. Wenn Sie mit ihm über eine Beratungstätigkeit oder einen Redebeitrag sprechen möchten, kontaktieren Sie ihn bitte per E-Mail: danilo.zatta@alumni.insead.edu

Stichwortverzeichnis

»Cleaned«-Square-Meter,
  Pay by 36
11. September 163
7-Eleven-Laden 170

A

Abonnement 26
Abo-Pricing 53
– Angebot testen 67
– auf Kundenbedürfnisse
  ausrichten 65
– B2B-Bereich 61
– B2C-Bereich 57
– Case History 53
– erfolgreiche Einführung 64
– Kontextanalyse 57
– Launch vorbereiten 67
– Übergang planen 64
Abwanderung minimieren
  144
Accor 182
Activehours 186
Adaptives Preissystem 112
Adobe 61, 150, 153, 212, 221
Aetna Versicherungsgruppe 84
AIG Direct 85
Airbnb 122
Aldi 78
Allwetterzoo 181
Amazon 104, 113, 122, 127
Amazon Prime 58
Amazon Web Services
  (AWS) 40
American Airlines 112, 121
Amgen (Pharmaunternehmen) 84
AnchorFree (Softwareunternehmen) 171
Apcoa 78
Ariely, Dan 200
Atlas Copco 43
– AIRPlan 43
Atlético Ottawa 185
Augmented Reality 23
Automatisiertes Lernen 47
autonome Systeme 23

B

B2B
– Abo-Pricing 53
– Dynamic Pricing 111
– KI-basiertes Pricing 131
– Psychologisches Pricing 91
– Wohlwollendes Pricing 161
B2B-Bereich 32
– Pay-per-Usev32
B2C
– Abo-Pricing 53
– Dynamic Pricing 111
– KI-basiertes Pricing 131
– Psychologisches Pricing 91
– Wohlwollendes Pricing 161
B2C-Bereich
– Pay-per-Use 32
Balsam Brands 131
Bandcamp Webservice 189
Barilla 60
Behavioral Pricing 95, *Siehe*
  Psychologisches Pricing
Beleuchtung 80
Besitz 24, 61, 214–215
– und traditionelle
  Preismodelle 50
– vs. Zugriff 61
Bestands- und Lieferdaten
  138
BGH 165
Big Data 23
Bitcoin 47
BlastIQ 82
Blockchain 47
BMW 60–61
Body Mass Index 85
Bohr, Niels 199
Bonprix 134
Booch, Grady 125
booking.com 190
Burr, Doland 121
Business-to-Business. *Siehe*
  B2B-Bereich
Business-to-Consumer. *Siehe*
  B2C-Bereich

C

Campbell's Suppe 103
Cartyzen 59
Cashback 105
Chivas Regal 102
Choose-what-you-pay. *Siehe* Pay-what-you-want
Cloud Computing 23
Cohn & Wolfe PR-Agentur 163
Coles (australische Handelskette) 169
Community Shop (britischer Supermarkt) 167
Competitive Pricing 20
Computerspiele 184
Conrad 123
Corendon (holländische Fluggesellschaft) 170
Cost-plus Pricing 20
Covid-19-Pandemie 39
Crandall, Robert 112, 120
Creative Cloud 212
Cross-Selling 143
CucinaBarilla 60
Customer Journey 122
– Customer Lifecycle Management 99
– Customer Lifetime Value 56
– Kundensegmentierung 144
– Pain Points 66
Cyranos McCann 71

D

Da Vinci, Leonardo 91
Daten 127
– Big Data 23
– Data Science 23
Datenwissenschaft 24, *Siehe auch* Data Science
Deep Learning 135
Depenau, David 193
Depp, Johnny 178
Der Wiener Deewan 182
Digital Pricing 23
DINAMO (Dynamic Inventory Allocation and Maintenance Optimizer) 120
DropBox 154

Drucker, Peter 211
Dynamic Pricing 26 –27, 111
– Case History 111
– Daten und Technologien 125
– Erfolgsfaktoren 124
– IT-Funktion 126
– Kontextanalyse 117
– kundenbasiertes 121
– Multi-Channel-Unternehmen 123
– Preislogik und Pricing Tools 125
– Prozess und Organisation 125
– Qualifikation und Kompetenzen des Teams 126
– Uber 114
– Verbreitung und Auswirkungen 124
– Verkaufskanäle 121
– zeitbasiertes 121
Dynamisches Preismanagement 118

E

Easy Taxi 171
eBay 190
E-Books 184
EEG 195
Eige XE »Eigentum« \t « *Siehe* auch Besitz« ntum, 31
Eigentum. *Siehe auch* Besitz
Eigentümerschaft 36
Einfluss von Preisspannen 141
Einstein, Albert 199
Elastizität der Nachfrage 119
Enercon 77
Energiegewinnung 77
EPK (Enercon PartnerKonzept) 77
ergebnisbasiertes Pricing. *Siehe* Outcome-based Pricing
Ersatzteile, automatische Lieferung 63
Ertragsmanagement 120
Europäische Weltraumorganisation, Gaia-Programm 40
Everlane 175
Express Deals 190

F

Facebook 157
Facility Management 36
Ferrero 207
Finanzkrise 39
Flickr 154
Florenski, Pawel Alexandrowitsch 91
Fluggesellschaften 41, 47, 119, 152, *Siehe* People Express Airlines, *Siehe* American Airlines
– Billigflieger 119
– Dynamic Pricing 112
– Liberalisierung der Preise 119
– Payment by Weight 45
fMRI (funktionelle Magnetresonanztomographie) 197
Fortnite 154
FreeConferenceCall 153
Freemium 26, 145
– als Durchdringungsstrategie 149
– Basisversion 148
– Botschafter für Bezahlversion 158
– Case History 145
– Einschränkungen 158
– Erfahrungsgüter 150
– Kontextanalyse 148
– Marktsegment 157
– Quersubventionierung 149
– Triangulation 151
– variable Kosten 158
– Videospiele, Free-to-Play 156
Friedenssaal, Rathaus Münster 182

G

Gaia-Programm, ESA 40
Gainsbourg, Charlotte 178
Gap (Modemarke) 190
Garmentory 190
Garrett, Mark 218
Gehirn 105, 195 –198
– Insula 198
– medialer präfrontaler Cortex 198
– Nucleus accumbens 198
– Scans 196 –198
– Schmerzempfinden 198
General Electric (GE) 42
General Motors 117, 152
Gesichtserkennung 71
Gewinn 17
– Gewinnspanne 199
– Preis als wesentlicher Gewinntreiber 18
– überdurchschnittlicher 18
Gewinne
– Google 147
Google 76, 147
Groupon India 168
Gym, Pay-per-Exercise-Modell 38

H

Harman, Mac 131
Harvard Pilgrim (Versicherungsunternehmen) 84
Haynes, John-Dylan 193
Heidelberger Druckmaschinen 54
– Heidelberg Subscription 54
Heuristik 207
Homo Oeconomicus 94
Hotwire 188
HP, Hewlett Packard 216
Hufford, Christ 175
Hungerithm 169
Huxley, Aldous 194

I

IBIS-Hotel 182
Ikea 78
Instant Ink 216
Insula, Inselregion 198
Internet 35
– Highspeed 35
Internet der Dinge (IoT) 23
Internet of Things. *Siehe* Internet der Dinge
Ishrak, Omar 84
Italien, Abo-Pricing 60

J

Jobs, Steve 58
Jodorowsky, Alejandro 66

Johnson & Johnson 83
Jung, Carl Gustav 91

K

Kahneman, Daniel 105
Kalanick, Travis 111, 116
Kalepa (belgisches Beratungsunternehmen) 184
Kamen, Nick 31
Kandhari, Haarjeev 59
Kärcher 37
KI. *Siehe* auch Künstliche Intelligenz
KI-basiertes Pricing 26, 131, 133–135, 137, 140, 144
– Abwanderung minimieren 141
– Algorithmen 139
– Algorithmen 132, 135, 139
– B2B und B2C 140
– Case History 131
– Cross-Selling 143
– Daten 138
– Deep Learning 135
– Einfluss von Preisspannen 141
– Geo-Pricing 141
– KI-basierte Pricing Tools 136
– Kontextanalyse 135
– Kundensegmentierung 143
– maschinelles Lernen 135
– Prognosen 139
– Rabattprognose 143
– Up-Selling 143
kintsugi 166
Knutson, Brian 197
Kompromisseffekt 102
Kosten 24
– fixe 18
– freier Preis 180
– Grund 17
– Investition 41
– Pay-per-Use-Pricing 35
– variable 18
Kreditkarte 151
Kryptowährungen 47
Künstliche Intelligenz 35, 47, 132

L

Langton, Chris 46
Lennon, John 161–162
Leonardo Da Vinci 91
Leten, Ronnie 44
Levitt, Theodore 71
Liberalisierung, Preise 119
Lindt 207
LinkedIn 150, 154, 156, 159, 211
Loss-Leader-Strategie 146, 149
Louis Vuitton 102
Lowe's Canada 168
Lyft 122

M

Mach, Ernst 91
Machine Learning. *Siehe* Maschinelles Lernen
Mail on Sunday 146
Mann+Hummel 62
Marketing der Zukunft (Marketing 5.0) 24
Marx, Karl 129
Maschinelles Lernen 74, 135, 140, *Siehe* auch KI-basiertes Pricing
Matrix 31
May, Don 84
Medialer präfrontaler Cortex 198
MediaWorld 118
Medtronic 84
– Tyrx (antibakterielles Medikament) 84
Mercedes 60
Metro (britische Zeitung) 151
MetroMile 40
Michael Kors 140
Michelin 41
Mitfühlendes Pricing 167
Monetarisierung 17
– als Priorität 19
– innovative 17
– Outcome-based Pricing 71
Morrisons (britische Supermarktkette) 140
Müller, Kai-Markus 194
Murphys Gesetz 92
Museum 184

N

Nachlass. *Siehe* Rabatte
Name-your-own-Price   187,
   Siehe auch Pay-what-you-want
Nardella, Satya   57
National Union of Students   80
Nayaren, Shantanu   53, 61
Near-field Communication   38
Negatives Pricing   152
Netflix   58
Neuropricing   193
– Bauchentscheidungen   196, 206
– Bezahlen tut weh   202
– Case History   193
– Gewinnspanne und niedrige Preise   199
– Kontext beeinflusst Preiswahrnehmung   206
– Kontextanalyse   196
– Rekognitionsheuristik   207
– Verfügbarkeitsheuristik   207
– Zeit und Preis   201
– zu breites Angebot   205
Neuropricing Online   196
Nin, Anaïs   91
Non-Profit-Organisationen   191
Nucleus accumbens   198

O

O'Leary, Michael   148
Ocado   60
Ökosysteme, neue   23
OmHom (italienisches Hotel)   181
On-Demand Pricing   35
Open-Books   184
Orica (australischer Sprengstoffhersteller)   81
Orsay   133
Otasuke   165
Outcome-based Pricing   26, 71
– Beleuchtung   78
– Case History   71
– Energiegewinnung   77
– Gesundheit   83
– Gesundheitsbereich   74
– kommerzielles Dynamit, Aushubarbeiten   81
– Kontextanalyse   74
– Kundenbeziehungen   86
– messbare Ergebnisse   75
– Outcome-as-a-Service   86
– Pay-per-Laugh   71
– unabhängige Ergebnisse   75
– Ursprung   74
– versichertes Risiko   85

P

Pain of Paying   198
Painkiller Pricing   165, 172
Palaniappan, Ram   185
Partizipatives Pricing   26, 175
– Case History   175
– Choose-what-you-pay   175, 180
– Choose-what-you-want   180
– Kontextanalyse   180
– Name-your-own-price   180, 188
– Pay-what-you-want   177, 179 –180
Pay-per-Exercise   37
Pay-per-Mile   40
Pay-per-Processing Capacity   36
Pay-per»Cleaned«-Square-Meter   36
Pay-per-Ride   36
Pay-per-Use   26, 31
– Aufbereitung, zahlen für die   39
– B2C- und B2B-Kunden   49
– Case History   31
– etablierte Unternehmen   47
– Grenzen   47
– Kontextanalyse   34
– Kundenbeziehungen   44
– Near-field Communication   38
– Payment by Weight   45
– Preis an Nutzung ausrichten   34
– pro Kubikmeter Druckluft zahlen   43
Pay-per-Wash   36
Pay-what-you-want   177
People Express Airlines   119, 121
Pepsi   196
Performancebased Pricing. *Siehe* Outcome-based Pricing

Stichwortverzeichnis

personalisiertes Pricing 112
Philips 80
Photoshop 211
Piggly Wiggly 118
Plassmann, Hilke 200
Play Station 149
Porsche 60
Portfolio Pricing 20
Power by the Hour 42
Preisanker 95
Preise 18, 20
– als vorrangiger Gewinntreiber 17
– an die Nutzung koppeln 42
– anpassen 114, 123, 132
– bei Amazon 112, 127
– erhöhen 102, 112, 194
– evaluieren 206
– exzessive 126
– feste 117
– Festpreise 36
– freie 180
– Grundpreis 122
– hohe 102, 107, 198
– niedrige 102, 106–107, 193, 199
– Online vs. Offline 123
– optimale 127, 135, 144
– Premium 32
– reduzieren 38
– senken 103
– suboptimale 126
– überfliegen 100
– variable 121
– vergleichen 96
Preiselastizität 134
Preisgestaltung. *Siehe* Pricing
Preisimplementierung 20
Preisliste 20
Preislogik 20
Preismodelle, neue 211
Preismodell-Revolution 21, 24, 213
– Beschleuniger 21
Preissetzung 20
Preissteuerung 20
Preisstrategie 19
Premium-Preise 32

Pressfolios 168
Preysman, Michael 176
Priceline 188
Pricing 17
– Digital 23
– Dynamic. *Siehe* Dynamic Pricing
– Enabler. *Siehe* Pricing Enabler
– Framework 19
– innovative Modelle 24
– On-Demand 35
– opak 189
– transaktionales 24
– unterlegene Modelle 24
Pricing Enabler 20, 27
Pricing-Hebel 19, 21
Prince (Sänger) 145
Procter & Gamble 58, 76
Prognosen, Optimierung basierend auf 144
Proprietäres Modell 83
Psychologische Schwelle 101
Psychologisches Pricing 26, 91
– Behavioral Pricing Regeln 95
– Case History 91
– Kaufbarrieren 105
– Kompromisseffekt 101
– Kontextanalyse 95
– Preisanker 95
– Qualitätsmerkmal 102
– Rabatt, relativ und absolut 106
– Schwellenpreis 100
– Verknappung 103
– visuelles Design 107
– Wahrnehmung 91

Q

Quäker 118
Quersubventionierung 149, 159

R

Rabatte 84, 103
– für gutes Benehmen 171
– Gutscheine 123
– hochwertige Produkte 107
– in Hotelzimmern 166
– mitfühlendes Pricing 167
– optimale 23
– Rabattprognose 143
– relativ vs. absolut 105
– transaktionale Daten 138

– unverhältnismäßig 186
– Verknappung 104
Radiohead, In Rainbows
  Album 177
Ralph Lauren 140
RATP 170
Rau Architects 80
Red Dot Design Museum 184
Reifenhersteller 41
Rekognitionsheuristik 207
Repatha (Herzmedikament) 84
Reporting 87
repubblica.it (italienische
  Zeitung) 155
Revenue Management. *Siehe*
  Ertragsmanagement
Revenue Management in Manu-
  facturing (Zatta) 124
Robotic Process Automation
  (RPA) 23
Roche (Schweizer Pharmaunter-
  nehmen) 83
Rolls Royce 42
Ryanair 148

S

SaaS 211, 218
SaaS (Software as a Service) 57
Salesforce 159, 211
Samoa Air 45
Schmidt Theater 182
Schwellenpreis 100
Senzit 63
Sharing 23
Short Story 31
Skype 154
Snickers 169
Software as a Service (SaaS) 57
Sonderangebote 107, 191
– zielgerichtete 122
Soziale Preisgestaltung 173
Spenden 155
Spieleentwickler 58
Spotify 155
Starbucks 195
Steinbruch 81
Steinbruch, Einsatz von
  Dynamit 82
Stipe, Michael 189

Surge Pricing 38, 113–116
SurveyMonkey 153

T

Talmud 91
Teatreneu 71
Teatro Aquitània 72
Technologische Innovation 27
Telefonkonferenz 153
The Economist 97
Thomas, Folke 134
Tienda Amiga 167
Toyoda, Yoshiko 166
Traditionelle Preisbildung 32
Transaktionale Daten 138
Transaktionale Preisbildung
  17
transaktionales Pricing 24
Treueprogramme 152
Triangulation 151, 160
Trinkgeld 186
Trumpf (Maschinenbau) 63

U

Uber 113, 116, 162
Uber Pool 117
Überwachungskapitalismus
  163
Umgekehrte Auktion 188
Umsatz 132
– saisonaler 132
– zukünftiger 104
Up-Selling 143

V

Value Pricing 24
van Houten, Frans 80
Verfügbarkeitsheuristik 207
Verhaltensbezogene Preisgestal-
  tung, *Siehe* Behavioral
  Pricing
Verkauf 126
– Verkaufskanäle 123
– Verkaufspersonal 87
Verkaufskanälen 121
Verknappung 103
Versichertes Risiko 85
Videospiele, Free-to-Play
  156
Viessmann 64
Vistaprint 154

Visuelles Design 107
Volvo 60

W

Wahrnehmung 91
– Preiswahrnehmung durch visuelles Design 107
– Realitätswahrnehmung 194
Walmart 78, 149
Wanamaker, John 75
Warhol, Andy 103
Washington, D. C., Subway 80
Weinerei 183
Weissenhäuser Strand 193
Werbung 31, 77
Wettbewerbsvorteil 17
– nachhaltiger 27
– wichtigste Säulen 26
Winterhalter 33
– Next Level Solutions 33
Wohlwollendes Pricing 26, 161
– B2B-Bereich 164
– B2C-Bereich 164

– Case History 161
– Kontextanalyse 163
– mitfühlendes Pricing 165
– Painkiller Pricing 165
– zielgerichtetes Pricing 165
Woolworths (australische Handelskette) 169

X

Xing 150, 155–156

Y

Yield Management. *Siehe* Ertragsmanagement
Yorke, Thom 178
YouTube 154–155

Z

Zahlungsbereitschaft 24, 94, 100, 143, 192
Zara 140
Zenises 59
Zielgerichtetes Pricing 169
Zipcar 43
Zynga 156

www.ingramcontent.com/pod-product-compliance
Lightning Source LLC
LaVergne TN
LVHW021331080526
838202LV00003B/138